青春的蜕变之旅
——在杭大学毕业生社会流动研究

杨　柳　著

浙江工商大學出版社
ZHEJIANG GONGSHANG UNIVERSITY PRESS
·杭州·

图书在版编目(CIP)数据

　　青春的蜕变之旅：在杭大学毕业生社会流动研究 /
杨柳著. — 杭州：浙江工商大学出版社，2021.4
　　ISBN 978-7-5178-4036-7

　　Ⅰ. ①青… Ⅱ. ①杨… Ⅲ. ①大学生－毕业生－社会
调查－杭州 Ⅳ. ①D663.9

　　中国版本图书馆 CIP 数据核字(2020)第 159294 号

青春的蜕变之旅——在杭大学毕业生社会流动研究

QINGCHUN DE TUIBIAN ZHILU——ZAI HANG DAXUE BIYESHENG SHEHUI LIUDONG YANJIU

杨柳 著

责任编辑	王　耀　张晶晶
封面设计	林朦朦
责任印制	包建辉
出版发行	浙江工商大学出版社
	（杭州市教工路 198 号　邮政编码 310012）
	（E-mail：zjgsupress@163.com）
	（网址：http://www.zjgsupress.com）
	电话：0571-88904980，88831806（传真）
排　　版	杭州朝曦图文设计有限公司
印　　刷	杭州高腾印务有限公司
开　　本	880mm×1230mm　1/32
印　　张	9.25
字　　数	200 千
版 印 次	2021 年 4 月第 1 版　2021 年 4 月第 1 次印刷
书　　号	ISBN 978-7-5178-4036-7
定　　价	42.00 元

浙江省哲学社会科学基金项目（16NDJ325YBM）

浙江省高校思政理论课张国宏名师工作室项目

前　言

　　曾几何时,大学生被誉为天之骄子,是国家最宝贵的人力资源财富之一。如今,面对严峻的就业形势,大学毕业生从"骄子"变"焦子"。高智、弱小、群居、第四大弱势群体等词语成为大学毕业生新的标签。"大学毕业生聚居群体"作为时代赋予的特定称谓,实质是高等教育由精英化教育迈向大众化教育后的特殊产物。许多人认为高等教育在阶层流动中的精英筛选功能日益弱化,感叹"寒门再难出贵子",社会阶层已经固化。在一片悲观的论调中,"大学毕业生聚居群体"的人生似乎被弱势、群居、在职贫困等特定词语所框定,"大学毕业生聚居群体"的命运再没有翻转的可能性。事实上,我们不必给"大学毕业生聚居群体"抹上悲情怨艾的色彩,完全可以把"大学毕业生聚居群体"的经历看作大学生褪去青春棱角的磨炼期和初涉职场的奋斗期,这是达成幸福和成功的必须经历环节。"大学毕业生聚居群体"虽然出身底层、收入不高、蜗居在群租房,但为了实现自己的人生梦想,他们来到大城市打拼、奋斗,他们是做好充分心理准备的,他们没我们想象的那么脆弱。年轻、有梦想、有知识是他们最大的人力资本优势,他们的口号是"世界那么大,我要去闯闯"。在他们的成长中不乏经过努力奋斗摆脱了"大学毕业生聚居群体"身份,取得事业成功的例子。年轻的"大学毕业生聚居群体"终将是社会进步的推动者,现在的他们只是在人生奋斗的路上前进着。

离开农村,不再复制父辈的生活成为"大学毕业生聚居群体"向上流动的内生动力;融入大城市,在城市获得向上流动的空间和机会是他们的终极目标。"大学毕业生聚居群体"的家庭文化资本和经济资本匮乏,要想摆脱当前的生存困境,最好的出路就是坚定用知识改变命运的信念、付诸实际行动的主观能动性,以及报答父母的传统孝道文化作为向上流动的策略。当阶层固化越来越成为社会的共识,当"富二代"和"贫二代"之间的贫富差距越拉越大、财富的代际继承性增强、各阶层之间由于经济资本占有的不平等导致文化资本占有的不均衡现象越来越突出时,文化资本分配的不均衡再次强化了阶层之间的不平等,各阶层间的流动由于先赋性条件的差异变得十分困难。由此得出的结论是"大学毕业生聚居群体"由于匮乏的经济资本和文化资本,一出生就输在人生的起跑线上,然而,这一观点忽视了"大学毕业生聚居群体"的主观能动性。课题组在采访调研中发现"在杭大学毕业生聚居群体"具有百折不挠的向上拼搏的精神,对自己的未来十分积极乐观,充满盼望和期待,他们中的绝大多数没有陷入布迪厄所预言的"阶级再生产"的怪圈,反而将来之不易的读书机会和家庭的贫穷看作是人生路上前进的强大动力。采访中发现那些曾经是"大学毕业生聚居群体"而今在城市中拥有稳定事业和家庭的群体,他们的共性是采取了更为积极主动的行动实现了向上流动。这些摆脱困境者会充分利用身边的一切资源,如学校里的老师、同学、图书馆等提升个人的专业能力，为日后的就业打下良好的基础；工作中主动拓展各种人际关系，与同事和领导保持良好的人际互动，他们主动争取各种外部资源来弥补自己家庭社会资本的不足，最终以个人的努力奋斗和百折不挠的精神改变了原有家庭所处的阶层位置，晋升为城市的中产阶层。发挥主观能动作用、利用一切可以利用的资源是他们实现阶层流动的最根本的原因。

"大学毕业生聚居群体"接受的高等教育使其具有强烈的向上流动的渴望，面对求职和升职、住房、成家立业等困境，"大学毕业生聚居群体"坚强乐观，其潜在的人力资本是"大学毕业生聚居群体"在大城市生存和可持续发展的促进因素。然而，先赋条件的劣势和自致性因素的不足成为"大学毕业生聚居群体"向上流动的阻碍因素。此外，"大学毕业生聚居群体"实现向上流动面对的困境还有宏观层面社会流动机制的不完善、中观层面社会资本支持的缺乏和微观层面个人能力发挥的制约。"大学毕业生聚居群体"最终实现向上流动需要建立社会公平保障体系，需要完善政府主导、社会力量参与的社会支持系统，需要以更开放的姿态促进"大学毕业生聚居群体"融入迁入地，当然这更需要"大学毕业生聚居群体"的自我增能。

2018年至2019年，课题组连续多次深入杭州滨江浦沿街道、长河街道下辖的8个社区、10个行政村进行走访调研。调查采用问卷调查和深入访谈的方式，选取毕业后工作5—10年、收入不高、合租或独自租住在杭州滨江浦沿街道、长河街道的大学毕业生聚居群体为调查对象。调研内容为大学毕业生聚居群体的生存状况和发展要求以及社会流动状况，调查问卷发放546份，回收528份有效问卷。本书的研究意义主要有以下几点：第一，"大学毕业生聚居群体"的出现和所面临的困境，证明了这个群体向上流动的机会相对一般群体要少，研究"大学毕业生聚居群体"的社会流动问题，对于完善和健全社会流动机制具有理论价值。第二，可以促进高校研究和制定有针对性的大学生人才培养战略，完善政府的大学生就业服务工作，避免人才浪费。第三，庞大的"大学毕业生聚居群体"缺乏实现向上流动的渠道，进而可能导致"大学毕业生聚居群体"对社会失望、仇视或将使其成为影响社会政治稳定的隐患。加强对"大学毕业生聚居群体"阶层固化和社会流动问题的关注，对影响其社会融入和向上流动的因素进行多元探讨，这对于加快我国城镇化进程，促进社会和谐和政治发展具有十分重要的参考意义。第四，以杭州市"大学毕业生聚居群体"的调研数据和个别访谈为依据，为政府、社会和学校等采取切实措施解决"大学毕业生聚居群体"的问题，帮助"大学毕业生聚居群体"拥有公平公正的向上流动机会，提供有效对策。

本书受到浙江商业职业技术学院学术专著出版资金资助。

目　录

导　论

第一节　研究缘起

一、问题缘起：我们曾经都是"大学毕业生聚居群体"

"大学毕业生聚居群体"这一概念是由首都对外经贸大学教授廉思创造并提出的，2009 年和 2011 年廉思相继出版《蚁族：大学毕业生聚居村实录》和《蚁族Ⅱ：谁的时代》，将"大学毕业生聚居群体"带入公众视野。廉思将"大学毕业生聚居群体"命名为"蚁族"，因其具有和蚂蚁一样高智、弱小、群居的共同特质。具体而言，"大学毕业生聚居群体"是生长于农村或城市底层阶层家庭，拥有大专及以上学历，平均年龄在22—29 岁之间，从事着简单的技术类或服务类工作的人群，他们收入不高，工作不稳定，大多缺乏有效的社会保障和社会支持，聚居在大城市的城乡接合部。廉思首创的"大学毕业生聚居群体"概念一经提出，引起了社会各界的强烈关注和深入探讨。很多学者围绕"大学毕业生聚居群体"现象展开研究，从多学科多角度全方位地对"大学毕业生聚居群体"的生存困境、存在的原因、利益诉求、出路等进行思考研究，涌现出一批有价值的学术成果。国内外平面和网络媒体相继报道这一新的社会群体，腾讯网、《人民日报》、《南风窗》、《凤凰周刊》、《大公报》以及美国《华尔街日报》、日本《读卖新闻》等纷纷发表文章刊登廉思的"大学毕业生聚居群体"系列，就"大学毕业生聚居群体"现象进行分析和解读。廉思有关"大学毕业生聚居群体"的调研报告和课题经中宣部提交给了中央，并引起了中央领导同志的高度重视。"大学毕业生聚居群体"的生存和发展问题在 2009 年和 2010 年连续两年成为全国人大常委会研讨的议题之一。

廉思通过实地调研和走访挖掘出隐藏在大城市的鲜为人知的庞大群体——"大学毕业生聚居群体"，实现了他对这一群体研究时的两大目标：第一是引起社会对"大学毕业生聚居群体"的广泛关注，了解真实的 80 后；第二是透过"大学毕业生聚居群体"引起年轻人对个人人生道路的反思。廉思成功达到了他的两大目标，就"大学毕业生聚居群体"现象引发的关注而言，从媒体的热烈讨论到学者的诸多著书立说再到政府出台的解决"大学毕业生聚居群体"的各种相关具体措施，实际影响力早已超出了廉思当初期望的仅仅引发社会关注的需求。当"大学毕业生聚居群体"的生存境况暴露在世人面前，我们不禁好奇是什么支撑着他们在追逐梦想的路上不惧艰险？我们需要重新审视"80后"和"90后"大学毕业生群体的生存现状和发展机会。过去我们认为"80后""90后"生活在中国有史以来最好的时代，是改革开放的受益者和见证者，他们没有经历过父辈的物质匮乏情况，享受了更好的生活环境。但"80后""90后"有属于他们这一时代的重压，出生在激烈竞争的时代，不能输在起跑线上的他们从小到大背负学业压力、就业压力、晋升压力、房子压力、养老压力、生活压力等，负重前行。

廉思的"大学毕业生聚居群体"系列研究引起笔者对"大学毕业生聚居群体"成长背景和人生经历的探索和关注，在我们认真反思和总结自己人生道路的同时也促使我们思考"大学毕业生聚居群体"的生存困境及其背后的深层原因。每一个时代的年轻人都要经历迷茫、奋斗、挫折、成长,"大学毕业生聚居群体"的经历与社会上每个人都能产生同频共振,从"大学毕业生聚居群体"身上我们看到在困难与挑战、失落和迷茫的交织中坚持理想、奋斗进取才是青春应有的模样。美国《时代周刊》对"大学毕业生聚居群体"做的专题报道中提到,"大学毕业生聚居群体"将决定中国的未来,并在一定程度上决定世界的未来。作为"大学毕业生聚居群体"的关注者和研究者之一,我坚信"大学毕业生聚居群体"的经历只是其人生的短暂过渡期,终有一天他们会化茧成蝶实现自己的人生价值。

研究之路总是从问题出发,本次以"大学毕业生聚居群体"作为研究对象源于同为 80 后的相似经历。笔者研究生毕业后刚步入社会时,求职艰难,几经周折才进入一所学校,收入水平不高,面对住房、生存等一系列压力,只能选择租住在城中村应对不断上涨的房价,蜗居三年后最终搬离那个村子。城中村地处城乡接合部,周边的环境脏乱差,但廉价的房租让选择在大城市打拼的年轻人有了属于自己的落脚之地。虽然在城中村蚁居的时间不长,但笔者非常怀念那段宝贵的人生经历,从毕业后茫然不知所措地被抛向社会,被动成为"大学毕业生聚居群体",到通过努力和奋斗最终摆脱蚁居的现状。从被动到主动的改变过程源自对梦想的坚守,对向上流动的渴望。在进行实地调研的过程中,"大学毕业生聚居群体"的乐观进取、积极向上,为改变现状不懈努力的奋斗精神让我看到了曾经的自己,想起了那段很有价值和值得经历的时期。我决定找寻这些和我同样在奋斗中寻找未来出路的人群,倾听他们的故事,了解他们的生存状态、人生经历、利益诉求和人生目标。

二、"大学毕业生聚居群体"问题的研究回顾

2009 年廉思主编的《蚁族:大学毕业生聚居村实录》一书中提出"大学毕业生聚居群体"这个词语后,学界对"大学毕业生聚居群体"现象展开了多方位的深入研究。总的来说,可以概括为两个方面:一个是从"大学毕业生聚居群体"的生存状态入手,分析"大学毕业生聚居群体"现象产生的原因并提出具体的解决方案。另一个是从政治学、经济学、教育学、心理学等多个学科角度出发,对"大学毕业生聚居群体"现象进行解读。廉思认为"大学毕业生聚居群体"现象产生的原因既有国家就业形势严峻的原因,也有户籍制度影响的因素;既有大学毕业生本身个性的问题,也有流动人口共性的问题。[1] 李雅儒、毛强认为"大学毕业生聚居群体"问题的主要原因既源于劳动力市场可供给岗位的稀缺,也源于大学毕业生的求职意愿过高及其就业能力不足,还源于劳动力市场供求匹配的效率不足。[2] "大学毕业生聚居群体"现象的蔓延可能会对和谐社会产生严重冲击。因此,治理"大学毕业生聚居群体"问题的学者们给出了多个解决方案。陈国政提出动员政府、企业、大学、中介等多方力量共同促进大学生就业,为大学生提供就业信息,鼓励毕业 3—6 年的大学生创业,带动大学生就业。[3] 衣华亮从社会公平角度提出了针

---

① 廉思:《蚁族:大学毕业生聚居村实录》,广西师范大学出版社 2009 年版,第 31 页。
② 李雅儒、毛强:《关于"蚁族"群体问题研究综述》,《中国青年研究》2012 年第 4 期。
③ 陈国政:《国外大学生就业扶持政策对我国的启示》,《上海经济研究》2011 年第 3 期。

对"大学毕业生聚居群体"的利益补偿策略。① 从多学科角度对"大学毕业生聚居群体"问题进行研究的主要有学者吴克明等基于理性人假设的视角，从经济收益、教育收益、消费收益等方面分析了"大学毕业生聚居群体"现象的实质是对大城市和中小城市就业进行权衡后主动选择的结果。② 汤啸天侧重从"大学毕业生聚居群体"的形成角度反思高等教育扩招的负面后果以及高等教育导致阶层流动功能的弱化等。③ 胡小武从社会分层的视角出发，认为"大学毕业生聚居群体"现象体现了中国社会阶层结构日益固化的趋势。"大学毕业生聚居群体"有一种下流化的现象即由中流向中下层下滑的一种结构状态。④ 陈家喜与黄文龙从政治学角度对二代阶层间的阶层固化与断裂、阶层抱团以及阶层对立等政治稳定的影响因素进行了研究。⑤

三、何以上流："大学毕业生聚居群体"的流动之路

目前学术界在"大学毕业生聚居群体"生存现状、"大学毕业生聚居群体"产生的原因、"大学毕业生聚居群体"面临的困境、解决"大学毕业生聚居群体"问题的对策等方面的研究已有一大批学术成果问世。这

---

① 衣华亮：《对"蚁族"利益补偿策略的理性审视——基于社会公平的分析》，《中国青年研究》2010 年第 6 期。

② 吴克明、孙琪娜：《大学毕业生"蚁族"现象的成因及其对策：理性人假设的视角》，《复旦教育论坛》2012 年第 10 期。

③ 汤啸天：《"蚁族"的形成与高等教育评估改革》，《中国高等教育评估》2012 年第 2 期。

④ 胡小武：《"向下的青春"之隐忧：兼评廉思〈蚁族Ⅱ：谁的时代〉》，《中国青年研究》2011 年第 5 期。

⑤ 陈家喜、黄文龙：《分化、断裂与整合：我国"二代"现象的生成与解构》，《中国青年研究》2012 年第 3 期。

对如何应对和解决"大学毕业生聚居群体"问题起到了重要的理论支持作用。然而，与传统的弱势群体有很大的不同，"大学毕业生聚居群体"的生活是人生的阶段性经历，只是其人生的短暂过渡期。伴随着收入的提高，工作经历的累积，居留城市时间的增加，固定的伴侣等积极因素，"大学毕业生聚居群体"一般会做出去或留的决策。以 5—8 年为界限，经过几年的奋斗，一些"大学毕业生聚居群体"搬离城乡接合部，搬到条件较好的小区或者与结婚伴侣共同买房。一部分"大学毕业生聚居群体"经过权衡利弊，选择回到原来的家乡所在城市去工作生活。"大学毕业生聚居群体"是短时间的、局部的、过渡性质的人生阶段，存在一个流动转折年。因此，"大学毕业生聚居群体"内部由于后致性因素的差异具有非均质性特征。当前关于"大学毕业生聚居群体"的研究存在一定的片面性，预设了"大学毕业生聚居群体"有向上流动的强烈诉求但难以突破其现有的阶层地位的情境，忽视了从长期来看，"大学毕业生聚居群体"是潜在的中产阶层群体，具有阶层流动的可能性。因此，本书将从"大学毕业生聚居群体"向上流动的内外动力及其影响因素的视角为"大学毕业生聚居群体"的向上流动提出建设性意见。

第二节　研究意义

作为生活在大城市的底层知识青年,"大学毕业生聚居群体"的数量保守估计在几百万人以上,未来几年"大学毕业生聚居群体"的规模还会持续地扩大,相似的家庭背景、教育经历、职业地位使其形成一个特殊的社会阶层。"大学毕业生聚居群体"问题表面上是知识分子无法有效地实现就业,实质是"大学毕业生聚居群体"阶层流动受阻的问题。随着社会阶层渐趋固化和阶层间的界限越来越清晰化,底层知识分子通过接受高等教育实现向上流动的难度越来越大。在高等教育大众化的时代背景下,研究"大学毕业生聚居群体"向上流动的可能性、面临的困境、向上流动的动力及其影响因素等方面,对防范"大学毕业生聚居群体"问题引发的个体和社会风险,防止"大学毕业生聚居群体"规模的日渐扩大等无疑具有重要的理论意义和现实意义。

一、理论意义

第一,"大学毕业生聚居群体"现象所揭示的是转型期社会结构变迁带来的深层次的社会分层所造成的社会资源占有的不平等现象。因此,建立公平公正的社会流动机制,畅通底层青年知识分子向上流动的通道,研究"大学毕业生聚居群体"在阶层流动中面临的各种问题,对于丰富和完善社会流动机制具有重要的理论价值。"大学毕业生聚居群体"问题的出现和其所面临的向上流动的困境,一定程度上反映了底层知识青年上升空间越来越窄,上升机会越来越少的现实。学者们试图通过研究寻找出解决"大学毕业生聚居群体"问题或帮助"大学毕业生聚居群体"摆脱生存困境的应对之策。总结前人的研究成果,从阶层流动的视角继续探索"大学毕业生聚居群体"上升渠道变窄的深层次原因,从宏观、中观、微观层面探寻"大学毕业生聚居群体"社会地位的改善无疑具有重要的理论意义。

第二,以文献分析法、问卷调查法和访谈法收集的数据和资料作为基础,对"大学毕业生聚居群体"向上流动的趋势和特点、"大学毕业生聚居群体"向上流动的动力、"大学毕业生聚居群体"向上流动的影响因素等进行深入研究,能为"大学毕业生聚居群体"问题的相关理论研究提供有力的数据参考和研究素材,这些资料对"大学毕业生聚居群体"的社会流动无疑具有重要的学术价值。

第三,针对当前社会流动中出现的"大学毕业生聚居群体"社会流动固化现象,探究"大学毕业生聚居群体"社会流动与经济、教育、社会发展之间的内在关联,仅从一个学科视角出发并不能很好地说明和解释这一问题,而应该从政治学、经济学、社会学、心理学、教育学等多学科的角度对影响"大学毕业生聚居群体"社会流动的动力及困境因素进行系统全面的理论分析。本研究选取杭州"大学毕业生聚居群体"为调查研究对象,在整理调研结果的基础上,围绕"大学毕业生聚居群体"实现向上流动过程中的积极和消极因素,以多学科的视角开展研究,这有利于社会阶层流动视野的拓宽,对"大学毕业生聚居群体"问题的研究形成富有启发意义的见解。

二、现实意义

第一,"大学毕业生聚居群体"问题的实质是大学生无法实现有效的"知识就业"问题,大学生就业难是多方面原因造成的,既有宏观层面的制度因素,也有微观层面的先赋和后致性因素,还有中观层面高等教育促进阶层流动的功能弱化等因素。本研究根据杭州"大学毕业生聚居群体"的经济生活、社会保障、心理认同、社会接纳等的调查分析,深入研究"大学毕业生聚居群体"向上流动受阻的成因,"大学毕业生聚居群体"向上流动的动力机制和影响因素,这对于"大学毕业生聚居群体"实现向上流动着重要的现实意义,为解决"大学毕业生聚居群体"向上流动面临的困境提供帮助。

第二,"大学毕业生聚居群体"的出现,"大学毕业生聚居群体"现象的常态化以及"大学毕业生聚居群体"队伍的不断扩大等问题的产生,一方面说明高校连续扩招以及高等教育专业设置不符合市场需求,另一方面说明庞大的"大学毕业生聚居群体"缺乏实现向上流动的渠道,是一种不正常的社会现象。社会流动乏力和阶层固化的趋势如不加以遏制容易导致底层青年知识分子丧失希望,不利于人才选拔和社会的正常运行。先赋性因素成为阶层流动的主要因素的话可能导致年轻人对现行体制的不满进而对社会产生失望、仇视的情绪,增加社会政治稳定的隐患。加强对"大学毕业生聚居群体"社会流动问题的关注,对影响其社会流动的因素进行多元化探讨,这对于加快我国城镇化进程，促进社会和谐和政治发展具有十分重要的参考意义。

第三，以杭州市"大学毕业生聚居群体"的调研数据和个别访谈为依据，通过调研杭州"大学毕业生聚居群体"的生存现状和发展要求，了解这一群体向上流动的诉求及其现实困境，为政府帮助"大学毕业生聚居群体"实现公平公正的向上流动的机会提供有效对策。促进高校研究和制定有针对性的大学生人才培养战略，完善政府和高校的大学生就业服务工作，避免人才浪费。发挥社会组织的辅助功能，采取切实措施解决"大学毕业生聚居群体"问题，为防止"大学毕业生聚居群体"问题的固化和"大学毕业生聚居群体""下流化"的趋势提供有效的对策选择。

第三节　研究方法

本书以"大学毕业生聚居群体"向上流动的趋势、特点、动力及影响因素等为研究内容，结合社会学、教育学、政治学、心理学等多学科的理论与方法，综合采用定性分析和定量分析、宏观和微观研究相结合，力求从社会流动的角度对"大学毕业生聚居群体"进行更为系统和全面的研究，为"大学毕业生聚居群体"向上流动寻求解决之道。本书的调查地点选取笔者工作和生活的杭州，以便于开展调研工作，基于杭州从

2017 年开始大学毕业生和各类人才的净流入量位居全国之首这一现象，以杭州"大学毕业生聚居群体"为研究样本具有一定代表性。笔者在研究过程中采用了如下研究方法。

一、问卷调查法

问卷调查法也称问卷法，是国内外社会调查中被广泛运用的一种方法。问卷调查法是调查者通过设计详细周密的调查问卷并向调查对象发放，了解调查对象的基本情况或者向调查对象征求意见，从而获取可靠资料的一种方法。美国社会学家艾尔巴比称"问卷是社会调查的支柱"，英国社会学家莫泽说："十项社会调查中就有九项是采用问卷进行的，可见社会研究者对问卷法的评价之高。"[①]问卷调查收集的资料和核心数据是开展"大学毕业生聚居群体"问题相关研究的基础。为了更好地研究目前社会流动逐渐固化的背景下，"大学毕业生聚居群体"通过努力实现向上流动的可能性，笔者设计了调查问卷，覆盖"大学毕业生聚居群体"的经济生活状况、社会保障与公共服务利用、心理认同、身份认同调研和社会接纳度分析等五个方面。通过对问卷调查收集的数据统计分析，更好地研究"大学毕业生聚居群体"向上流动的动力及其影响因素。

本次研究的调查问卷工作于 2018—2019 年在杭州滨江区浦沿街道和长河街道展开，调查方式是问卷发放形式，通过线上和线下结合发放给符合调查条件的受访者，受访者填写之后由课题组成员收齐。调

---

① 袁方、王汉生：《社会研究方法教程》，北京大学出版社 1997 年版，第 231 页。

查前后共发放调查问卷 546 份，回收有效问卷 528 份，回收率为 96.7％。528 份有效样本中，"大学毕业生聚居群体"男女性别样本量显示男女比例基本持平；年龄以 26—29 岁为主，占调查总体的 39.18％；受教育程度均在大专以上；28.85％的调查对象月平均收入在 4000—5000 元；68.92％的受访者为农村生源。

二、访谈法

访谈法是研究者通过口头谈话的方式从被研究者那里收集或者建构第一手资料的一种研究方法。根据研究者对访谈结构的控制程度，访谈分为封闭型、开放型和半开放型三种类型。①

本研究的访谈主要是在杭州滨江区浦沿街道和长河街道城乡接合部进行的实地调研，包括开放型和半开放型访谈。为了更加深入研究在阶层间的封闭化趋势与"大学毕业生聚居群体"的现实困境下，"大学毕业生聚居群体"突破现有社会地位的动力，笔者选择了大学在校生、毕业五到十年的毕业生、高校教师、城中村村民、房产中介等进行深度访谈。为了获取更加真实可靠的信息，笔者对 20 名在城乡接合部农民房生活过三年以上的高校毕业生进行了入户个别访谈，这 20 名访谈对象有曾经蚁居经历的，也有正处于"大学毕业生聚居群体"身份的，通过录音笔记录访谈信息，课题组成员经过整理讨论，提炼对研究有效的信息。访谈提纲按照如下逻辑设计：第一，围绕大学毕业生向上流动的影响因素、动力、出路等设计问题，问题设计尽量覆盖全面以便于后期深入研究。第二，先随机选择

---

① 陈向明：《质的研究方法与社会科学研究》，教育科学出版社 2000 年版，第 324 页。

一些访谈对象进行分别访谈,再请这些访谈对象提供另外一些符合研究主题和研究目标的调查对象,根据所形成的线索选择此后的调查对象。第三,力求严格按照访谈提纲进行访谈并根据访谈对象的差异随时调整问题设计,有助于其充分表达自己的意见和看法。

三、文献研究法

文献研究法是社会科学中最常用的研究方法之一,对某一领域相关主题进行充分的研究都需要从收集、梳理、分析相关文献开始。文献研究法不仅仅是收集资料的方法,也是一种研究方式,它是在充分阅读、收集研究主题的相关资料基础上对这些资料展开系统分析的一种方法。"它与其他方法有一个明显的不同——资料来源不同。它不是直接从研究对象,即人那里获取研究所需要的资料,而是去收集和分析现存的、以文字形式为主的文献资料。"[①]文献研究一般包括文献收集与查阅、文献整理和鉴别、文献分析和综合等具体阶段。在本研究中,笔者阅读了大量关于社会流动、"大学毕业生聚居群体"现象、"大学毕业生聚居群体"的社会流动、高等教育与社会流动、城乡与地区差距、社会保障等方面的相关文献资料,获取前人在这些领域的相关研究成果。具体来说,文献研究包括以下三部分。第一,对中国知网 CNKI 全文数据库中涉及"大学毕业生聚居群体"问题研究的文献进行查阅、鉴别、梳理、分析,从而把握"大学毕业生聚居群体"问题的研究现状、研究进展以及与"大学毕业生聚居群体"社会流动相关的各学科的研究文献。第

---

① 袁方、王汉生:《社会研究方法教程》,北京大学出版社 1997 年版,第 392 页。

二,对 2009 年"大学毕业生聚居群体"成为社会关注热点以来至 2019
年中涉及高校毕业生就业、住房等的政策文本,包括法律、措施、细则、
方案、纲要、意见以及领导人讲话文本等进行收集、筛选、分析。按照与
"大学毕业生聚居群体"社会流动的相关程度分为背景文献、相关文献
和最相关文献。第三,对杭州市与高校毕业生相关的研究文献、政策、
规划和措施等进行梳理、分析。

第四节　文献综述

"大学毕业生聚居群体"是在 2009 年 9 月廉思主编的《蚁族:大学
毕业生聚居村实录》一书中提出的,是对"大学毕业生低收入聚居群体"
的典型概括,指接受过高等教育,毕业后无法找到工作或工作收入很低
而聚居在城乡接合部的大学生。"大学毕业生聚居群体"一词一出现就
迅速引发了社会的广泛关注和讨论,从学术调查到年度热词,随后围绕
"大学毕业生聚居群体"现象的相关研究不断涌现,从 2009 年至 2019
年,通过对中国知网 CNKI 全文数据库(包括期刊、博硕、会议、报纸、统
计年鉴)、万方数据库共检索出 299 篇。主要使用"大学毕业生聚居群
体""大学毕业生聚居群体现象""蚁族""聚居村""社会流动""唐家岭"
等检索词。这 299 篇论文从多个学科角度对"大学毕业生聚居群体"相
关问题进行了深入分析。

一、关于"大学毕业生聚居群体"问题的研究综述

廉思提出的"大学毕业生聚居群体"一词获得社会广泛关注后,学界陆续开展"大学毕业生聚居群体"问题的相关研究。学者们对"大学毕业生聚居群体"内涵界定及其主要特征、"大学毕业生聚居群体"现象产生的原因、"大学毕业生聚居群体"现象引发的问题、治理"大学毕业生聚居群体"问题的对策建议提出了有价值的分析。此外,研究者们立足自身研究方向从社会学、心理学、经济学、政治学等多学科角度对"大学毕业生聚居群体"问题进行了全方位的解读。

(一)关于"大学毕业生聚居群体"的内涵界定及其主要特征

2009年廉思将"大学毕业生低收入聚居群体"命名为"大学毕业生聚居群体",因为其与蚂蚁有许多类似的特点:高智、弱小、群居。该群体具有三个典型特征:大学毕业,低收入,聚居。该群体成员均接受过高等教育。这就限定了该群体的界限,即没有受过高等教育的青年农民工和务农青年均不属于此群体范围之内。

"大学毕业生聚居群体"作为大学毕业生低收入聚居群体,其主要特征表现为:第一,从受教育程度上来说,"大学毕业生聚居群体"来源于受过高等教育,拥有大专及大专以上的学历水平的大学毕业生;第二,从收入水平和工作性质上来说,"大学毕业生聚居群体"是月平均收入低于2000元的低收入群体,主要从事于简单的技术类和服务类工作,以保险推销、电子器材销售、广告营销、餐饮服务、教育培训等临时性工作为主,有的甚至处于失业半失业状态;第三,从家庭背景上来说,"大学毕业生聚居群体"中的绝大多数成员来自经济欠发达地区的农村

或小城镇中低阶层的家庭,希望毕业后能够依靠自己的劳动所得来回报辛勤劳作的父母;第四,从年龄上说,"大学毕业生聚居群体"的年龄主要集中于22岁到29岁之间,以毕业五年内的大学生为主,九成属于"80后"一代,可以说是以"80后"大学毕业生为主体的"80后"高知群体;第五,从社会保障和社会支持角度来说,"大学毕业生聚居群体"中的大多数没有"三险"和劳动合同,基本不能享受城市的各项社会福利,缺乏有效的社会扶助和社会支持;第六,从居住环境上来说,"大学毕业生聚居群体"的居住环境呈现出聚居的生活状态,主要聚居于人均月租金411元、住宿条件简陋、人均居住面积不足10平方米的城乡接合部或近郊农村,已经形成了一个个聚居区域——"聚居村"。①

(二)关于"大学毕业生聚居群体"现象产生的原因

探究"大学毕业生聚居群体"问题产生的原因是深入研究和解决"大学毕业生聚居群体"问题的关键。廉思认为"大学毕业生聚居群体"现象的产生既有国家就业形势严峻的原因,也有我国户籍制度的因素;既有"聚居村"本身个性的问题,也有城乡接合部共性的问题;既有大学毕业生本身个性的问题,也有流动人口共性的问题。在《蚁族:大学毕业生聚居村实录》一书中,廉思从宏观和微观两个角度分析了"大学毕业生聚居群体"现象产生的原因。从宏观层面来说大城市的吸引力、我国就业形势的变化、我国就业政策的调整、大学生择业观的相对滞后、高等教育的发展与社会需求的差异等造成了"大学毕业生聚居群体"现

---

① 廉思:《蚁族:大学毕业生聚居村实录》,广西师范大学出版社2009年版,第56—64页。

象产生。微观层面则是房租低廉、交通便利等条件使刚毕业的大学生在城乡接合部落脚成为可能,追求群体间的认同和对独立生活状态的追求是导致"大学毕业生聚居群体"选择在聚居村居住的原因之一。[①]

针对近年来大城市不断涌现的"大学毕业生聚居群体"现象,众多学者对引发"大学毕业生聚居群体"问题的主要原因展开研究。总结起来有以下几个观点:

1.劳动力市场分割。赖德胜、田永坡(2005)认为现阶段我国出现的"知识失业"在很大程度上是由于"我国劳动力市场的制度性分割"造成的。他们将我国的劳动力市场大致分为主要劳动力市场和次要劳动力市场两类,两类劳动力市场在工资、工作环境、就业稳定性、社会保障以及培训和晋升机会等方面存在巨大的差异,进而造成大学毕业生高昂的工作转换成本,使得大学毕业生的保留工资上升。同时,单位的用人成本也由于某些体制安排而被提高,从而导致其劳动力雇佣量少于市场均衡时的最优量,这些都增加了大学毕业生的就业难度,造成了大学毕业生低收入群体的出现,进而引发"大学毕业生聚居群体"现象的产生。[②]

2.高校过度扩招以及专业设置与市场需求相脱节。"大学毕业生聚居群体"现象的出现也反映出我国高等教育自身的问题。教育产业化是"大学毕业生聚居群体"形成的主要原因之一。何飞龙认为,伴随

---

① 廉思:《蚁族:大学毕业生聚居村实录》,广西师范大学出版社 2009 年版,第 34—37 页。

② 赖德胜、田永坡:《对中国"知识失业"成因的一个解释》,《经济研究》2005 年第 11 期。

我国高等教育快速扩张,教育产业化发展引发了毕业生人数激增以及专业结构不合理等现象,也导致了全国"大学毕业生聚居群体"数量增加与就业难等问题。[①] 汤啸天认为,相当一部分高校不顾实际走高大全式的发展道路种下如今苦果。所谓高大全式的道路,就是指高校贪大求全、盲目攀比,不切实际地搞"高"(办学上层次)、"大"(招生扩规模)、"全"(学科全覆盖)。高校的扩招导致教学质量下降,毕业生的质量也就不高。毕业生质量不高还表现在高校教育没有与市场需求结合起来。[②] 田鹏认为"大学毕业生聚居群体"是高校扩招累积效应的直接体现,也是高校课程设置与社会对人力资源需求脱节的一种必然结果。[③]

3.大学毕业生供求数量的不对称和供求结构的错位。大学毕业生的数量年年创新高,表现出就业市场供过于求的态势,大学生失业成为常态。但是企业却为找不到合适的人才而遭遇用工荒。高等教育供求数量的不对称和供求结构的错位是导致我国大学毕业生无法有效而充分地实现"知识就业"的主要原因。李薇辉认为该现象主要表现有:一方面,高等教育的持续性规模化扩张与市场需求增长的有限性之间的矛盾,造成劳动力市场上大学毕业生供给远大于需求数量。另一方面,大学毕业生求职预期与实现条件错位、"普及化"教育与"精英"就业错位、培养模式与"职场"需求错位等方面的供求结构错位。[④] 曾湘泉认为就业市场的供需结构出现了失衡。就数量而言,工作岗位的增长缓慢,

①　何飞龙:《"蚁族"就业现状的思考》,《经济与社会发展》2011年第2期。
②　汤啸天:《"蚁族":一个呼唤善待的群体》,《青少年犯罪问题》2010年第3期。
③　田鹏:《"蚁族"背后的三重悖论》,《经营管理者》2010年第8期。
④　李薇辉:《对"知识失业"问题的理论探讨》,《上海经济研究》2005年第3期。

与大学毕业生的增加形成反差。从就业结构而言,既存在大学生不愿从事的大量工作岗位,也存在因大学生就业能力不足而无法从事的职业。①

4."大学毕业生聚居群体"自身的不足。有学者认为"大学毕业生聚居群体"自身就业观念尚未及时转变,导致对就业岗位和就业城市的期望值过高,出现西部地区的一些基层岗位招不到人,而东部企业却一职难求的局面。作为就业主体的大学毕业生,就业观念的转变滞后于社会政治经济的发展变化,就业定位不准,期望值偏高。一是缺乏正确的就业观,过于追求物质待遇和生活工作条件,重索取,轻奉献;重功利,轻发展,缺少艰苦奋斗的精神和强烈的责任感。二是缺乏准确的定位。择业时不能很好地把握自身实际条件与用人单位要求的最佳结合点,期望值过高,导致"高不成,低不就",很多就业机会一失再失。三是缺乏"先就业,后择业;先生存,后发展"的观念,灵活就业、自主创业的意识淡薄、能力有限。"一次就业定终生"的传统观念尚未破除,企图一劳永逸,一举端上"铁饭碗"和"金饭碗"。如朱磊、魏姝认为"大学毕业生聚居群体"所面临的生活困境,很大程度上是由于其主观抉择失误所造成。他们盲目地奔向大城市,特别是以京、沪、穗为代表的一线城市,这些城市的竞争十分激烈,对求职者的人力资本要求很高,普遍毕业于非知名高校而且专业往往处于劣势的"大学毕业生聚居群体"在竞争中自然不占优势。现今的各类企事业单位对大学毕业生的核心竞争力和工作经验十分看重。而绝大多毕业生擅长理论知识,缺乏动手能力和

---

① 曾湘泉:《变革中的就业环境与中国大学生就业》,《经济研究》2004 年第 6 期。

应用知识的能力。[①] 客观因素主要有"大学毕业生聚居群体"掌握的社会资本严重缺乏所导致的就业竞争力不足。

温卓毅、岳经纶通过对结构性社会资本的界定,将在异地工作的大学毕业生拥有的社会关系划分为三类。第一是原居地亲友网络。刚毕业的到迁入地的头几年,原居地的社会网络包括原生家庭及其他亲属、中小学同学、朋友等是移居者在情感、物质和社会适应上的重要支持。移居者能够透过原居地网络在本地获得就业机会、信息和住房,也可以宣泄情绪并结交新朋友。第二是本地亲友、职业和社区邻里网络是弱势大学毕业生融入本地社会的关键。弱势大学毕业生一方面缺乏与社区居民的交流,另一方面对社区居民形成压力和威胁,产生隔阂和限制,不利于摆脱弱势境地。第三是与政府和社会组织的联系。政府和社会组织通过举办招聘会、开办培训课程、提供个人服务等,增加弱势大学生获取资源和信息的渠道。[②]

陈永杰从先赋因素和获致因素两方面因素来探讨弱势大学毕业生就业能力,在基于教育部统计资料和国际管理咨询公司的全国调查数据基础上,他通过逻辑演绎得到大学生拥有就业能力不等于拥有竞争力的结论。就业竞争力是先赋因素和获致因素共同作用的结果。由于中国存在户籍制度及各地不同的高考录取标准等差异性制度安排,对于竞争力的影响,大学毕业生的出身(先赋因素)极可能大于通过学习

---

①　朱磊、魏姝:《基于公民权视角的城市"蚁族"群体再研究》,《中国青年研究》2010 年第 10 期。

②　温卓毅、岳经纶:《弱势大学毕业生:在职贫穷与社会资本视野下的"蚁族"》,《公共行政评论》2011 年第 6 期。

所取得就业能力等获致因素。[①]

5.社会保障的缺失。社会保障的缺位是出现"大学毕业生聚居群体"现象的制度原因,其中最严重的是有关大学生灵活就业及失业等相关社会保障制度的不完善和社会福利的缺失。"大学毕业生聚居群体"阳玉平认为,我国虽然制定相关的法律,但缺少监督,致使很多人钻空子,"大学毕业生聚居群体"大多数没有"三险"和劳动合同。户籍制度很大程度上制约着"大学毕业生聚居群体"的发展。尽管我国的保障制度不断完善,但"大学毕业生聚居群体"并没有被纳入社保系统。[②] 陈永杰、卢施羽从社会政策的角度分析,他们认为问题的关键是现行的经济制度并未得到一套适当的福利制度的配合,以致"大学毕业生聚居群体"失去必要的保障——如果他们拥有社会权利,福利制度能通过各种政策措施使个人不需要依赖市场也能维持生活水平。[③] 朱磊、魏姝从公民权利缺失的视角出发,认为这个弱势群体的困境不只是单纯自身禀赋不足及市场竞争落败的问题,而是根源于公民身份的缺失,而整个缺失的过程贯穿于他们生命历程的不同阶段,具体表现包括户籍制度的城乡公共服务差距,作为城市外来人口选举权利和参与公共政策制定权利的缺失及无法享受同等的劳动保障和社会保护等。[④]

---

① 陈永杰:《大学生就业能力与社会不流动》,《武汉大学学报(哲学社会科学版)》2011年第3期。

② 阳玉平:《我国"蚁族"之理性审视》,《社会科学家》2009年第12期。

③ 陈永杰、卢施羽:《大学生就业困难与"蚁族"的出现:一个社会政策的视角》,《公共行政评论》2011年第6期。

④ 朱磊、魏姝:《基于公民权视角的城市"蚁族"群体再研究》,《中国青年研究》2010年第10期。

6.城乡间的巨大发展差距。李雅儒、毛强认为由于我国经济体制的改革和政策导向,使我国区域之间、城市之间、城乡之间的差距逐步拉大,大中城市拥有相对优越的经济条件和社会环境。率先开放的沿海及东南部地区发展迅速,中西部地区经济落后且发展缓慢,区域经济发展差距显著,目前我国大中城市与小城镇的差距过大是当前我国大中城市更具有就业吸引力和更为大学毕业生所钟爱的根本原因。当前中国存在着巨大的东西部差距、沿海与内陆的差距以及城乡之间的差距,大量的财富、机遇以及优质教育、医疗卫生等公共资源聚集在为数不多的一些大城市尤其是少数特大型城市。"大学毕业生聚居群体"渴求在大城市扎根,这是实现自我价值,追求利益最大化的正常抉择。①我国区域之间、城市之间、城乡之间的巨大差距只要一直存在,"大学毕业生聚居群体"坚守在大中城市的现象就会持续下去。因此,我们不能简单地认为"大学毕业生聚居群体"那种"宁要北京一张床,不要外地一套房"的选择是完全非理性的。他们看中大城市更丰富的资源、更多的就业机会和未来更广阔的发展空间,从而愿意忍受眼前低微的收入和艰难的生活。此外,大学毕业生之所以选择在大中城市当"大学毕业生聚居群体"的深层次原因在于:一方面大中城市能够给予他们更多的潜在就业机会或更好的发展机遇;另一方面他们已经适应并享受大中城市浓郁的文化氛围和现代化的生活方式等诸多便捷,并能够从中获得一种心理满足感和成就感等。

---

① 李雅儒、毛强:《关于"蚁族"群体问题研究综述》,《中国青年研究》2012 年第 4 期。

（三）关于"大学毕业生聚居群体"面临的困境

胡小武认为"大学毕业生聚居群体"处于社会结构的底层并且很难向上流动，主要表现在以下三点：一是"大学毕业生聚居群体"聚集地所在区域的治安安全隐患日益突出。由于"大学毕业生聚居群体"聚落的人口混居、杂居、陋居、劣居等，"蚁域"本身成为偷盗抢劫打架斗殴之地。二是"大学毕业生聚居群体"的心理健康状况也令人担忧。"大学毕业生聚居群体"在强迫、抑郁、敌对、人际关系敏感、焦虑、偏执、精神病性等因子上均分高于正常成人值。三是"大学毕业生聚居群体"有向下流动的趋势。"大学毕业生聚居群体"摆脱蜗居的困境需要更长时间，从"大学毕业生聚居群体"到精英的蜕变变得愈发艰难，高昂的大都市房价让"大学毕业生聚居群体"难以爬出"蚁居"[①]。

吴迪用物质贫困和人文贫困概括了"大学毕业生聚居群体"的生存困境，其中物质贫困包含绝对贫困和相对贫困两个层面，而人文贫困则包含了生存能力贫困、发展能力贫困和权利贫困三个方面。"大学毕业生聚居群体"生存艰难、权力和利益表达的缺失足以表明他们是复合型贫困的代表人群。[②]

涂龙峰、蒋凌霞用群体性的心理隐忧来形容"大学毕业生聚居群体"作为新生代青年群体的心理困境。他们生活在一个急剧变化的年代，虽然没有什么真正值得害怕的事，但是他们那脆弱的心脏还是有着

---

① 胡小武：《"向下的青春"之隐忧：兼评廉思〈蚁族Ⅱ——谁的时代〉》，《中国青年研究》2011年第5期。

② 吴迪：《复合型贫困："蚁族"群体贫困问题特殊性分析——以长春市为例》，硕士学位论文，吉林大学，2011年。

没完没了的担忧！"大学毕业生聚居群体"隐性担忧所表现的群体困境有两个特征：第一，群体性，不是单个人的麻烦，而是很多人的共同体验；第二，困扰性，是一种焦虑不安的体验！群体隐性担忧具体体现在：第一，心理上希望自己永远不要长大，抗拒成人世界的规则。第二，在就业、房价、人际关系、父母的期待等各种压力下，他们被迷茫与空虚包裹。第三，在竞争中害怕坚持或选择。第四，信仰迷失，信仰缺失又折射出他们不理解活着的意义，不明确规划自己的人生，不完全遵守社会的规则，然后对自我的肯定度不够，否定自己的能力！[①]

严雯通过对居住在唐家岭、小月河的"京蚁"进行调查走访，了解"京蚁"生存困境的一手资料。归纳起来有：第一，制度困境。现存的户籍制度在很大程度上限制了"大学毕业生聚居群体"享有平等就业的机会以及享有社会公共资源的权利。第二，经济困境。"大学毕业生聚居群体"的经济收入较低，并且很不稳定，工资增幅跟不上物价上涨以及过高的房价。第三，心理压力的困境。生存艰难、交际狭窄，他们的不满情绪一旦积聚，就容易爆发，而爆发较大可能以维护自身合法权利的形式出现。[②]

（四）关于"大学毕业生聚居群体"现象可能引发的问题

对高知弱势的现状，众多研究者提出了"大学毕业生聚居群体"的不断扩大对社会稳定构成威胁，并且对高等教育的改革形成很大挑战

---

① 涂龙峰、蒋凌霞：《蚁族、蜗居：新生代青年的群体困境》，《中国青年研究》2010年第3期。

② 严雯：《中国"蚁族"的困境与出路》，硕士学位论文，东北财经大学，2010年。

的设想。一是"读书无用论"近几年甚嚣尘上。"大学毕业生聚居群体"受过高等教育,在高知弱势的社会就业生态状况中,凸显了中国高等教育改革发展的负面后果,这使得人们渴望教育改变命运或者是通过高等教育实现社会流动的机制,却遭遇了某种现实挑战。当教育都没有从根本改变底层群体的上升通道之后,整个社会掀起了一股新的"读书无用论"的悲观论调,而且很多研究生以及重点大学的毕业生,也成为"大学毕业生聚居群体"的一员,更加剧了人们对高等教育的失望与悲观。二是对社会稳定秩序构成威胁。我国"大学毕业生聚居群体"的出现甚至呈现出进一步恶化的趋势,这是一种不正常的现象,必须引起足够的重视和警惕,否则,与之相伴的社会流动乏力和社会分层的困境将对整个社会的公平和和谐运行构成风险隐患。此外,由于"大学毕业生聚居群体"生活条件差、缺乏社会保障、思想情绪波动较大,所以挫折感、焦虑感等心理问题较为严重,如果政府及相关部门不引起重视与加强指导帮助,可能会促成群体性事件的爆发,对其自身和社会造成负面影响。廉思也考虑到"大学毕业生聚居群体"会对社会造成影响,"大学毕业生聚居群体"极端化现象突出,会通过虚拟空间和现实空间的互动促成群体性事件的发生。

(五)关于解决"大学毕业生聚居群体"问题的对策研究

"大学毕业生聚居群体"问题引起了政府、社会各界广泛关注,对于如何避免"大学毕业生聚居群体"不断扩大,稳定社会秩序这一问题,众多学者从自身专业背景出发给出了诸多治理对策和建议。主要集中在以下几种解决途径:

第一，制度层面的完善。首先，解决"劳动力市场的制度性分割问题"是解决"知识失业"的关键：一方面通过扩大正规部门的就业吸纳能力，增加就业机会；另一方面通过规范非正规部门，改善该部门的就业环境，使大学生愿意到非正规部门就业。[①]　其次，明晰"大学毕业生聚居群体"在"党委领导、政府负责、社会协同、公众参与"社会管理新格局中的定位。探索底层青年知识分子有序参与社会公共事务的新机制，最大限度地激发"大学毕业生聚居群体"参与社会建设的活力。以高校和共青团为挂靠和枢纽，构建新型青年社会组织，逐步形成政府主导，分类规范，党建和业务一起抓的底层青年社会组织管理模式，把不同文化背景、不同利益群体、不同兴趣爱好的社会各界青年知识分子团结起来，依托不同的组织形式和活动方式凝聚力量、达成共识、强化自律、规范行为、有序参与。再次，发挥社区（村）基层部门的服务职能，把"大学毕业生聚居群体"在内的流动人口纳入社区（村）管理服务体系，探索"大学毕业生聚居群体"参与社区（村）管理与建设的新模式。以信息化为基础，构建"大学毕业生聚居群体"动态管理的长效机制。最后，改革现有的户籍制度。政府应继续推进户籍制度的改革，淡化与户籍挂钩的相关福利。破除城乡流动的壁垒，向"大学毕业生聚居群体"敞开阶层流动的大门。长期以来，二元分割的户籍制度已成为阻碍人才流动的重要因素，户籍制度的分割直接影响着"大学毕业生聚居群体"的职

---

① 武秀波：《劳动力市场分割条件下大学生就业难的原因探析》，《辽宁大学学报（社会科学版）》2004 年第 2 期。

业地位获得,职业地位的低下使得他们难以获得城市的归属感。[①]

第二,高校专业设置与市场需求及时对接。教育部门要以就业为导向,根据经济结构、产业结构调整对人才知识结构和综合素质的需求,以及各高校的办学定位和办学特色,合理规划各大高校的招录工作,不能继续扩大各高校的招生人数,要以各大高校以及各专业的就业状况为主要依据,合理规划各高校的招录专业和招录规模。对教学质量差、专业设置不合理导致毕业生就业率低的学校和专业,要减少招生规模,甚至停止招生,而根据市场对人才的需要,则可增设新兴的专业,培养与人才市场对接的人才。有研究者指出,解决大学毕业生供求不平衡、不匹配问题,应当从以下几个方面着手:一是合理调适专业,不断增强专业设置与市场需求的契合度,坚持特色育人,着力提升人才培养对社会需要的适应性。二是转变办学思路,主动适应就业市场的变化,结合经济社会发展对各类人才规格的多样化要求,在明确学校基本定位的基础上确立各类人才培养的目标定位,搭建宽厚基础知识与扎实专业训练相统一的教育平台,帮助学生将专业知识真正转化为解决实际问题的能力。三是将就业能力的提高渗透到学生培养的全过程中。强化就业指导,全面增强大学毕业生就业市场的竞争力。[②]

第三,发挥舆论引导作用,提高舆情应对能力。积极发挥舆论引导作用,对"大学毕业生聚居群体"的奋斗精神、亲情意识和社会责任感给

---

① 段萍萍:《"蚁族"就业保障问题研究》,硕士学位论文,首都经济贸易大学,2014年。
② 张进:《提升就业能力:缓解大学生就业难的重要选择》,《高等教育研究》2007年第12期。

予充分肯定,树立全社会对"大学毕业生聚居群体"的正确认识,形成各阶层理解、关心、鼓励"大学毕业生聚居群体"的良好氛围。加强对手机、微博、社交网站等新兴媒体的管理,推动网络舆情管理工作重心前移。建立与网站信息更新活跃期、网民上网集中期相适应的网上舆情研判、会商和调控机制。

第四,转变落后的就业理念,增强大学生的核心竞争力。"大学毕业生聚居群体"都希望在大城市实现人生目标,无论如何也很难舍弃大城市的一席之地。从现实来看,大城市的人才资源早已过度聚集,就业压力本身就很大,这种劳动力供过于求的状况本身就对处于劣势的"大学毕业生聚居群体"是不利的,从另一方面来看,中小城市对人才需求量较大,某些城市、行业存在引进人才的优惠政策,在大城市发展受阻的一些优秀"大学毕业生聚居群体"对于急需人才的中小城市而言则是用人单位的"香饽饽"。因此,"大学毕业生聚居群体"应该冷静思考自己的发展目标,认清自身情况,在日益严峻的就业形势下审时度势、扬长避短,根据自身就业优势,尽可能多地了解所在城市相关行业的人才需求情况,在就业决策时多准备几个备选方案,不要把大城市作为唯一目标,重新认识自我,转变自身发展观念。在现有制度条件下,"大学毕业生聚居群体"在人才市场竞争中处于劣势,在专业知识基础上,提高自己的能力,加强学习培训,丰富职业技能,拓宽就业口径,用扎实的技能来获得发展机会。

第五,必须扭转经济发展不平衡的状况来解决大学毕业生就业问题。缩小区域经济发展差异,不仅要缩小东部和中西部地区经济发展的差异,而且要缩小区域内不同地区之间的经济发展差异,缩小城乡经济发展差异,加强小城镇建设,缩小中小城市与大城市的差距。所以,从投资建设的政策导向上鼓励小城市和农村小城镇建设,把工业分散,真正缩小区域差异,促进毕业生在全国大、中、小城市及农村中比较均衡地分布。[①] 只有促进地区平衡发展,才能有效缓解大学生就业地域结构失衡。城乡、区域间的均衡发展所带来的就业均衡必然会使大学生在就业选择时无所谓区域、城乡的区别。因此,只有缩小不同区域、城乡在经济发展、就业环境、福利待遇、发展机会等方面的差距才能吸引更多的大学毕业生到西部、到基层就业。因此,政府必须继续加快区域之间、城乡之间的合作,打破区域间的政策壁垒,实现资源互补,促进欠发达地区的经济发展,提高就业待遇;推进西部大开发和新农村建设、加快生态经济、循环经济和高新技术产业的发展,鼓励大学生到西部、基层创业以创造更多的就业岗位;加大对贫困落后地区的政策扶持和财政投入力度,加快基础设施建设,提高基本公共服务水平,改善其就业环境和生活环境。[②]

二、有关"大学毕业生聚居群体"的社会流动研究

只有合理的社会流动才能保证社会的正常运行,"大学毕业生聚居群体"现象隐含了中国社会阶层结构日益固化的趋势,"大学毕业生聚居群体"缺乏合理有效的向上流动渠道,曾经的天之骄子为何沦落为第四大弱势群体(继农民、农民工、下岗工人之后)? 是什么造成了大学毕

---

① 赵宏斌、陈平水:《我国经济转型期大学毕业生失业状况分析》,《山西大学学报(哲学社会科学版)》2003 年第 5 期。

② 周烁:《大学生就业的地域结构失衡及对策》,《经济与社会发展》2008 年第 5 期。

业生社会地位的下滑？研究"大学毕业生聚居群体"社会流动的影响因素对分析中国的社会流动机制和社会阶层之间地位差异有重要的理论意义。研究者们从各自专业领域出发集中探讨了影响"大学毕业生聚居群体"社会流动的原因及促进"大学毕业生聚居群体"向上流动的对策。

（一）关于"大学毕业生聚居群体"社会流动的影响因素

李运涛运用个案访谈的研究方法，通过对"大学毕业生聚居群体"聚居地的实地观察，结合社会流动理论，从社会、家庭和个人三个角度探讨了影响"大学毕业生聚居群体"社会流动的主要因素。通过案例分析发现：社会缺乏公平公正的机制阻碍了"大学毕业生聚居群体"的流动；教育资源的分配不均导致"大学毕业生聚居群体"在文化资本积累中处于弱势地位；僵化的户籍制度进一步限制了"大学毕业生聚居群体"发展。家庭环境对"大学毕业生聚居群体"的社会流动产生了很大影响，家庭的经济条件制约了"大学毕业生聚居群体"的求学过程，家庭的文化资本影响了"大学毕业生聚居群体"的人格发展，尤其家庭的社会关系网络限制了"大学毕业生聚居群体"的就业。"大学毕业生聚居群体"个体所存在的限制条件也是影响"大学毕业生聚居群体"社会流动的因素之一。"大学毕业生聚居群体"的社会流动还受到其价值取向、综合能力和社会适应能力的影响。"大学毕业生聚居群体"之所以流动受制，正是由于这三方面存在一定的缺陷。[①]

胡小武认为"大学毕业生聚居群体"的社会流动呈现"下流化"的趋势。他从三个方面分析了"大学毕业生聚居群体"沦为社会新底层的原

---

① 李运涛：《"蚁族"社会流动的影响因素研究》，硕士学位论文，华中师范大学，2011年。

因。第一，中国社会阶层结构日益固化的趋势导致"大学毕业生聚居群体"现象并没有改善，反而有愈来愈严重的趋势。这印证了一个现实，即社会结构的固化与阶层的再生产机制开始成型，将越来越多的中下层家庭的受过高等教育的子女推向了"新底层"的生存境况。中国的社会结构已先于体制变革定型，表现为阶层之间的边界开始形成、内部认同的形成、阶层之间的流动开始减少、社会阶层的再生产等。第二，教育没有从根本改变底层群体的上升通道。"大学毕业生聚居群体"高知弱势的社会就业生态状况，凸显了中国高等教育改革发展的负面后果。这使得人们渴望教育改变命运或者是通过高等教育实现社会流动的机制，遭遇了某种现实挑战。第三，"大学毕业生聚居群体"的背后体现了整个国家区域发展不均衡。"金字塔"般的城市发展使得中心城市成为所有资源最密集的地方。资源和机会的汇集效应形成了对青年大学生走向大都市的"推力"。大城市就业象征着机会，但同时也要忍受高额的房价和激烈的竞争，以及生存的艰辛。①

易全勇、侯玉娜通过对"大学毕业生聚居群体"生态特征及其社会流动机制及社会流动脉络做了探讨，认为在当今社会流动与地位获得的过程中，教育所铺架的向上流动的路径出现了明显的缩小甚至断裂。在个人可利用资源短缺的情况下，教育不能直接给个人带来收益，除非社会有一种可用来将教育转换为资源的制度。"大学毕业生聚居群体"中较低阶层家庭的子女更多地获得较低水平的高等教育资源。较低学

---

① 胡小武：《"向下的青春"之隐忧：兼评廉思〈蚁族Ⅱ——谁的时代〉》，《中国青年研究》2011年第5期。

历(大专)在职业变换、居住迁移、身份地位的改变等社会流动的过程中难以转化为向上流动的有力竞争力。[①]

陈家喜与黄文龙从政治学角度对二代阶层间的阶层固化与断裂、阶层抱团以及阶层对立等对政治稳定的影响进行了研究。相对于强势二代阶层(官二代、权二代、富二代),弱势二代阶层(农二代、穷二代)先赋性资源不足,在教育、社保、就业等方面还面临一些体制性排斥,向上流动的通道较为狭窄。二代阶层的流动梗阻和固化进程的进一步强化,二代阶层内部阶层意识不断强化和强弱二代阶层间对立情绪蔓延,可能造成严重的政治失衡和政局不稳。[②]

(二)关于"大学毕业生聚居群体"向上流动的对策与出路

权旭哲从关系网络的视角分析了"大学毕业生聚居群体"社会流动中所处的社会关系网,认为劳动力市场体制的不完善导致关系网络对"大学毕业生聚居群体"的社会流动产生很大影响。"大学毕业生聚居群体"天然弱势的家庭关系网络、自身建构的关系网络以及其他一些社会关系网络,对"大学毕业生聚居群体"没有太大的帮助。相反,关系网络在"大学毕业生聚居群体"社会流动中起负向功能。主要包括阶层内卷化、阶层固化导致的"社会隔离",身份认同感和"标签"的负面效应。对处在不利社会关系网络中的"大学毕业生聚居群体"如何摆脱生存现状,作者提出了自己的建议。第一,建立健全公平的社会流动机制和有

---

① 易全勇、侯玉娜:《"蚁族"的生态特征及社会流动——兼对〈蚁族:大学毕业生聚居村实录〉一书的述评》,《第二届首都高校教育学研究生学术论坛论文集》,2011 年 5 月 5 日。

② 陈家喜、黄文龙:《分化、断裂与整合:我国"二代"现象的生成与解构》,《中国青年研究》2012 年第 3 期。

效的利益表达机制,在社会流动机制设计中,以自致性条件为基础,尽量减少甚至消除先赋条件及家庭背景等对个人的职业地位的影响。第二,建立并完善有效的利益表达机制,建立合理有效的利益表达机制可以平衡协调社会中各个阶层之间的利益关系,能够维持社会长治久安。第三,改变自身心态,提高自身能力。第四,善用媒体资源,拓宽自己的就业渠道。第五,做好教育体制改革和经济结构调整的良性衔接,调整高校结构,紧跟市场变化以适应经济社会的快速发展以及产业结构的调整等各方面需求。①

李运涛认为对"大学毕业生聚居群体"来说,短期内要摆脱目前的生存状况几乎是不可能的,因为这些因素当中很多是当前我们的社会中长期存在的问题,改善"大学毕业生聚居群体"社会流动状况是一个长期的过程。第一,建立和完善公平公正的社会流动机制,通过改革城乡之间、阶层之间和地域之间的制度歧视,逐步取消户籍制度政策,公正合理地开放人才上升通道,使社会成员的社会挫折感得到调节,逐渐增强社会群体间的整体认同感。第二,建立和完善合理有效的利益表达机制,"大学毕业生聚居群体"利益诉求和表达渠道多元化建设使其享受到改革的成果。第三,促进教育资源的公平分配,调整城乡分配、区域分配的比例,真正做到公平公正,使底层的弱势群体获得平等的教育机会。第四,合理引导大学生清晰规划人生和培养良好的就业

---

① 权旭哲:《我们无处安放的青春——关系网络视角下"蚁族"的社会流动分析》,硕士学位论文,西南大学,2013年。

心态。[①]

国外没有"大学毕业生聚居群体"这一概念，但同样存在与中国"大学毕业生聚居群体"类似的现象，说明高学历失业的情况在各国存在一定共性。刘洪辞认为国外的"young worker"比较接近中国的"大学毕业生聚居群体"，同样是低收入的大学生群体，就业困难且就业质量不高。国外关于"young worker"的研究多侧重于大学毕业生在劳动力市场就业匹配问题。研究者从性别、种族、健康状况、家庭经济状况及教育水平等方面深入研究了青年失业的结构性原因，并指出青年失业具有非均衡性，即青年中存在弱势群体，他们的失业率远远高于青年的平均失业率。该弱势群体包括以下几个群体：女性青年、少数民族、贫困人群和低文化程度人群。[②]

世界银行专家马丁·哥德弗瑞（Martin Godfrey，2003）对拉美国家不同收入等级家庭青年城市失业率的研究表明，家庭经济状况的好坏对青年就业有显著影响，家庭越贫困，青年失业率越高。贫困家庭青年的失业率是富裕家庭失业率的 2—10 倍。与发达国家和转型国家的一般趋势即青年教育水平越高失业率越低的情况不同，在许多发展中国家，如印度尼西亚、斯里兰卡等国家出现了高学历失业的独特现象。[③]国外学者对知识性失业的青年人的社会流动问题没有单独作为选题进行研究，而是对其社会保障的理论和政策方面做了较为详尽的研究。

---

①　李运涛：《"蚁族"社会流动的影响因素研究》，硕士学位论文，华东师范大学，2011 年。

②　刘洪辞：《"蚁族"群体住房供给模式研究》，博士学位论文，武汉大学，2012 年。

③　Gurney, R. M. "Does unemployment affect the self-esteem of school leavers?", Australian Journal of Psychology, Vol. 32, No. 3, 1980.

综合来看，目前学术界对"大学毕业生聚居群体"生存现状、"大学毕业生聚居群体"产生的原因、解决"大学毕业生聚居群体"问题的对策等方面的研究已有一批学术成果问世，这对如何应对和解决"大学毕业生聚居群体"问题起到了重要的理论支持作用。国内关于弱势群体的研究已不乏真知灼见，但由于弱势群体的非均质性，他们内部之间有较大差异，具体针对某一特定弱势群体，特别是"大学毕业生聚居群体"及其背后反映出的社会阶层流动不畅的相关的研究，仍缺乏系统扎实的实证研究和深入的理论研究。

本课题选取杭州"大学毕业生聚居群体"为研究对象，通过调研杭州"大学毕业生聚居群体"的经济生活状况、社会保障、心理认同、社会接纳状况，重点解决以下问题：分析"大学毕业生聚居群体"向上流动面临的社会处境；探究"大学毕业生聚居群体"向上流动的动力，分析影响"大学毕业生聚居群体"向上流动的积极因素和消极因素；避免"大学毕业生聚居群体"在社会流动中的固化，为"大学毕业生聚居群体"顺利"脱蚁"融入社会寻找出路。

第五节　研究思路

本书选取租住在杭州滨江浦沿、西兴、长河街道以及滨江高教园区周边，毕业五年到十年内的大学生为研究对象，采取抽样调查和深入访谈的方式，通过对"大学毕业生聚居群体"生存现状的调查分析，探究

"大学毕业生聚居群体"职业流动和社会地位流动状况。在对前期调研数据分析的基础上,结合"大学毕业生聚居群体"向上流动的诉求内容,分析"大学毕业生聚居群体"向上流动受阻的困境及其影响因素。最后,为畅通"大学毕业生聚居群体"向上流动的渠道,分别从宏观、中观、微观三个层面为"大学毕业生聚居群体"实现向上流动提供出路。

一、"大学毕业生聚居群体"社会流动情况分析

本书对租住在杭州滨江浦沿、西兴、长河街道以及滨江高教园区周边,毕业五年到十年内的大学生发放调查问卷,通过抽样调查法获取样本的可靠信息资料并且对部分"大学毕业生聚居群体"代表进行分别访谈。在整理调查资料和调查数据的基础上,围绕以下两个方面展开:第一,杭州"大学毕业生聚居群体"生存现状分析。通过对杭州"大学毕业生聚居群体"工作、收入、教育、居住、心理、婚恋、社会交往等方面的生活样态概括杭州"大学毕业生聚居群体"的生存现状和发展要求。第二,对当前杭州"大学毕业生聚居群体"社会流动总体状况的分析。"大学毕业生聚居群体"的社会流动中有多少属于向上垂直流动,有多少是属于空间或岗位变化的水平流动? 带着这些问题,本书开展以杭州"大学毕业生聚居群体"社会流动为主题的问卷调查,从职业流动和社会地位流动两个角度分析杭州"大学毕业生聚居群体"的流动情况。

二、"大学毕业生聚居群体"向上流动的困境分析

传统以来,通过教育实现向上流动是社会底层群体改变命运的主要

方式之一。"大学毕业生聚居群体"所具有的高等教育学历和文化素养激发了其强烈的向上诉求,但近年来,越来越多的"大学毕业生聚居群体"沦为社会新底层,通过教育改变命运似乎变得困难。为全面分析杭州"大学毕业生聚居群体"向上流动诉求面临的困境,本书从制度层面(如户籍制度、教育体制、社会保障、社会流动制度等)、社会资本供给层面(如家庭资源、教育资源、经济资源、人力资源等)、个人能力(如先赋因素、后致能力、个人观念等)等方面对杭州"大学毕业生聚居群体"展开调查分析,通过研究调查结果,分析杭州"大学毕业生聚居群体"实现向上流动的困境所在。

三、"大学毕业生聚居群体"向上流动的影响因素分析

"大学毕业生聚居群体"实现向上流动的影响因素既有积极因素也有消极因素。"大学毕业生聚居群体"接受的高等教育是奠定其向上流动的基础,"大学毕业生聚居群体"坚强乐观和为梦想不懈努力的奋斗精神都是促使"大学毕业生聚居群体"实现向上流动的促进因素。除了自身的努力外,分析"大学毕业生聚居群体"向上流动的促进因素对帮助"大学毕业生聚居群体"顺利"脱蚁"有正向激励效应。"大学毕业生聚居群体"虽离开了农村,但在城市挣扎生存,远未跨入中产阶层的行列,除了自身因素外,个人及其家庭经济资本、社会资本的缺乏,也是重要原因。分析阻碍"大学毕业生聚居群体"将其个人资本有效转化为在大城市生存和可持续发展的动力的因素是研究"大学毕业生聚居群体"向上流动问题的关键。

四、"大学毕业生聚居群体"向上流动的路径选择分析

"大学毕业生聚居群体"是年轻人走向成功的初级阶段,"大学毕业

生聚居群体"并非社会隐患。"大学毕业生聚居群体"终究会脱离"蚁穴"。我们应该正确看待"大学毕业生聚居群体",承认"大学毕业生聚居群体"是处于快速发展中的社会的正常现象,是社会分工与合作的必然结果。通过分析"大学毕业生聚居群体"向上流动的影响因素,本书从宏观、中观、微观三个层面搭建"大学毕业生聚居群体"合理流动的平台。为此需要解决的问题有:在宏观层面为"大学毕业生聚居群体"向上流动提供健全的制度保障体系(例如积极探索具有地区特色的廉租房制度、社会保障制度、户籍管理制度以及大学生创业支持政策等),为大学生在大城市或回家创业发挥才能提供更多的平台;在中观层面丰富"大学毕业生聚居群体"向上流动的社会资源,建立适当的补偿机制,提供更公平公正的生存环境,构建社会对个体的正向激励机制;在微观层面根据外部环境变化,重构"适应性内部模型",提升"大学毕业生聚居群体"向上流动的能力。

调查数据的形成和特点

课题组在 2018—2019 年对"大学毕业生聚居群体"抽样本进行持续跟踪调研,获得有关这一群体的第一手数据和统计资料。课题组直接深入"大学毕业生聚居群体"聚居较为集中、中小企业最为密集的杭州滨江区,将其作为调研所在地。调研内容包括"大学毕业生聚居群体"的生存状况和社会流动状况。调查方法是使用问卷调查和面对面分别访谈的方式,保证调查数据的准确性和调研质量的稳定性。调研对象主要是在杭州市滨江区工作、居住,毕业五年到十年内的大学生。问卷发放前,先通过滚雪球抽样方法选择受访者进行访谈,通过受访者找到符合课题研究目标的研究对象。课题组对杭州滨江浦沿街道、长河街道下辖的 8 个社区(新浦、之江、联庄、冠二、杨家墩、长河、中兴、江二)、10 个行政村(新生、浦联、冠一、山二、东冠、岩大房、江一、江三、长一、长二)走访调研,辅之对不同行业、性别、年龄的"大学毕业生聚居群体"进行个别深度访谈。调研组成员 10 人,共发放调查问卷 546 份,回收有效问卷 528 份,回收率为 96.7%,样本有效。本章将主要介绍调查样本的人口学特征和社会学特征,根据统计数据分析的对比结果描述和分析"大学毕业生聚居群体"的基本情况和社会流动的特点。

第一节　调查方法与数据结构

课题组对居住在杭州滨江区浦沿街道、长河街道的"大学毕业生聚居群体"调查时主要采用了两种方法收集资料,分别是问卷调查法和深度访谈法。问卷调查收集 528 份有效问卷,然后做定量和定性研究分析,归纳调查结论。深度访谈则是与"大学毕业生聚居群体"直接面对面接触,设计访谈方案,录音笔记录访谈内容,访谈结束后对访谈材料进行整理。收集的资料既有可用统计分析的定量资料,也有通过访谈获得的定性资料,通过定性研究和定量研究确保调查数据的可信度。

一、问卷调查

2018 年至 2019 年,课题组成员连续多次深入杭州滨江"大学毕业生聚居群体"地,对"大学毕业生聚居群体"进行持续跟踪调研,为准确得到杭州"大学毕业生聚居群体"的生存状况和社会流动趋势,将调研范围从杭州大市六个主城区缩小到滨江区,保证调研数据的准确度和调研质量的稳定性。因滨江区是杭州的高新技术产业园区,园区内企业云集,创业园遍布,工作机会较多,是来杭大学毕业生首选工作地。相比市区,滨江区城中村较为密集,租金相比商品房价格低廉,大多大学毕业生一毕业自然会选择租住在滨江的城中村为落脚点。因此,调研小组最终选取滨江作为小组主要调研地,以设问的方式编制了"大学毕业生聚居群体"生存状态的调查问卷。此外,课题组分专题对"大学毕业生聚居群体"的身份认同、教育状况、"大学毕业生聚居群体"社会接纳状况、社会保障和公共服务进行调研和深度分析。为获得生活工作在杭"大学毕业生聚居群体"的可靠的第一手资料,课题组以集体分发和个别分送的方式到大学毕业生群体聚居地发放问卷。问卷在滨江浦沿、长河街道下辖的 8 个社区和 10 个行政村进行发放,被调查者以自填形式按照表格所问来填写答案,填答完毕后交给问卷发放人员,统一回收,最终共收回有效问卷 528 份。

二、深度访谈

　　问卷调查的实施有利于从整体上和宏观上把握"大学毕业生聚居群体"的生存状态及其向上流动的诉求、困境、动力等状况,但问卷收集的信息仍会有一定的局限性,尤其是在城中村的大学毕业生的心理层面、身份认同、对社会的态度、行为意向等方面还需借助于深入调查该群体的生活,进行个别深度访谈的方式来获得。因此,为全面和深入地了解杭州滨江区"大学毕业生聚居群体"的社会流动状况,在发放问卷调查的同时,课题组辅以深度访谈的方法,以期获得更深刻、更全面的资料。此次调查共访谈了 20 位"大学毕业生聚居群体"人群,其中 12位女性,8 位男性,职业涵盖了销售、教育培训、IT、外贸等行业,其中年龄在 22—25 岁之间的访谈对象有 6 位,26—30 岁之间的访谈对象有 8位,在 31—35 岁之间年龄段的有 6 位,访谈对象基本涵盖了目标调查人群。访谈对象中考虑了城镇户口和农业户口的家庭背景的不同,14位是农村户口,6 位是城镇户口。对访谈对象的婚姻状况的分布也进行了考虑,其中 15 位是未婚,5 位是已婚。访谈内容主要围绕访谈对象的基本生存状况和毕业 5—10 年左右的社会流动地位的变化进行,包括访谈对象的收入、学历、工作情况、居住情况、社会保障、社会交往、婚姻状况、社区活动参与以及身份认同等问题,力求对问卷调查的内容进行补充和深入挖掘。

第二节　调查样本的基本统计描述

　　"大学毕业生聚居群体"生存状况与发展要求调查问卷共由四部分组成,包括"大学毕业生聚居群体"经济生活状况、社会公共服务、身份认同、社会接纳状况。经济生活状况部分提供了"大学毕业生聚居群体"的年龄、性别、居住情况、收入情况、婚姻状况等基本信息,对这些变量进行统计分析不仅有利于我们了解杭州市"大学毕业生聚居群体"的真实生存状态,也有助于通过发现和对比"大学毕业生聚居群体"在杭州的社会保障水平、"大学毕业生聚居群体"的身份认同和社会接纳程度,分析"大学毕业生聚居群体"阶层在杭的社会融入和生存状况,在定量分析的基础上深入探索"大学毕业生聚居群体"作为一个庞大的群体实现阶层的向上流动和城市融入的可能性。需要特别指出的是,本部分的分析和论述是在杭州"大学毕业生聚居群体"的生存状况调查数据分析的基础上,挖掘基本数据背后的学术意义和社会表征,分析"大学毕业生聚居群体"职业流动和社会融入状况,并在此基础上深入探究"大学毕业生聚居群体"向上流动的诉求及社会流动受阻的原因与机制。

一、"大学毕业生聚居群体"的性别与年龄分布：女多男少、大龄化现象增多

廉思在 2010 年对全国七所城市的"大学毕业生聚居群体"进行抽样调查中，"男性数量是女性数量的 2 倍多，整体上呈现出'男多女少'的状况"。① 课题组在调研中发现杭州滨江区"大学毕业生聚居群体"男女比例呈现出"女多男少"的现象，与廉思的调研团队的结论正好相反，女性占 52.05%，男性占 47.95%。（见图 1.1）尽管女性数量多出将近 5 个百分点，相差不大，男女比例基本持平，但多出的 5 个百分点反映出两种新情况：一是相比男大学毕业生，女大学毕业生就业压力和就业难度更大，中小城市就业机会显然不如大城市多。受浓厚的乡缘、地缘等因素制约，小城市紧密的"关系网"很难为大学毕业生提供良好的发展空间。此外，女性年龄在就业中是个槛，一旦超过 30 岁，跳槽难度就会加大，因此，为得到更好的就业机会、发展平台和收入待遇，将大城市作为首选工作地的女大学毕业生比例逐年增加。二是在高等教育大众化的背景下，女性受高等教育比例与男性持平，毕业后返乡谋求一份稳定职业，嫁人生子及过上安稳生活的传统观念已发生很大改变，受过教育的女性更希望在职业发展上获得社会认可，实现个人价值。加之，大城市教育培训的机会多，接受再教育的成本较小，更有利于个人职业生涯的发展。

---

① 廉思：《蚁族Ⅱ：谁的时代》，中信出版社 2010 年版，第 248 页。

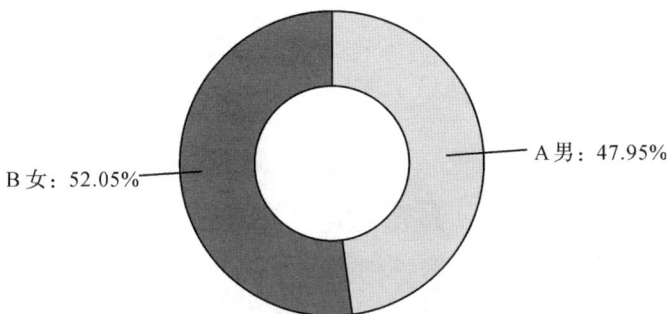

图1.1 "大学毕业生聚居群体"性别分布[①]

从年龄来看,杭州的"大学毕业生聚居群体"群体主要集中在22—35岁之间,占调研对象的97.66%,"大学毕业生聚居群体"中绝大多数为85后和90后。如图1.2显示,26—29岁的受访者比例达39.18%,即大学毕业3—6年的人数最多,其次是30—35岁的受访者,比例为33.33%,排在第三的是22—25岁的群体,占25.15%。其中,26—35岁之间的受访群体占72.51%,即毕业3—10年的"大学毕业生聚居群体"仍未摆脱蚁居状态。说明"大学毕业生聚居群体"年龄结构有逐步增大的趋势,反映出"大学毕业生聚居群体"脱蚁的速度逐渐放缓,生存压力和生活成本比以往加大,摆脱蚁居的生存困境需要花费更长时间。以往的调研数据显示"大学毕业生聚居群体"三十而"离",即过了30岁,生活和事业逐步稳定下来,绝大多数"大学毕业生聚居群体"经过七八年的奋斗打拼能够在杭州立足,生活上实现较大跃升,摆脱聚居状态。如今过了30岁仍然居无定所、事业不稳定的情况增加,这与杭州2016年后房价大幅上涨,"大学毕业生聚居群体"的购房压力和生活成

---

① 若分项数据之和未达100%,是取约数所致,后不再注。

本加大有关,因而蚁居的状态持续得也会更久。

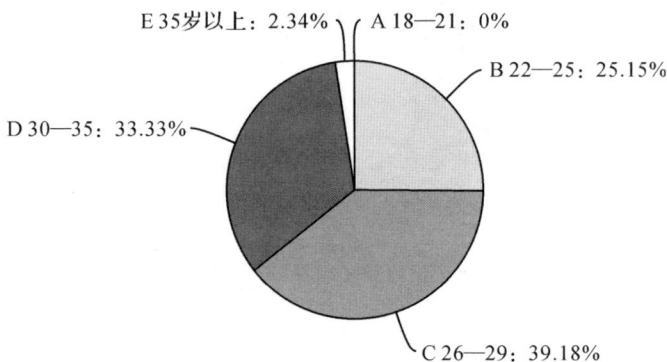

图 1.2 "大学毕业生聚居群体"年龄构成

二、生源地变化:"大学毕业生聚居群体"城市生源比例增加

2018 年对杭州"大学毕业生聚居群体"的家庭所在地的调研,农村生源占 68.92%,乡镇生源占 11.7%,县级市生源占 10.54%,地级市生源占 6.96%,省会占 1.88%;生源地来自县级市及以上的"大学毕业生聚居群体"比例大幅提升,接近此次调查人群的四分之一,达到 19.38%。(见图 1.3)

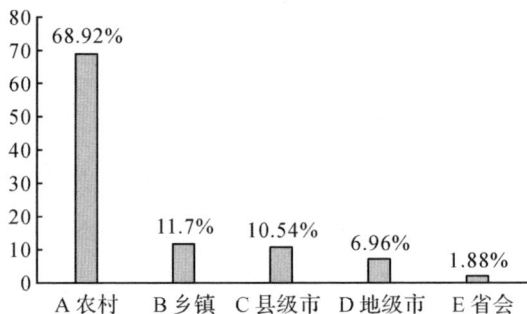

图 1.3 "大学毕业生聚居群体"生源地调查

以往的研究显示,"大学毕业生聚居群体"的生源地特征呈现出农村多、城市少的状况,绝大多数"大学毕业生聚居群体"来自农村或经济不发达的中西部地区,家庭经济资本的匮乏使"大学毕业生聚居群体"将上大学作为改变个人和家族命运的唯一选择。大学毕业后,多数"大学毕业生聚居群体"不愿回到经济落后的家乡,而是留在大城市打拼,希望通过努力奋斗改变贫乏的物质生活。此次调研结果显示来自县级市以上的"大学毕业生聚居群体"数量大幅增加,虽然未超过来自农村或乡镇的人数,但这一变化值得关注。"大学毕业生聚居群体"中城市生源增加归结起来有如下原因:一是就业形势依然严峻,大学毕业生就业一年比一年难,毕业生数量年年刷新历史新高,2019 年 800 万的大学毕业生依然是"史上最难就业季",就业形势严峻,就业压力仍旧延续。二是杭城不断提高的生活成本迫使不少农村籍"大学毕业生聚居群体"向周围的中小城市转移,2015 年杭城开始了大规模的城中村改造行动计划,滨江区下辖的三个街道长河、西兴和浦沿的城中村相继开始了城中村拆迁,"大学毕业生聚居群体"常住的农民房大面积拆迁,周围的小区租金价格大幅提高。三是大学毕业生对就业地的选择更加理性。在就业压力和生活压力的双重挤压下,农村生源的"大学毕业生聚居群体"更倾向于逐步向二、三线城市转移,寻求生存发展的机会。

三、"大学毕业生聚居群体"经济收入大幅提高

"大学毕业生聚居群体"似乎一直是低收入和窘迫生活条件的代名词。2010 年全国七城市"大学毕业生聚居群体"抽样调查的数据显示,"大学毕业生聚居群体"月平均收入为 1903.9 元,月均收入在 2000 元

以下的占 64％，其中 28％的"大学毕业生聚居群体"月均收入在 1500 元以下，[①]可以看到"大学毕业生聚居群体"仍以低收入人群为主。"大学毕业生聚居群体"不仅在收入分布上存在收入较低的特点，而且收入分布的区域差异也比较明显，显然经济发达地区"大学毕业生聚居群体"月收入比落后地区高一些，如北京"大学毕业生聚居群体"工资收入比其他地区"大学毕业生聚居群体"总体高 10 个百分点左右。近几年，中国经济快速增长已经使得"大学毕业生聚居群体"的收入分布发生了很大变化，但收入分布的区域差异仍然存在。2018 年对受访"大学毕业生聚居群体"的调查中发现，(见图 1.4)杭州"大学毕业生聚居群体"月平均收入均在 3000 元以上，其中 38.85％的"大学毕业生聚居群体"月平均收入在 4001—5000 元，人数相对最多，排在第一位；排在第二位的是月收入 5001—6000 元的人群，占比 23.13％；排在第三位的是 3000—4000 元的"大学毕业生聚居群体"，占比 17.31％；排在第四位的是月收入 6001—7000 元的"大学毕业生聚居群体"，占比 9.1％；排在第五位的是月收入 7001—8000 元的收入群体，占 7.6％。月收入在 1 万元以上的高收入人群在本次调查中是零占比，受访对象的月收入水平和其入职时长呈正比。2018 年，杭州市城镇常住居民人均可支配收入为 54348 元，高于同期全国居民人均可支配收入 28228 元。[②] 杭州市实施了一系列增加居民收入的政策，全市城镇居民人均可支配收入相应

---

①　廉思：《蚁族Ⅱ：谁的时代》，中信出版社 2010 年版，第 260 页。

②　萧山网：《2018 杭州人均可支配收入 54348 元人均住房面积 37.3 平米》，2019 年 3 月 6 日，http://www.xsnet.cn/news/hz/2019_3/3043691.shtml。

提升。杭州"大学毕业生聚居群体"的收入水平低于当年城镇常住居民人均可支配收入的未达 100％,接近或与人均可支配收入持平的未达 100％,高于人均可支配收入的未达 100％。可见,"大学毕业生聚居群体"收入大幅提升。这与杭州经济发展水平和行业分布的影响有关。

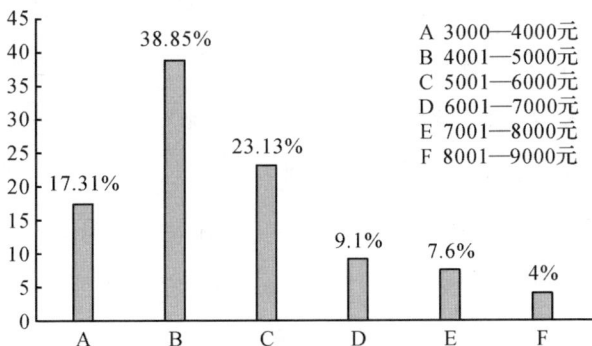

图 1.4 "大学毕业生聚居群体"经济收入调查

由于此次调查的"大学毕业生聚居群体"绝大多数集中在电子商务、物流、互联网等新兴行业领域,这些领域随着产业的转型升级,收入总体水平上升较快。总体而言,2018 年调查数据显示"大学毕业生聚居群体"月平均收入较以往有大幅提高。

四、婚恋状况:未婚同居现象增多

本次研究抽取的"大学毕业生聚居群体"样本的年龄结构属于"年轻型",这样的年龄结构考察其婚姻状况势必对"大学毕业生聚居群体"生存状况产生影响。以廉思为首的"大学毕业生聚居群体"调研团队的调查显示,92.9％的"大学毕业生聚居群体"为未婚人群,仅 7.1％的"大学毕业生聚居群体"为已婚人群。未婚中与异性同居的"大学毕业生聚居群体"占到调查总数的 23％,有固定性伴侣的"大学毕业生聚居群体"占到调查总数的 33％。[1] 2018 年杭州"大学毕业生聚居群体"婚恋状况的调研显示,未婚"大学毕业生聚居群体"占调查对象的 94.83％,在未婚者中有 46.78％的"大学毕业生聚居群体"没有恋人。与异性同居的"大学毕业生聚居群体"占到被调查对象的 48.05％,已婚"大学毕业生聚居群体"仅占被调查对象的 5.17％。(见图 1.5)与廉思的调查数据相比,杭州"大学毕业生聚居群体"的婚姻状况发生了一些变化,尽管未婚群体依然是主流,但未婚同居比例大幅攀升,这与"大学毕业生聚居群体"大龄化趋势加剧有关,也受大城市结婚年龄普遍推迟的影响。2017 年杭州市民政局发布"杭州市婚姻登记数据"显示,男女结婚的平均年龄分别是 33.1 岁、31.0 岁。[2] 调查中发现受访"大学毕业生聚居群体"中 30—35 岁年龄段的人群超过三分之一,婚姻状态仍以未婚为主。"大学毕业生聚居群体"到了婚龄结不了婚,与异性同居的比例远远高于结婚的比例,一方面是整日忙于生计,谈恋爱的机会很少,另一方面说明"大学毕业生聚居群体"的经济地位不高使其在婚恋市场中处于"弱势群体"的被动局面。没有稳定的收入来源和属于自己的固定居所,"大学毕业生聚居群体"无法在婚姻和恋爱的问题上考虑更多,所以大部分"大学毕业生聚居群体"选择了单身或未婚同居的方式暂时逃避结婚难题,"大学毕业生聚居群体"在爱情、婚姻上的满意度很低。

---

[1] 廉思:《蚁族:大学毕业生聚居村实录》,广西师范大学出版社 2009 年版,第 65 页。
[2] 澎湃新闻:《结婚越来越晚,杭州去年平均结婚年龄:男 33.1 岁女 31 岁》,2018 年 3 月 7 日,http://news.163.com/18/0307/20/DCAPTQ9L000187VE.html。

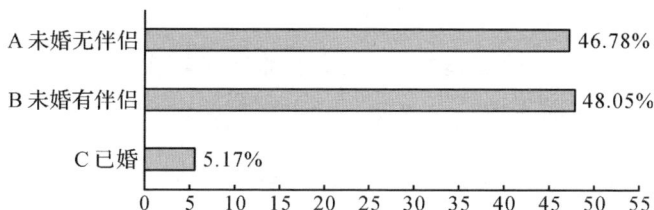

图 1.5 "大学毕业生聚居群体"婚恋情况

五、"大学毕业生聚居群体"的家庭状况：3—4 人为主

"大学毕业生聚居群体"的家庭情况主要包括"大学毕业生聚居群体"的家庭人口数、父母状况等。"大学毕业生聚居群体"人口样本的平均家庭人口数为 3.8,其中家庭人口数为 3 的群体占了总数的 41%,家庭人口为 4 的"大学毕业生聚居群体"占比为 30%,家庭人口数为 5 的人口所占比重是 18%。与传统的四世同堂的大家庭相比,"大学毕业生聚居群体"的家庭结构主要是核心家庭,整个社会家庭结构的转型与 20 世纪中国实施的计划生育政策息息相关。

"大学毕业生聚居群体"的父母年龄集中在 50—60 岁,调查显示"大学毕业生聚居群体"家庭的经济状况城乡差别较为明显。如图 1.6 所示,家庭年均收入以 5 万元左右为界限,5 万元以下的家庭占 84.7%;家庭年均收入在 5 万元以上的占 14.35%。其中家庭年均收入在 4 万—5 万元的占 35.77%,家庭年平均收入在 3 万—4 万元的占 27.31%,家庭年均收入在 2 万—3 万元的占 16.62%,家庭年均收入 5 万元以上的家庭中,年均收入 5 万—6 万元的家庭,占 9.35%,家庭年均收入在 2 万元以下的和 7 万元以上的家庭数量相当,均在 5%左右。

"大学毕业生聚居群体"生源地属于城镇户籍的家庭经济状况较好,属于农村户籍的相对较差,城乡差距依然体现得较为明显。个别访谈中发现,父母的婚姻状况属于单亲家庭(离异单亲家庭和丧偶式单亲家庭)的比例是15%。进入21世纪后,伴随社会结构转型,离婚率逐年上升,来自单亲家庭的"大学毕业生聚居群体"的比例在逐年上升,与非单亲家庭相比,单亲家庭经济收入较低,生活质量不高,父亲或母亲角色的缺席直接影响"大学毕业生聚居群体"的心理健康,抑郁、焦虑的情绪发生比例高于家庭完整的"大学毕业生聚居群体"。在经济发达地区,这种家庭间的差异更大。单亲家庭的"大学毕业生聚居群体"势必背负更多的经济和心理压力,这种压力得不到正确疏导势必会影响其正常工作和生活。

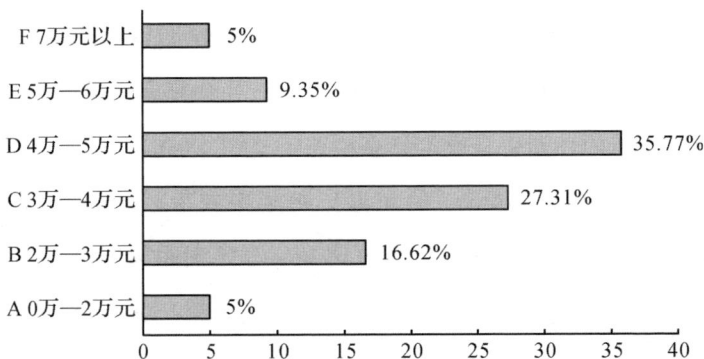

图1.6 "大学毕业生聚居群体"家庭平均年收入情况

六、行业分布:专业技术人员人数最多

图1.7是2018年杭州"大学毕业生聚居群体"从事行业的分布情况,调查显示36.84%的"大学毕业生聚居群体"是从事专业技术工作的

技术人员,26.9％的"大学毕业生聚居群体"从事商业、服务业,20.47％的"大学毕业生聚居群体"为办事人员和有关人员,三者相加为84.21％,占据此次调查人群的绝大多数。从事自由职业和国家机关、国有企业等国有性质单位的"大学毕业生聚居群体"比例最低,分别是7.6％和4.09％。这一数据反映当下大学生就业困境下,进入国字号的机关事业单位竞争激烈,难度非常大,较低的考录比使得绝大多数大学毕业生被拒之门外。"大学毕业生聚居群体"更多选择就业岗位较多的民营企业。近几年大学毕业生找工作更趋于理性,作为外地生源来到杭州工作,没有资金、人脉、场地等支持,自主创业或从事自由职业风险很高,衣食不定、没有稳定的收入,70％的受访"大学毕业生聚居群体"表示不能接受自由职业,工作环境和收入的不确定会比其他行业背负更大的精神压力,"大学毕业生聚居群体"更倾向于寻找稳定的工作。调查中从事农林牧副渔和生产运输行业的"大学毕业生聚居群体"人数比例非常低,仅占调查人群的 4％,这与杭州第三产业比重高有关,杭州的第一、第二产业中国民生产总值的比重逐年下降,第三产业尤其是服务业的需求逐年上升,就业结构中从事第三产业的比重增长较快。

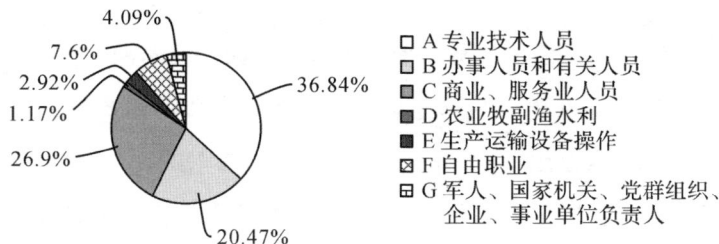

4.09％
7.6％
2.92％
1.17％
36.84％
26.9％
20.47％

□ A 专业技术人员
□ B 办事人员和有关人员
▨ C 商业、服务业人员
■ D 农业牧副渔水利
■ E 生产运输设备操作
▨ F 自由职业
▨ G 军人、国家机关、党群组织、
企业、事业单位负责人

图 1.7 "大学毕业生聚居群体"行业分布

　　杭州"大学毕业生聚居群体"的样本统计分析和比较主要围绕年龄构成、婚恋状况、经济收入、家庭状况、行业分布等指标进行。总体来看,这些统计描述与既往的学者对"大学毕业生聚居群体"的研究既有相似之处,也有诸多差异,尤其是在 2018 年和 2019 年连续两年的"大学毕业生聚居群体"跟踪调查中发现,"大学毕业生聚居群体"在各个指标都有很大的变化。因此,在做进一步分析的时候,对"大学毕业生聚居群体"在杭经济生活状况、社会保障、身份认同和社会接纳四个具体指标做更加细致深入的对比分析,以期勾勒出"大学毕业生聚居群体"的整体生存图景,探究"大学毕业生聚居群体"的发展困境、城市融入现状、留城意愿、社会参与等各种因素对"大学毕业生聚居群体"社会流动的影响程度。

第三节　在杭大学毕业生的经济生活状况

　　杭州作为新一线城市凭借良好的就业机会和浓厚的创业氛围吸引越来越多的高校毕业生来杭求职,在求职成功后高校毕业生会有融入杭州的强烈愿望。"大学毕业生聚居群体"想立足城市、顺利融杭,实现向上流动,最重要的是经济生活状况的改善。衡量经济生活状况的指标不尽相同,但基本涵盖收入、就业、居住空间、日常消费等几个方面。就业与收入是"大学毕业生聚居群体"实现向上流动的关键;居住空间是"大学毕业生聚居群体"实现融入城市的基础和前提;日常消费是"大学毕业生聚居群体"生活质量高低的具体体现。以上几种因素不仅是"大学毕业生聚居群体"群体融入所在城市面临的首要问题,也在一定程度上反映着"大学毕业生聚居群体"在杭城的基本生活状态。因此,"大学毕业生聚居群体"的经济生活状况是本研究的主要内容之一。

首先,寻求就业机会和更好的收入待遇是"大学毕业生聚居群体"离开家乡来到杭州的首要原因。对于人生地不熟的大学毕业生来说,找到一份合适的工作是步入社会的首要大事,然而,在严峻的就业形势下,"大学毕业生聚居群体"的收入情况不容乐观。已有的研究从不同的层面揭示了"大学毕业生聚居群体"在就业与收入中所处的弱势地位,并试图从不同角度来解释这一问题的影响机制。有学者从宏观层面将其归结为劳动力市场的分割和城乡二元户籍制度所带来的影响。赖德胜和田永坡[1]认为现阶段我国出现的"知识失业"在很大程度上是"我国劳动力市场的制度性分割"造成的。他们将我国的劳动力市场大致分为主要劳动力市场和次要劳动力市场两类,两类劳动力市场在工资、工作环境、就业稳定性、社会保障以及培训和晋升机会等方面存在着巨大的差异,进而造成大学毕业生高昂的工作转换成本。事实上,"大学毕业生聚居群体"经济收入低的背后正是造成"大学毕业生聚居群体"现象形成的主要原因。何飞龙[2]认为,伴随我国高等教育快速扩

---

① 赖德胜、田永坡:《对中国"知识失业"成因的一个解释》,《经济研究》2005年第11期。

② 何飞龙:《"蚁族"就业现状的思考》,《经济与社会发展》2011年第2期。

张,教育产业化发展引发了毕业生人数激增以及专业结构不合理等现象,导致了全国"大学毕业生聚居群体"数量增加与就业难等问题。一些学者从微观层面分析了由于大学毕业生供求数量的不对称和供求结构的错位导致大学生无法有效而充分地实现就业。李薇辉[①]认为原因主要有二:一是高等教育的持续性规模化扩张与市场需求增长的有限性之间的矛盾,造成劳动力市场上大学毕业生供给远大于需求数量。二是大学毕业生求职预期与实现条件错位、"普及化"教育与"精英"就业错位、培养模式与"职场"需求错位等方面的供求结构错位。结合已有的研究成果,根据本研究的性质和目的,有必要对"大学毕业生聚居群体"的就业与收入展开深入而细致的分析,从而更好地对其阶层流动现状进行客观而准确的评估。

"大学毕业生聚居群体"的居住空间也是衡量其经济状况的重要指标之一,现有的研究从住房类型、人均居住面积、社区硬件设施等方面对"大学毕业生聚居群体"的居住状况进行调查。"大学毕业生聚居群体"的居住环境以聚居为主,主要聚居于远离市中心的郊区或城乡接合部,人均月租金 1000 元以下,住宿条件简陋、治安较差、人均居住面积不足 10 平方米的群租房或近郊农民房中,城中村或安置房成为这些"大学毕业生聚居群体"或外来务工人员的聚集地。廉思认为聚居村的存在既有我国户籍制度的因素,也有聚居村本身存在诸多不规范不合理的地方。有学者认为影响"大学毕业生聚居群体"居住状况的原因还有大城市不断攀升的高房价和不断上涨的物价,这些带来的巨大生活

---

① 李薇辉:《对"知识失业"问题的理论探讨》,《上海经济研究》2005 年第 3 期。

压力导致"大学毕业生聚居群体"租住条件始终难以改善,徘徊在城市生活的底层。居住条件的好坏一定程度上影响"大学毕业生聚居群体"能否真正融入迁入城市,居无定所的生活将他们与城市文明隔离开来,无法摆脱底层身份。同时,城市的繁华生活与"大学毕业生聚居群体"拮据的经济条件之间存在较大差距,导致"大学毕业生聚居群体"在心理、文化认同、生活方式等方面不能真正融入城市。作为生活水平的具体体现,"大学毕业生聚居群体"日常生活消费状况也是"大学毕业生聚居群体"研究的另一个焦点。有研究者对"大学毕业生聚居群体"的消费水平和消费结构做了初步的调查分析。总体而言,受收入水平和社会地位的限制,"大学毕业生聚居群体"消费结构中用于基本生活的支出占比很高,总体在城市中处于相对较低水平,一部分出身贫寒的"大学毕业生聚居群体"还有赡养父母、供养家庭的负担。因此,日常消费生活也是探究"大学毕业生聚居群体"经济生活状况的重要指标。

一、就业与收入

就业与收入是"大学毕业生聚居群体"社会经济生活的起点与关键。"大学毕业生聚居群体"大学毕业后选择杭州作为流入地本身就是为了获得比家乡更好的就业机会和更高的预期收入。"大学毕业生聚居群体"想要实现阶层突破,实现向上流动,就业与收入起着举足轻重的作用。结合以往学者的研究,本节将从"大学毕业生聚居群体"的就业与收入两方面展开描述与分析。

首先,在工作单位的性质上,民营企业是绝大多数"大学毕业生聚居群体"的就业选择。如图 1.8 所示,84.21％的"大学毕业生聚居群体"集中在民营企业,4.09％的"大学毕业生聚居群体"集中在国有企事业单位,7.6％从事自由职业,4.1％为自主创业,在大学毕业生普遍向往的党政机关单位工作的"大学毕业生聚居群体"则是零从业。在从事的职业类型中,绝大多数"大学毕业生聚居群体"从事专业技术型或服务型行业,36.84％的"大学毕业生聚居群体"是专业技术人员,26.9％的"大学毕业生聚居群体"从事商业或服务行业,这与"大学毕业生聚居群体"相对较高的学历身份以及我国产业结构中第三产业比例上升较快息息相关。在职业身份方面,大多数为普通雇员,比例高达 92％,管理人员占比仅为 8％。具体来说,管理人员主要集中在民营企业或第三产业中的服务业,进入国家机关或国有企业担任管理人员的几乎没有。晋升到管理层的"大学毕业生聚居群体"与其在杭的居留时间的长短存在正相关关系,即来杭时间越长,跳槽次数越少,工作越稳定,晋升的机会就越大。

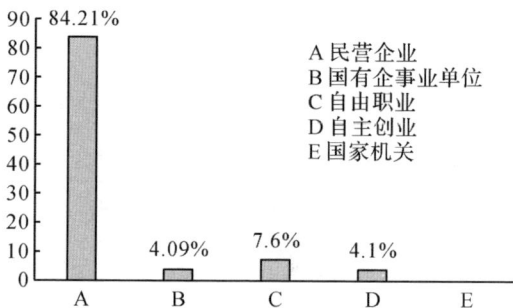

图 1.8 "大学毕业生聚居群体"就业情况

其次,六成以上"大学毕业生聚居群体"更换工作的次数在两次以上。如图 1.9 所示,30.19％的"大学毕业生聚居群体"更换过 1 次,50％的"大学毕业生聚居群体"更换过 2 次,12.26％的"大学毕业生聚居群体"更换过 3 次,4 次以上的跳槽比例最低,仅占 1.89％。没有换过工作的占 5.66％。越来越多的"大学毕业生聚居群体"将初次就业视为人生的跳板,与稳定的职业相比,薪水的高低成为跳槽的重要原因。在就业选择中,"大学毕业生聚居群体"对职业忠诚度较低,普遍没有清晰的职业规划或准确的职业定位,往往不管工作是否适合自己,本着"先就业后择业"的心态被动就业。"大学毕业生聚居群体"跳槽率高一方面是由于迫于巨大的就业压力,另一方面是由于将跳槽视作提升收入最为便捷的方式。如果遇到好的出路或者薪资,再重新选择跳槽,频繁换工作成为这些职场新人的常态。调查显示,"六成以上 90 后大学生的第一份工作做不满 1 年。其中,38％的人不到半年就会另谋高就"[①]。这一数据比杭州"大学毕业生聚居群体"的跳槽比例还要高。另外,98％的大学毕业生跳槽是主动跳槽,学历越低跳槽频率越高。原因主要有三:一是对目前的薪水不满意,看不到职业发展前景和升职空间。二是无法和上司或同事友好相处,不能接受上司的工作方式。三是个人能力无法胜任目前的工作节奏或工作要求。这些原因是很多职场新人面临的常见问题。总之,"大学毕业生聚居群体"从事的工作越稳定,越有助于其顺利融入所在城市。

---

① 中青在线:《六成以上 90 后大学生首份工作做不满 1 年不必为大学生跳槽过度担心》,2017 年 12 月 21 日,http://mini.eastday.com/a/171221105531063.html。

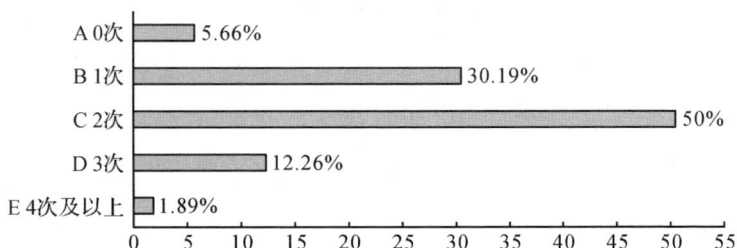

图 1.9 "大学毕业生聚居群体"跳槽次数

再次,校园招聘会和人才市场是"大学毕业生聚居群体"主要的求职渠道。对于当前的这份工作,52%的受访者表示是通过校园招聘会或大中专人才市场招聘会找到的,30%的受访者通过邮箱向人才网站发布的企业招聘信息投递简历,18%的受访者通过家人、亲戚、朋友、学长等人脉关系的介绍找到。绝大多数"大学毕业生聚居群体"表示校园招聘或人才市场专场招聘会是最方便快捷也是最值得信赖的方式,大中型企业深受"大学毕业生聚居群体"青睐。

最后,被调查的"大学毕业生聚居群体"在找工作中最看重的是收入待遇。如图 1.10 所示,"大学毕业生聚居群体"在找工作中最看重的几个方面中排在第一位的是收入待遇(89.62%),紧随其后的是个人发展(85.85%),排在第三位的是单位前景(44.34%),排在第四位的是学习机会(33.96%)。受访对象普遍对个人职业的晋升机会不满意。"大学毕业生聚居群体"离开上一份工作的原因主要是收入待遇不满意,个人发展空间不足,单位提供的学习机会较少。工作强度、工作压力、职位高低在"大学毕业生聚居群体"找工作中最不看重。大多数"大学毕业生聚居群体"在择业过程中不仅关注当前的工资待遇,同时也注重自身能否获得提升和未来的职业发展前景。在被问及如果可以选择您希望自己从事的工作是哪个时,48.54％的"大学毕业生聚居群体"选择了自主创业,36.84％的"大学毕业生聚居群体"选择了自由职业,33.33％的"大学毕业生聚居群体"选择了政府部门如公务员,32.16％的"大学毕业生聚居群体"选择了国有或集体企业,选择民营企业的"大学毕业生聚居群体"数量最少,仅有11.7％,如图1.11所示。这与当前绝大多数"大学毕业生聚居群体"在民营企业工作的现实恰好相反,"大学毕业生聚居群体"最理想的职业是自主创业或从事自由职业。在当前政府鼓励大学生创业的大环境下,大学生一旦求职受挫或者职场遭遇发展瓶颈,自然想自己创业,工作时间相对自由是大学生向往的。杭州作为创业之都有大量的成功例子,大学毕业生工作几年后职业没有突破,不想再做打工仔。但是,创业需要长期的规划和周密的准备,更需要资金支持和承担失败的勇气,大学毕业生想成功创业,不仅要有激情更要有丰富的社会经验和克服困难的巨大勇气。另外,超过60％的"大学毕业生聚居群体"同时选择了国有企业、事业单位、党政机关等"铁饭碗",反映了"大学毕业生聚居群体"的矛盾心态,一方面渴望自由,另一方面希望有一份稳定的工作。渴望成功的理想与毕业即失业的现实间的差距使"大学毕业生聚居群体"产生择业渴望自由又希望拥有稳定生活的矛盾心理。因此,做好职业规划,找准自己的职业定位最重要。

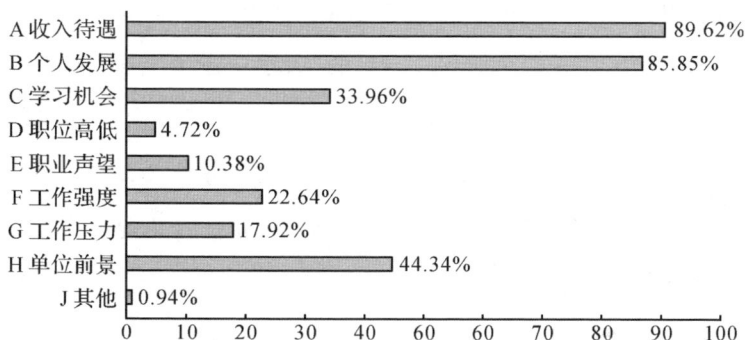

图1.10 "大学毕业生聚居群体"在找工作中看重的因素(多选)

注:若分项数据未达100%,是取约数所致。

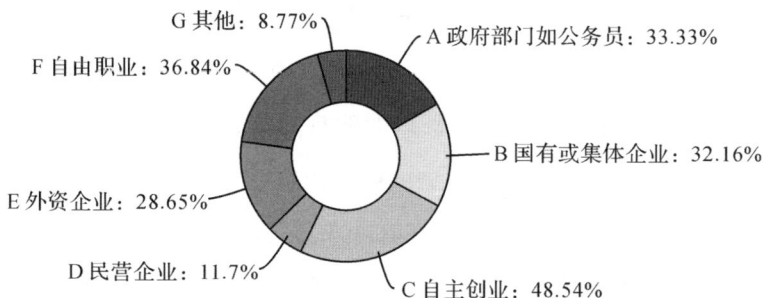

图1.11 "大学毕业生聚居群体"希望从事的职业(多选)

二、居住空间

对于"大学毕业生聚居群体"而言,居无定所往往导致其很难真正融入城市,始终生活在城市社会的底层。相反,当"大学毕业生聚居群体"能够拥有较好的居住条件时,他们融入杭州的情况必将得到有效的改善。"大学毕业生聚居群体"的居住方式以及居住条件是考察"大学毕业生聚居群体"经济状况的指标之一。

首先,租房依然是"大学毕业生聚居群体"的首选,比例高达90%。"大学毕业生聚居群体"房租费用主要集中在2000元/月以下,1500—2000元/月的租房"大学毕业生聚居群体"占71%,1000—1500元/月占19%,2000元/月以上的占10%,2000元/月以上的"大学毕业生聚居群体"基本上是恋人或已婚,两人合住共同分担房租。随着外来人口的不断涌入,房屋租赁需求的扩大,杭州形成了颇具规模的外来人口聚居区或社区,如滨江的联庄社区、杨家墩社区、冠二社区等。这些聚居区由来自全国不同省份或地区的外来人口组成,大多分布在城市边缘区、城市外围副城,主要有下沙、滨江这样的城市边缘区和余杭、萧山、富阳等城市外围副城聚居地,相较于杭州的中心圈层,这几个区域更加适合"大学毕业生聚居群体"租住,租金价格低廉,租房相对比较容易。

其次,"大学毕业生聚居群体"对目前住房满意度不高。居住条件是衡量"大学毕业生聚居群体"居住质量的另一个关键维度。调查显示,73%的被调查者人均居住面积不足20平方米,其中31.13%的"大学毕业生聚居群体"居住面积不足10平方米,20平方米以上的居住人群仅占25.47%,如图1.12所示。住房面积狭小是"大学毕业生聚居群体"住房的普遍特点之一,狭小的生存空间严重影响了"大学毕业生聚居群体"的生活质量。居住在滨江的"大学毕业生聚居群体"更多集中租住农民自建房,农民房没有签租赁合同,一旦与房东出现纠纷,没有合同约束,租客一般处于弱势地位。农民房存在很多安全隐患,时有事故发生。农民房房主为追求暴利,增加租金收入,在自家阳台、露台上私自搭建违章建筑,对租户的生活安全构成极大的威胁。在高回报的诱惑下,有些房主将楼层隔出多个房间,一栋三层楼房能住几十户人家,每间出租800—1000元/月,一栋一年能有几十万元租金收入。"大学毕业生聚居群体"群租在这样人口密度超高的农民房中,墙面、地面未采用防燃材料,屋内私拉乱接临时电线或超负荷用电导致农民房发生火灾的情况比较多,发生多起悲剧事件。2017年,杭州市经过三年的"三改一拆"计划(对旧住宅区、旧厂区、城中村改造和拆除违法建筑),杭州滨江农民房拆迁任务已经完成大半,过去外来人口的集中地不复存在,房租上涨迅速。一房难求、一房难租的现象带动了城市外围区域房租的不断攀升,一部分"大学毕业生聚居群体"生存成本上涨,不得不逃离杭州,选择到其他三线城市发展。

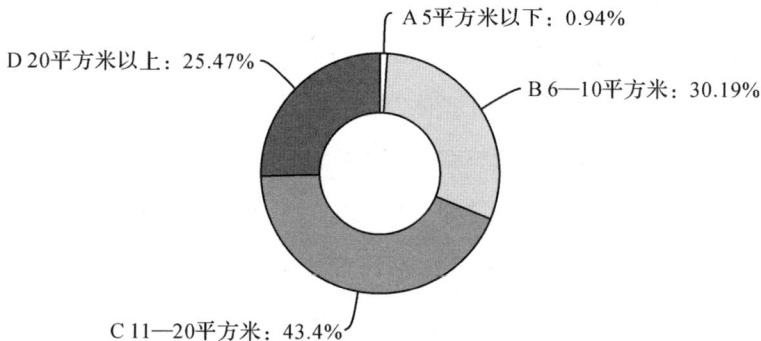

图1.12 "大学毕业生聚居群体"的租住面积分布

缘何"大学毕业生聚居群体"对居住条件普遍不满意?一方面更多"大学毕业生聚居群体"将自己看作是过客,在住房问题上表现出了特定的行为特征。只有计划长期落户在杭城的"大学毕业生聚居群体"才有更加坚定的住房投资意愿。面对高额房价、各种限购政策的出台、房东肆意抬高租金等因素,"大学毕业生聚居群体"找房难、租房难、买房难的现实横亘在面前,"大学毕业生聚居群体"实现身份转换,从"大学毕业生聚居群体"变市民的过程需要政府、社会、个人的共同努力。

最后,影响"大学毕业生聚居群体"居住状况的非制度性因素并不显著。"大学毕业生聚居群体"在杭居留的时间、更换工作的次数、户口、性别等非制度性因素也是影响"大学毕业生聚居群体"居住质量的指标。经过个别访谈发现,非制度性因素的影响并不显著。经济因素始终是影响居住状况的重要方面。收入越高,工作越稳定意味着越有可能拥有较大的居住面积,居住状况也越好。

三、消费与生活

快速融入城市生活,实现阶层跨越是大多数"大学毕业生聚居群体"来杭的追求目标。空间变化的不适应、生活方式的不协调、消费习惯的不一致客观上带来"大学毕业生聚居群体"与杭州本地人在心理层面的断裂。因此,消费行为及其观念也是考察"大学毕业生聚居群体"社会流动的指标之一。

首先,"大学毕业生聚居群体"房租支出和三餐支出占其消费总支出的比重较大。消费结构是人类在消费过程中不同类型的消费资料所占的比例关系。调研中发现,"大学毕业生聚居群体"的基本消费由房租、三餐、娱乐社交、交通、恋爱花销、上网、电话、其他等 8 项构成。住房和三餐是杭州市"大学毕业生聚居群体"的消费支出的主要方面,分别是每月2000 和 1600 元左右。"大学毕业生聚居群体"的月平均收入在 4000—

5000 元之间,三餐支出和房租支出占到了"大学毕业生聚居群体"每月支出的 80％以上,"大学毕业生聚居群体"的工资收入仅能维持基本的日常生活正常运转,特别对中低收入阶层的"大学毕业生聚居群体"来说更是如此。排在第三位的是娱乐社交,每月大约 500 元,占 10％左右。第五位是交通支出,每月大约 300 元。第四位是恋爱花销,包括逛街购物、看电影、聚餐等,每月大约 400 元。(图 1.13)从消费结构看,房租和三餐占总消费支出的比例很高。2018 年和 2019 年"大学毕业生聚居群体"的收入大幅提升,但"大学毕业生聚居群体"还需要用较大比重的支出来满足衣食住行等基本生活需要,这说明"大学毕业生聚居群体"的日常吃穿住的消费支出并没有因为收入的提高而降低。原因是生活成本增加导致的消费降级,其中住房成本的增加是最显著的(见表 1.1)。

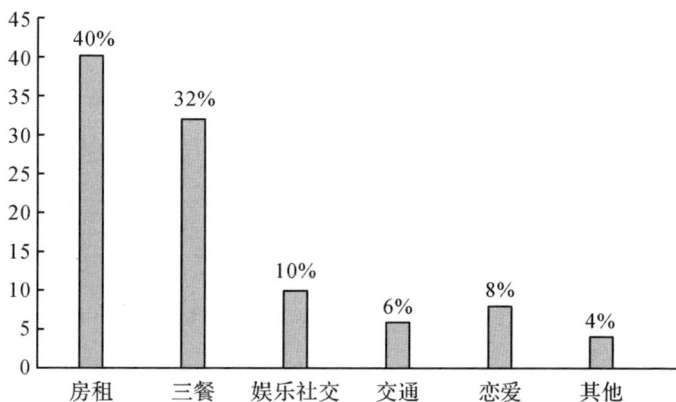

图 1.13 "大学毕业生聚居群体"月消费支出

大学毕业五年的小陈租住在杭州滨江区浦沿街道,五年换了四次地方,2016 年 G20 杭州峰会开完,与杭州知名度一并提升的是房价,呈报复式上涨,月租金一年一个价格。"她最先租住在滨江区垃圾街的农民房,一个月 500 元,后来农民房拆迁,迁到东冠社区的农民房,一个月 1000 元,价格直接翻倍,因为周围农民房都在拆迁,造成房源的紧张和房租的上涨。后来房东租给亲戚,她又搬到浦沿路的铁路局盖的经济适用房,一套 60 平方米两室一厅中的次卧租金是一个月 1500 元。现在她搬到单位附近的小区,和另一对夫妇合租一套 80 平方米的房子,单间卧室是一个月 2200 元。几年租下来,基本房东每到过年后都会上调租金 10%—15%,这已经是不成文的惯例。小陈在滨江区一家幼儿园上班,一个月的工资除去日常必要的开销之后,剩下的部分基本上给了房东和中介。"

小陈的情况并非个例。2017 年年中,上海易居研究院发布的《50 城房租收入比研究》报告显示,全国 50 个城市超七成房租相对收入较高,其中北京、深圳、上海、三亚等 4 个城市房租收入比高于 45%,杭州以 1622 元人均住房租金位列 50 城前五。

表 1.1　2018 年全国人均住房租金 [1]

城市	租金/元	城市	租金/元	城市	租金/元	城市	租金/元	城市	租金/元
北京	2 748	天津	1 081	苏州	950	太原	814	中山	761
上海	2 319	温州	1 066	济南	918	长春	808	惠州	737
深圳	2 211	大连	1 066	南宁	894	嘉兴	808	西宁	735
杭州	1 622	哈尔滨	1 063	长沙	890	合肥	795	肇庆	713

---

[1]　张明浩:《50 城房租收入比报告:北上深人均房租超 2000 元》,央广网,2017 年 7 月 23 日,http://www.ce.cn/cysc/fdc/fc/201707/23/t20170723_24380587.shtml? agt=1505。

续　表

城市	租金/元	城市	租金/元	城市	租金/元	城市	租金/元	城市	租金/元
广州	1 605	武汉	1 060	佛山	883	无锡	787	呼和浩特	712
厦门	1 401	郑州	1 049	东莞	874	乌鲁木齐	780	石家庄	694
南京	1 337	海口	1 045	成都	873	南昌	775	北海	603
三亚	1 254	宁波	1 029	昆明	860	湛江	775	银川	584
珠海	1 147	兰州	987	重庆	836	沈阳	765	张家口	559
福州	1 143	青岛	970	西安	836	贵阳	764	保定	538

其次，"大学毕业生聚居群体"经济能力相对有限，但表现出对品质生活的向往与追求。"大学毕业生聚居群体"面对生活成本的上升，不得不降低消费欲望，属于被迫节俭，对生活品质的追求暂时被掩盖起来。但与父辈勤俭节约的消费观念相比，"大学毕业生聚居群体"舍得在自己喜欢的事情上消费。在对您的兴趣爱好的调查中，以 5 分为满分，得分最高的一项是旅行、锻炼和音乐欣赏，4.59 分；其次是外出吃饭、品尝美食，3.88 分；排在第三的是阅读书籍，3.08 分；排在第四的是交友，2.94 分；排在第五的是在家上网，2.63 分。（见图 1.14）他们不希望像他们的父辈那样过着较为单调的生活，局限于维持上班下班和吃饱穿暖的温饱水平，节俭度日的消费文化并没有内化为他们的价值观念。在大城市社会中的生活经验带来了生活方式和消费观念的转型，"大学毕业生聚居群体"开始注重生活质量的提升。通过对其假期的安排做进一步的考察，发现如果有假期，高达 65% 的人选择出去游玩，只

有 12％选择加班工作。这也从一个侧面反映了"大学毕业生聚居群体"对闲暇生活的注重。

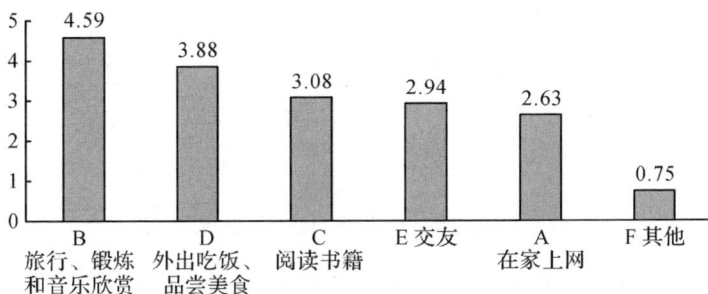

图 1.14 "大学毕业生聚居群体"兴趣爱好调研

二、总结与讨论

"大学毕业生聚居群体"的经济生活状况是其立足城市的基础。"大学毕业生聚居群体"在经济上面临的困境无疑会对他们融入杭州带来较大的负面影响。就业、收入、居住、消费等是直接影响"大学毕业生聚居群体"社会流动的关键因素。本节将在总结调查结果的基础上,提出相应的政策建议,以期能解决"大学毕业生聚居群体"的阶层流动的相关问题,增强"大学毕业生聚居群体"的城市融入状况。

（一）就业与收入

寻找就业机会、获得职业发展空间是"大学毕业生聚居群体"来杭工作的主要目的。调查显示,60％以上的"大学毕业生聚居群体"主要以专业技术人员或商业、服务业人员为主,受访"大学毕业生聚居群体"中超过 80％的"大学毕业生聚居群体"工作性质为民营企业,民营企业等非公有制企业仍是吸纳大学毕业生就业的主渠道;国有企事业单位就职的"大学毕业生聚居群体"比例不高,呈现持续下降趋势;在国家机关工作的"大学毕业生聚居群体"更是零从业率;从事自主创业的"大学毕业生聚居群体"所占比例很小,只有 4.1%;由于缺少创业资金支持、缺乏社会经验、风险承受能力较低等因素,"大学毕业生聚居群体"有强烈的创业意图,但真正付诸行动的并不多;选择自由职业的"大学毕业生聚居群体"比例有所增长,时间相对自由,入职相对容易,与兴趣爱好相符合是"大学毕业生聚居群体"从事自由职业较为看重的因素。

在收入方面,2018 年"大学毕业生聚居群体"的收入有了很大提升,但相应的消费支出中房租支出占比没有减少反而大幅增加,"大学毕业生聚居群体"的经济压力依然很大。"大学毕业生聚居群体"在找工作中最看重的两项因素是收入待遇和个人发展,分别占 89.62% 和 85.85%。除了收入待遇,"大学毕业生聚居群体"更加重视个人发展、学习机会和单位前景。"大学毕业生聚居群体"最不看重的三个职业因素是职位高低(4.72%)、职业声望(10.38%)和工作压力(17.92%)。以 90 后为主的"大学毕业生聚居群体"在工作选择时逐渐趋向理性,不再是为解决眼前的生存问题而盲目跟风就业,他们更在乎工作是否符合自己的专业和兴趣,以及是否有完善的晋升机制。同时,他们把职业的兴趣爱好提到了首位。薪酬并不是最重要的,如果遇到具有较好职业前景和学习机会并且自己感兴趣的工作,可以不计较工作压力和职位高低,先由基层的岗位做起。实现个人价值是"大学毕业生聚居群体"初次就业时最看重的。

结合以上研究发现,为使"大学毕业生聚居群体"更好地融入杭城,提升其阶层地位,促进其阶层流动,需要政府、社会、个人的三方努力,拓宽就业渠道。大多数"大学毕业生聚居群体"是通过个人应聘方式获得目前工作的,"大学毕业生聚居群体"家庭社会资本的匮乏使其很难在就业中赢得优势地位。因此,"大学毕业生聚居群体"在校期间参加与专业相关的兼职、实习工作,增加社会经验,努力从各种渠道掌握就业信息,提早考取职业相关的技能证书,为自己的职业做好准备。

（二）居住空间

首先,良好的居住环境和居住保障是"大学毕业生聚居群体"定居城市的基础。当被问及"对目前的居住条件是否满意"时,绝大多数受访者表示不太满意。课题组走访的杭州滨江区浦沿街道的城中村之一杨家墩一带全部是农民自建房,这些自建房大多一层自住,其余几层用来出租给外来务工人员,"大学毕业生聚居群体"也是租房的主体人群。农民房居住条件没有附近小区设施完善,但物美价廉,吸引了不少"大学毕业生聚居群体"租户,减轻了"大学毕业生聚居群体"租房的压力。2016年杭州开始推进"三改一拆"工程,杨家墩一带的农民房启动拆迁计划,大部分"大学毕业生聚居群体"被迫搬离城中村。浦沿街道周边的商品房小区成为"大学毕业生聚居群体"搬离农民房后的搬入地。大批"大学毕业生聚居群体"的涌入使得本地房东受利益驱使抬高租房价格,私自更改原有的房屋结构,将客厅和卧室分割改建成若干小间分别按间或按床位出租,10多个人共租一套单元房的情况非常普遍,导致出租市场的无序和混乱。群租房的安全隐患非常大,房屋的防火通道无法满足高密度人群的疏散,一旦发生火灾容易引发群死群伤的严重后果。出租房也是违法犯罪案件的集中发生地。2016年，针对群租房带来的各种安全问题，杭州市政府出台规范出租房市场的措施。《杭州市居住房屋出租安全管理若干规定》中首次对出租房屋的最小出租单位、人均最小使用面积、租住人数限制，以及出租人和承租人双方义务等均做出了明确的规定，"出租居住房屋的，每个居室人均使用面积不得少于4平方米，每个居室居住的人数不得超过2人"。这标志着杭州市出租管理进入规范化管理阶段。对违规出租的租户限期整改，拒不整改的给予行政处罚。群租房纳入市政管理系统，可以有效规避群租房潜在的安全隐患，保障租客的人身安全和切身利益。

其次，群租房之所以屡禁不止，一个不容忽视的根本原因还是市场需求旺盛。对于在大城市打拼的"大学毕业生聚居群体"来说，房租无疑是一项巨大的开支，群租房更多是无奈选择。从长远来看，解决"大学毕业生聚居群体"住房问题需要政府部门加大公共租赁住房和廉租房的供给，从源头上解决供需不平衡的局面。2018年杭州市建立的一批蓝领公寓是不错的尝试。同时，政府也应加强与企业或市场合作，对社会上一些空置房进行回租，然后再转租给低收入群体，如"大学毕业生聚居群体"和外来务工人员。要从根本上杜绝群租房乱象，群租房管理需在供需关系上做文章。完善的管理制度比简单粗暴的禁令更有效果。如果"大学毕业生聚居群体"有了多种选择，自然会摈弃治安差、安全隐患大的群租房，摈弃"以禁代管"的思路，以"堵"转为"疏"，通过更加人性化和合理的服务性规定解决"大学毕业生聚居群体"的住房矛盾。

（三）消费与生活

大量研究表明，房价对生活质量的影响具有决定性作用。是否有稳定的居所直接影响和决定"大学毕业生聚居群体"在杭的去留，高房价、高生活成本、高生活压力迫使一些"大学毕业生聚居群体"开始撤离，更多的"大学毕业生聚居群体"不舍杭州的工作机遇和发展空间，如果杭州高房价势头继续，将会逼走更多的"大学毕业生聚居群体"离开。调研中，问到"未来几年你会逃离现在的城市吗？"，45.03％的"大学毕业生聚居群体"选择了因喜欢不逃离，暂时持观望态度的占38.01％，因为房价高选择逃离的仅占16.37％。（见图1.15）追求更高的收入和更好的生活是支撑"大学毕业生聚居群体"选择在杭奋斗的人生动力。因此，改善"大学毕业生聚居群体"生活质量，提升消费水平的需要从源头上解决"大学毕业生聚居群体"在城市生活的住房问题。"大学毕业生聚居群体"从毕业起遇到的最基本也是最严峻的问题就是住房问题。针对"大学毕业生聚居群体"在当前的城镇住房制度的不利地位，杭州市政府积极打破户籍限制，出台了一系列政策来改善像"大学毕业生聚居群体"一样的城市夹心层群体的住房需求。大力发展公共租赁住房，将新就业大学毕业生和创业人员纳入住房保障体系内，解决了7万户中等偏下收入群体的住房困难问题，其中非杭户籍人员超过60％。到2021年，杭州市区将开工建设5万套人才专项租赁住房。人才专项租赁住房主要向人才集聚区域倾斜，地点选择地铁沿线站点的周边地块，方便出行。公共租赁房和人才租赁制度改善了外地来杭人员的居住条件，一定程度上缓解了大学刚毕业的年轻人和城市低收入群体的住房困难。为整治租房乱象,杭州创新管理方法,将"旅馆式"管理模式运用到社区出租房管理中,以一整套全流程的精准化管理办法提高了租房的服务质量,保证了租户安全。

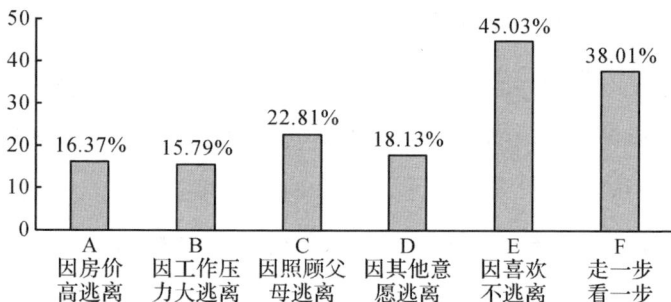

图 1.15 未来几年选择离开杭州的原因(多选)

第四节 在杭大学毕业生聚居群体的社会保障与公共服务利用

社会保障是国家和社会以一种制度化的方式为全体社会成员尤其是弱势人群提供基本生活保障,规避市场、社会甚至自然风险的重要制度,有"社会安全网"之称。从规范性角度而言,社会保障与公共服务是每一位公民应当享有的基本权利,国家的劳动者通过就业与税收对经济成长和国家的财政收入做出了贡献,他们也应该受到国家的社会保障体现的支持和供给,使劳动者避免因各种风险沦为社会底层。国家社会保障制度主要有以下几个方面的内容:一是社会救助制度,二是社会保险制度,三是社会福利制度,四是补充性保障系统。

杭州作为流动人口的聚集地,在社会保障和公共服务水平方面仍需进一步提高。户籍制度使外来流动人口较难获得社会保障并享受公共服务。流动人口面临着住房难、就医难、入学难等生活各方面的难题,在这些生活压力的包围之下,融入杭州的步伐也面临着重重阻碍。社会保障的功能主要帮助"大学毕业生聚居群体"在流入地具有最低的生活保障,对抗市场、社会和个体面临的重大风险,与本地人在就业和经济生活领域有相对平等的起点,让"大学毕业生聚居群体"免除最基本的威胁,消除社会先赋性因素造成的个体性不平等。社会保障也是从另一个途径获取"大学毕业生聚居群体"在就业市场中平等竞争的前提,破除其较低社会经济地位的路径依赖怪圈。基本的公共服务在外部保证"大学毕业生聚居群体"与本地市民享有相似的生活环境,这对于"大学毕业生聚居群体"成功转化为市民、更好地融入城市生活有着极为重要的积极意义。本节通过问卷调查和个别访谈的形式获取生活在杭州市滨江区的"大学毕业生聚居群体"的社会保障和公共服务方面的信息,在整理问卷结果的基础上深入分析杭州市"大学毕业生聚居群体"的社会保障和公共服务的现状。

一、社会保障

杭州市社会保障制度为"大学毕业生聚居群体"提供了基本的生活保障,在规避不可抗风险方面发挥了现实影响。

(一)"大学毕业生聚居群体"参加社会保障的基本情况

在"大学毕业生聚居群体"参加的基本社会保障类目中,覆盖比例最高的是医疗保险,达到94.23％,其次是养老保险,达到86.54％。养老保险、医疗保险、失业保险是由企业和个人共同缴纳的险种。其中,受访"大学毕业生聚居群体"的失业保险的覆盖情况较好,参保比例是76.92％。工伤保险和生育保险完全是由企业承担,个人不需要缴纳。受访"大学毕业生聚居群体"的工伤保险和生育保险的参保率分别是78.85％和69.23％,相较而言,住房公积金的覆盖率在五险一金中是最低的,参保比例是61.54％。(见图1.16)研究表明,受教育程度的高低对参保人员的参保率高低有着显著影响。"大学毕业生聚居群体"均是接受过大专以上的高等教育的人群,"大学毕业生聚居群体"的参保情况明显好于其他外来流入人口。个别访谈中多数受访者表示,民营企业就业率高,但员工的流动率相对较高,为方便养老金转移结算,部分企业将养老金以工资的形式发放到个人工资账户,由个人去社保局自行缴纳,所以"大学毕业生聚居群体"养老保险参保率相对低于医疗保险的参保率。"大学毕业生聚居群体"的公积金缴存比例较低,与"大学毕业生聚居群体"大多数就职于民营企业有关。民营企业一方面为压低企业利润减少缴存额度,甚至不去缴存;另一方面,劳动者在民营企业的合法权益受到侵害的比例较高,维权存在困难。

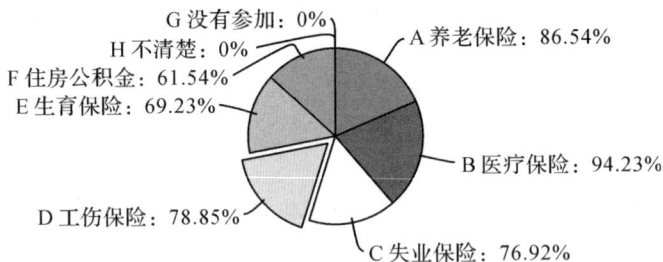

G 没有参加: 0%
H 不清楚: 0%
F 住房公积金: 61.54%
E 生育保险: 69.23%
A 养老保险: 86.54%
D 工伤保险: 78.85%
B 医疗保险: 94.23%
C 失业保险: 76.92%

图1.16 "大学毕业生聚居群体"参与的社会保障(多选)

住房公积金在"大学毕业生聚居群体"融入杭州，拥有稳定居住空间中扮演着重要角色。目前"大学毕业生聚居群体"集中租住在杭州市内大大小小的城中村或城乡接合部，与住房相配套的公共设施、社会公共服务、社区政治参与等物质载体，"大学毕业生聚居群体"均未能享受。居住条件的改善不仅能满足"大学毕业生聚居群体"基本生存需要，还能帮助"大学毕业生聚居群体"快速融入城市。住房公积金或住房补贴无疑发挥着重要作用。

基本社会保障中的五类保险项目都要求企业的参与，如养老保险、医疗保险和失业保险是企业和个人共同缴费，工伤保险和生育保险完全由企业承担。企业的经济效益及所处行业的差异直接影响着参保人的社会保障水平。企业经济效益好，"大学毕业生聚居群体"参保率和参保水平也高，反之亦然。"大学毕业生聚居群体"人口调查样本的社保参保水平由高到低呈现如下格局，国企好于知名中小企业好于一般中小企业。"大学毕业生聚居群体"中自由职业者属于非正规就业，职业流动性较强，大多未被纳入既存的城市社会保障体系之中，针对流动人口设计的社会保障制度面临诸多困难，所以这一人群社会保障水平偏低，该现象在此次调查中得到了确证。

（二）社会保障制度的重要程度排序

医疗保险和养老保险是社会保障体系中最为基础性的保障项目，88.46％的"大学毕业生聚居群体"将医疗保险和养老保险视为最重要的两项基本社会保障制度。医疗保险关系到"大学毕业生聚居群体"及其家庭的基本生存权利，能够在一定程度上保护他们免于因疾病而陷入困顿的境地。而养老保险保障"大学毕业生聚居群体"退休后有稳定可靠的收入来源。这两种基础性社会保障对于保障他们在杭州稳定地工作和生活、免除他们的后顾之忧有重要意义。相较于职业相关性较高的工伤保险和失业保险,28.85%的"大学毕业生聚居群体"选择住房补贴作为社会保障项目重要程度中除医疗保险和养老保险之外最重要的保障。(见图1.17)杭州的高额房价下"大学毕业生聚居群体"的住房压力巨大,住房公积金或住房补贴可以很大程度上缓解"大学毕业生聚居群体"的租房或购房压力。

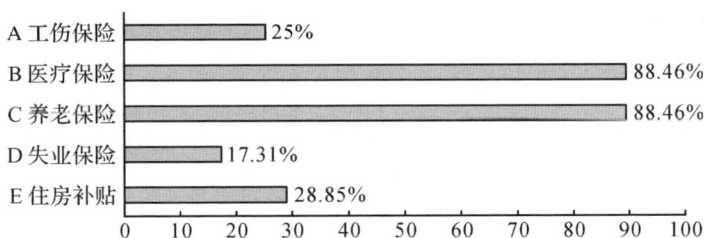

A 工伤保险 25%
B 医疗保险 88.46%
C 养老保险 88.46%
D 失业保险 17.31%
E 住房补贴 28.85%

图1.17 "大学毕业生聚居群体"对各项社会保障制度重要程度的排名(多选)

(三)社会保障效果评价

社会保障的效果评价包含两个部分的内容:覆盖水平和保障水平。覆盖水平反映的是基本社会保障项目在城乡居民中的普及程度,而社会保障水平则是社会成员享受的各项社会保障项目待遇的高低程度。目前我国是全世界社会保障覆盖人群最多的国家,社会保障的覆盖范围从城镇到农村,从国有企业到民营各级各类企业,从就业群体扩大到非就业群体,基本实现了"全覆盖、保基本"的目标。"大学毕业生聚居群体"作为外来流入人口的一部分,除了考察是否被纳入杭州基本社会保障体系之内,社会保障的待遇水平则更直接反映现有的社会保障水平能否有效地帮助"大学毕业生聚居群体"应对各类风险。图1.18是"大学毕业生聚居群体"对现有的杭州社会保障制度实际效用水平的评价,71.15%的被调查对象认为当前的社会保障对解决相关费用问题"有些帮助,但不能根本解决";19.23%的"大学毕业生聚居群体"认为"基本能解决",这一方面反映出基本社会保障确实能够对保障基本生活、规避不可抗风险提供一定帮助,另一方面反映出当前社会保障待遇水平不足以满足"大学毕业生聚居群体"看病、养老等深层需求,社会保障服务的效率、质量、待遇水平仍需进一步提高。图1.19从"大学毕业生聚居群体"具体的参保项目医疗保险来考察其享有的社会保障的实际效用水平。38.46%的被调查者认为参保的医疗保险减少了其少量就医费用,但无法根本解决医疗方面的需求,17.31%的"大学毕业生聚居群体"认为目前的医疗保险没提供什么帮助。医疗保险是民生安全网和社会稳定器,关乎每个社会公民的基本权利,也是"大学毕业生聚居群体"有效融入杭州的重要影响因素。调查问卷中,"大学毕业生聚居群体"对医疗保险项目的覆盖水平给予很大肯定,82.69%的"大学毕业生聚居群体"认为现有的医疗保险减少了个人的就医费用,医疗保险覆盖程度较高,但对医疗保障水平的整体评价略低于社会保障效用水平(90.38%)的评价。根据图1.20,53.85%的"大学毕业生聚居群体"认为每月缴纳的社保费用在杭州属于偏低水平,甚至23.08%的"大学毕业生聚居群体"认为是杭州地区最低的缴纳额度。在公民社会保障权益意识整体增强的背景下,提高社会保障水平,完善社会保障制度体系仍有很大的进步空间。

9.62%

19.23%

□ A基本能解决

□ B有些帮助，但不能根本解决

□ C基本没什么帮助

71.15%

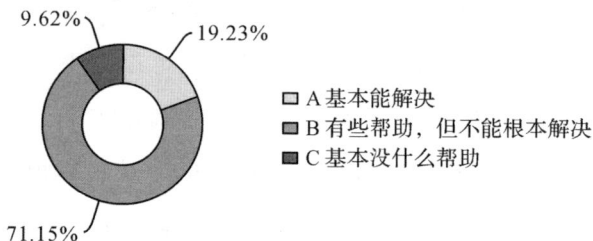

图 1.18　社会保障是否能有效帮助应对各种风险

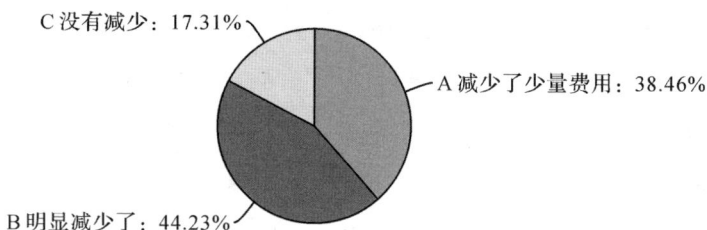

C 没有减少：17.31%

A 减少了少量费用：38.46%

B 明显减少了：44.23%

图 1.19　医疗保险是否减少了您的医疗费用

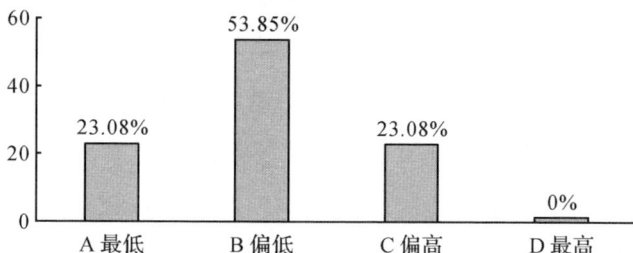

图 1.20　每月缴纳的社保费用在本地区的水平

二、"大学毕业生聚居群体"对公共服务供给的需求与现状

公共服务是政府部门通过公共资源的投入为其公民提供生产、生活及其发展所需的基础性服务。公共服务是体现社会公平公正的基础，是缓解社会矛盾的调节器。一个国家或地区公共服务的质量和供

给水平关系着人力资本素质的高低。在收集调查数据的基础上，选取职业教育与培训和社区服务与社区生活两个方面来分析"大学毕业生聚居群体"在公共服务供给体系中的需求与现状。

（一）"大学毕业生聚居群体"职业教育与培训

人口自身的能力与素质是影响收入水平、职业成就等社会经济地位指标的重要因素。职业培训的意义在于通过再教育与技能培训，增强劳动者或潜在劳动者的技术、能力与其他个人素质，提高他们在劳动力市场的竞争力。"大学毕业生聚居群体"的职业教育与培训方面的需求与现状是公共服务供给体现中的重要方面。调查数据显示，38.46％的"大学毕业生聚居群体"表示参加过一次职业培训，15.39％的"大学毕业生聚居群体"表示参加过两次及以上，而从未参加过培训的群体占46.15％。（见图1.21）相比"大学毕业生聚居群体"对参加职业培训的强烈意愿，职业培训的供给明显跟不上"大学毕业生聚居群体"的实际需求。现有的职业培训内容、培训的服务质量、师资力量等方面不能满足"大学毕业生聚居群体"的培训需求，"大学毕业生聚居群体"的参与度不是很高。（见图1.22）

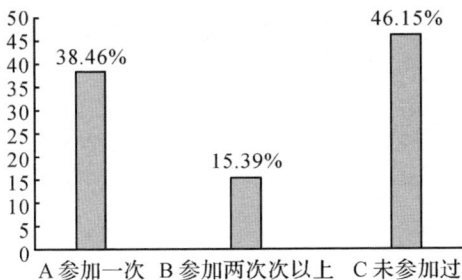

图 1.21　是否参加过职业教育与培训

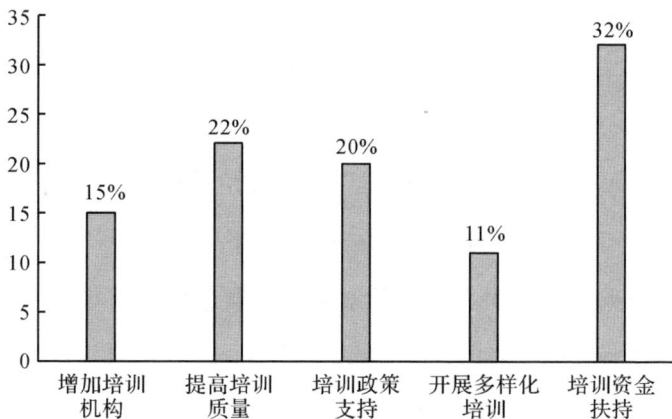

图 1.22 目前的职业培训需要改善之处

"大学毕业生聚居群体"比较感兴趣的培训形式排在第一位的是职业技能培训，其次是创业培训和远程职业培训，再次是定向岗位培训，最后是职前培训及其他。"大学毕业生聚居群体"最希望参加的培训工种是互联网相关及设计，其次是贸易，再次是会计和教育类，排在第四的是电商，排在第五的是建筑相关的培训，排在第六的是法律和文秘行业的职业培训。"大学毕业生聚居群体"对服务类和技工类的需求最小。"大学毕业生聚居群体"在职业培训方面的需求（图 1.23—图 1.24）呈现出实用性、时代需求的特征，根据劳动力市场的需求结构不断进行调整。

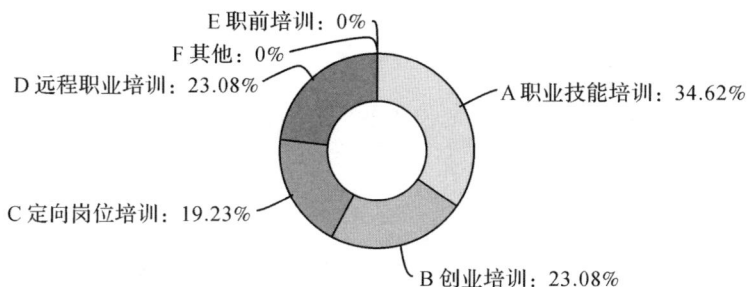

图 1.23 "大学毕业生聚居群体"感兴趣的培训方式

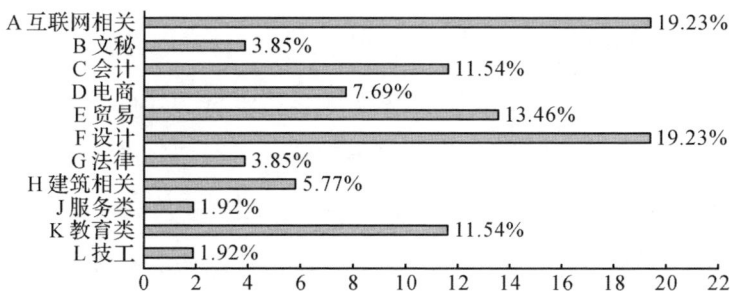

图 1.24 "大学毕业生聚居群体"最希望参加的培训工种

由图 1.25 可见,"大学毕业生聚居群体"职业培训的目的十分明确,40.38%的受访者希望通过提高工作中的技能水平,实现职业转换,实现职业的发展和个人能力的提升,当然,也可通过国家职业技能考试,通过培训实现就业或创业。

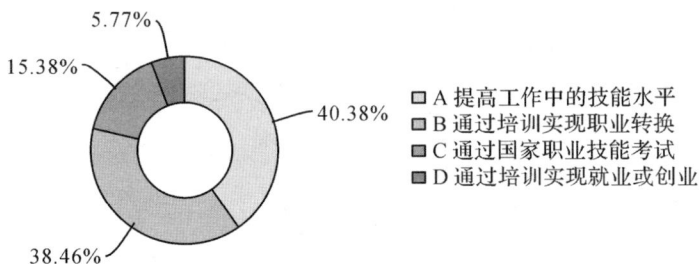

图 1.25 "大学毕业生聚居群体"希望通过培训解决的问题

（二）社区服务与社区生活

社区是基本的居住空间和社会空间，社区的基础设施与服务水平的好坏是衡量在城市中居住的基本权利是否得到保障的重要指标。"大学毕业生聚居群体"参与程度最高的社区活动是公益活动和文体娱乐活动，分别是 44.23％和 36.54％。社区管理、环境和治安活动的参与度不高，分别是 28.85％和 26.92％。政治性的社区生活参与程度最低，"大学毕业生聚居群体"在居民代表大会的参加率是 23.08％。还有 28.85％的"大学毕业生聚居群体"表示从未参加过社区任何活动。（见图 1.26）当问到"您是否愿意为您所在社区发展和改进奉献自己的时间和精力"时，76.92％的受访者表示愿意花时间参与或管理社区事务。不参加社区活动的原因主要有以下几个方面：一是自身不是业主，只是临时租户，缺乏参与社区事务的主人翁精神。二是所在社区没有相关活动，体会不到社区的存在感，社区组织无作为。三是社区举办的活动没有吸引力。因此，受访"大学毕业生聚居群体"认为提高社区参与度首先是社区各项服务与居民需要结合（44.23％）；其次是提高社区活动质量（30.77％）；最后是加强社区各项活动的宣传度（13.46％）。（见图

1.27)在社区各项服务与居民需要结合的调研中,65.38%的"大学毕业生聚居群体"对自己居住社区的卫生、污染、绿化等环境问题最为关注,其次是社区文化体育设施建设的缺乏影响了"大学毕业生聚居群体"对社区的服务评价(53.85%),社区文化建设和知识培训教育等问题也是"大学毕业生聚居群体"所关注的(51.92%),见图 1.28。

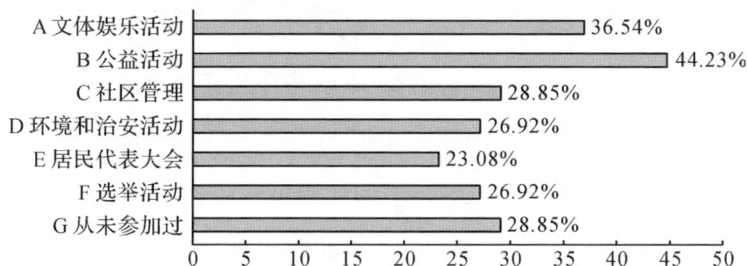

图 1.26 参加过的社区活动(多选)

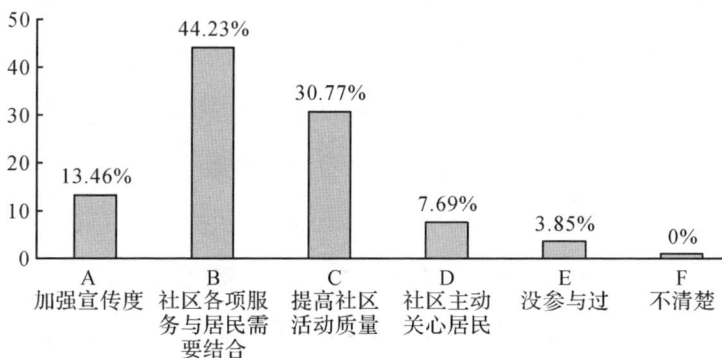

图 1.27 提高社区参与度最需要的因素(多选)

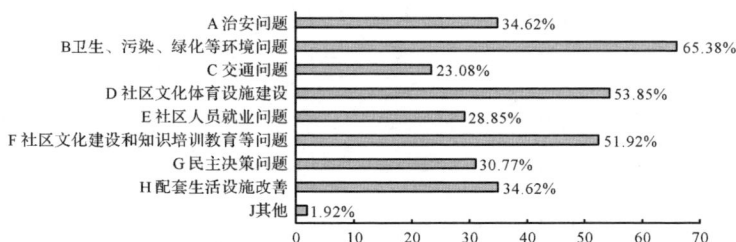

图 1.28　您所在社区最应该解决的问题(多选)

　　社会保障和公共服务的供给对"大学毕业生聚居群体"更好地融入城市具有基础性意义。结合本节中对问卷调查所获得信息的分析,杭州市滨江区"大学毕业生聚居群体"的社会保障和公共服务的覆盖水平较高,保障水平处于中等偏下水平,急需进一步改善。"大学毕业生聚居群体"社会保障水平受到其经济收入、职业稳定性、所在行业的效益等多种因素的影响。受访"大学毕业生聚居群体"中从事互联网、电商、新媒体、产品设计等行业的社会保障水平总体高于其他行业。首先,"大学毕业生聚居群体"享有的社会保障项目中,医疗保险和养老保险是参保率最高的两个项目,其他的社会保障项目参保率都在 70% 左右。可以说,社会保障的覆盖面保障"大学毕业生聚居群体"的基本权利,但在社会保障的重要程度排序的调研中,多数"大学毕业生聚居群体"将住房补贴的需求提到了重要程度的第二位,凸显现有的住房补贴不足以帮助"大学毕业生聚居群体"应对高昂的租房成本,房租加重了"大学毕业生聚居群体"的生活成本的问题。其次,在"大学毕业生聚居群体"的社会保障效果评价中,多数"大学毕业生聚居群体"认为目前的社会保障水平有些帮助,但不能从根本上帮助其应对社会风险,这凸显了社会保障水平有待提高。

再次,在"大学毕业生聚居群体"的公共服务供给状况调研中,多数受访者认为公共服务的供给水平要低于基本社会保障水平。公共服务的供给方面重点考察了职业教育与职业培训、社区服务与社区生活两项供给状况。"大学毕业生聚居群体"的职业教育与职业培训的参与度总体不高,职业培训的供给不能有效满足"大学毕业生聚居群体"的需求,说明现有的职业培训项目需要与时俱进地适应"大学毕业生聚居群体"的需要。如对技术技能培训、创业培训和远程培训。在具体培训工种方面,互联网相关及产品设计、贸易、会计和教育、电子商务等的需求未能得到满足。最后,公共服务供给中的社区生活参与情况不容乐观。"大学毕业生聚居群体"对社区公益活动与文体娱乐活动参与度较高,而社区管理、环境和治安活动的参与程度较低,尤其是政治性事务如选举活动等参与情况最差。社区组织作为基层组织生活的基本单元,未能在"大学毕业生聚居群体"的生活和工作中扮演有意义的角色。

第五节 在杭大学毕业生聚居群体的心理认同和身份认同

外来人口的城市融入和阶层地位受多重因素的影响,除经济收入、教育水平和职业声望等客观指标之外,还有身份认同、归属感、对迁入地的心理认同等主观指标。外来人口的城市融入更需建立在对迁入城市高度的心理认同的基础上,与本地居民的互动中形成对个体身份的认同。考察"大学毕业生聚居群体"的城市融入和阶层流动情况不应仅仅局限于单一变量,还应关涉到心理与文化认同、社会接纳度等主观性指标。文化和心理的认同是"大学毕业生聚居群体"真正融入所在城市的关键要素。

本节围绕"大学毕业生聚居群体"在杭州的居住意愿、社会网络关系、文化价值认同、身份认同四个方面展开对"大学毕业生聚居群体"的价值观念及身份认同分析。

一、"大学毕业生聚居群体"的居住意愿

考察"大学毕业生聚居群体"的留杭意愿及留杭原因可以了解"大学毕业生聚居群体"在杭的文化心理认同及阶层流动图景。图 1.29 调查数据显示,84.62%的"大学毕业生聚居群体"打算长期留在杭州生活,仅有 15.38%的"大学毕业生聚居群体"表示没有长期留杭意愿。这意味"大学毕业生聚居群体"选择杭州为就业地有十分清晰的留杭目标,杭州近几年城市良好的发展前景和生活配套等综合实力的大幅提升吸引着更多毕业生留杭。是否打算在杭州购置房产能直接反映"大学毕业生聚居群体"的流动意愿。图 1.30 中 13.46%的"大学毕业生聚居群体"表示未来会在老家买房,63.47%的"大学毕业生聚居群体"表示会在杭州市区或杭州郊区购房,15.38%的"大学毕业生聚居群体"表示会在杭州周边购房,其中 78.85%的"大学毕业生聚居群体"是未来杭州长期居住的显性群体。选择长期居住在杭州的原因依次是:一是杭州社会保障条件好(40.38%);二是杭州工作机会多(28.85%);三为子女将来可能留在杭州(15.38%);四是家乡收入待遇一般(11.54%)。(见图 1.31)"大学毕业生聚居群体"留杭意愿强烈,留杭原因趋于理性和实际。

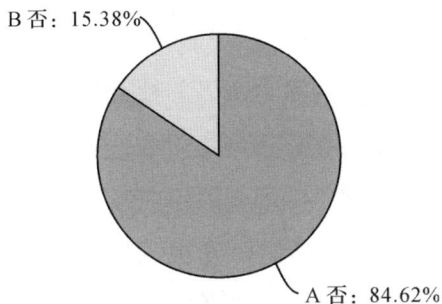

图 1.29　是否打算在杭州长期居住生活下去

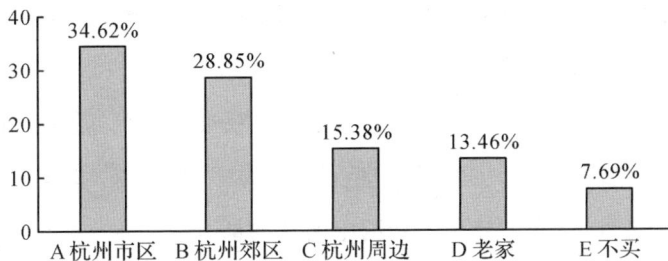

图 1.30　未来几年打算在哪里买房

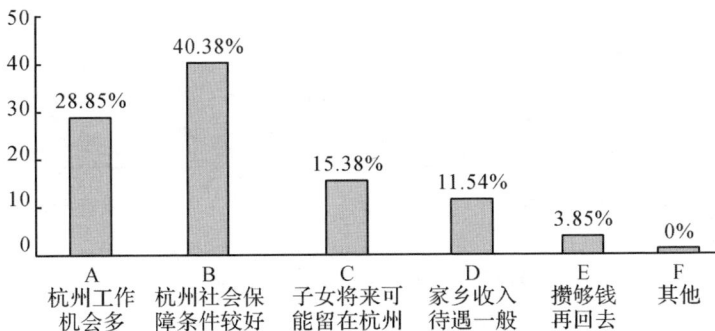

图 1.31　选择长期居留杭州的原因

二、社会网络关系

社会资本即社会网络关系,"个人的社会网络关系越多,则个人的社会资本存量越大。个人在社会网络中的位置,最终表现为借此位置所能动员和使用的社会网络中的嵌入性资源"[①]。在对"大学毕业生聚居群体"平时交往对象的调查中发现,排在第一位的是工作同事(86.54%),排在第二位的是好友邻居(59.62%),排在第三位的是来杭的老乡同学(51.92%),家人亲戚则排在第四(48.08%)。(见图1.32)工作同事成为"大学毕业生聚居群体"平时交往中最多的对象,说明"大学毕业生聚居群体"的社会关系网络中,业缘超过亲缘和地缘成为他们重要的关系来源。工作关系的建立是拓展社会网络的重要途径,也是融入当地的较好手段。"大学毕业生聚居群体"的亲缘、友缘和地缘依然占很大比重,组成了社会关系网中的重要部分。

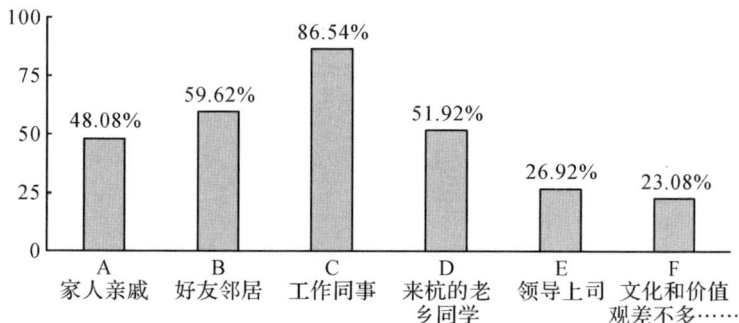

图1.32 您平时主要交往对象(多选)

---

① 张文宏:《中国社会网络与社会资本研究30年(上)》,《江海学刊》2011年第2期。

三、文化与身份认同

文化与身份的接纳程度是外来人口对迁入地的语言、文化、风土人情、社会理念等的了解和认可程度。"大学毕业生聚居群体"对迁入地的人文环境、生活方式、风俗习惯的认同有助于其更快地适应和融入城市主流文化。图 1.33 显示 75％的在杭"大学毕业生聚居群体"基本认同杭州本地饮食、方言、风俗习惯，19.23％的"大学毕业生聚居群体"表示完全认同，3.85％的"大学毕业生聚居群体"表示不认同但可以入乡随俗，1.92％的"大学毕业生聚居群体"表示不太认同。可见，"大学毕业生聚居群体"对杭州的文化认可程度很高，甚至愿意主动地适应和融入流入地的文化。图 1.34 显示"受访者与本地人是否经常交流"时，经常交流的占到 67.31％，交流较少的占 30.77％，没有交流的占 1.92％，说明"大学毕业生聚居群体"在保持原有文化特色的同时，愿意接纳和认同当地的文化与风俗习惯，尽力地拓展交际圈，增加与本地居民深入了解的机会。

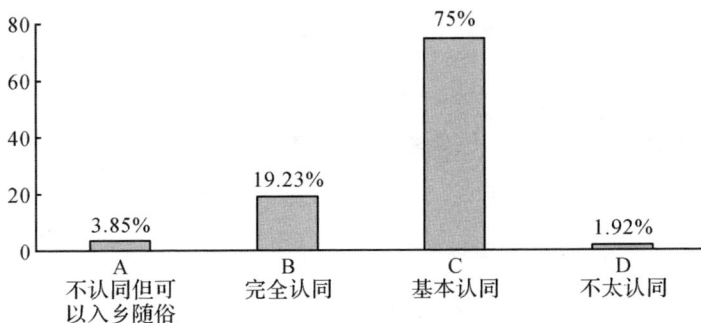

图 1.33　对杭州本地饮食、方言、风俗习惯等行为和观念的认同

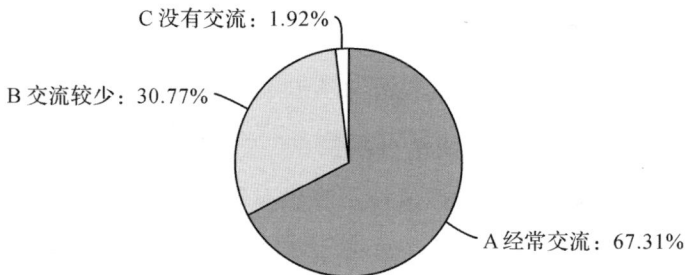

C 没有交流：1.92%

B 交流较少：30.77%

A 经常交流：67.31%

图 1.34　作为外地人您与本地人交流情况

　　身份认同是个体对自我身份的确认、对所归属群体的认识以及所伴随的情感体验和行为模式整合的心理历程。① "大学毕业生聚居群体"只有对流入地有较强的认同感和归属感才意味着真正融入流入地的主流生活。身份认同是文化认同中考察个体对外来文化认同和适应过程的重要变量之一。对移入城市文化的认同以及被移入城市接纳和认同是"大学毕业生聚居群体"实现城市融入的最高境界。图 1.35 中57.69％的"大学毕业生聚居群体"对自身的定位是新杭州人,34.62％的"大学毕业生聚居群体"认为自己是外乡人,4.8％的"大学毕业生聚居群体"认为自己是农村人。可见,超过一半的"大学毕业生聚居群体"决定在杭州长期生活下去并且有信心很好地融入杭州。34.62％的"大学毕业生聚居群体"将自己定位为外乡人与"大学毕业生聚居群体"高度认同杭州的城市文化(75％基本认同,19.23％完全认同,参见图1.33)看似十分矛盾,实质反映出"大学毕业生聚居群体"的社会支持网络更多来自以亲缘和地缘为主的强关系网络,如"每年春节是否回老家

① 张淑华、李海莹、刘芳:《身份认同研究综述》,《心理研究》2012 年第 5 期。

过年"的选择上,55.77％的"大学毕业生聚居群体"每年过年依然将原生家作为自己的心灵归属地。(见图1.36)"大学毕业生聚居群体"与本地人交流互动相对有限,一定程度上阻碍了"大学毕业生聚居群体"更好地融入城市生活。因此,部分"大学毕业生聚居群体"在心理和身份认同上更倾向将自身定位为外乡人。

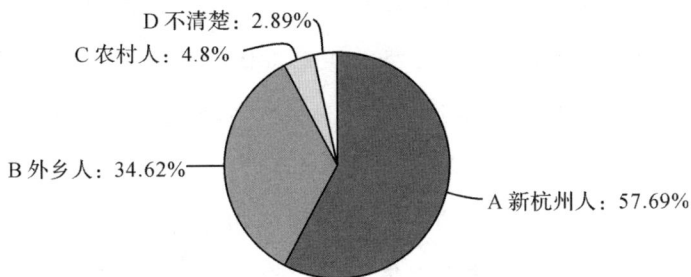

D 不清楚:2.89%
C 农村人:4.8%
B 外乡人:34.62%
A 新杭州人:57.69%

图1.35 对迁入地的个人身份的认同

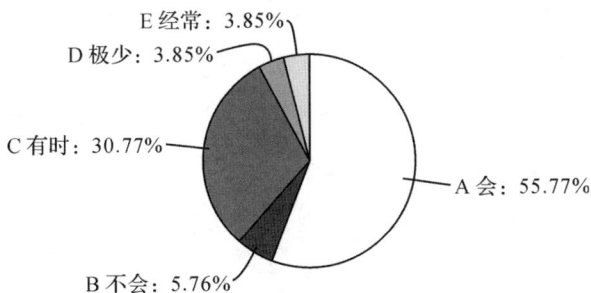

E 经常:3.85%
D 极少:3.85%
C 有时:30.77%
A 会:55.77%
B 不会:5.76%

图1.36 每年春节是否回老家过年

从居住意愿来看,大部分的"大学毕业生聚居群体"有长期留杭生活的意愿,对融入杭城的态度比较坚定,78.85％的"大学毕业生聚居群体"打算长期居住在杭州并且有在杭购置房产的打算。显然,留杭的意愿是经过理性思考后的选择。近期来看,杭州较高的社会保障水平、更多的就业机会和良好的收入待遇等成为吸引"大学毕业生聚居群体"留杭的主要原因。远期来看,子女的教育、医疗和公共设施水平的不断完善是"大学毕业生聚居群体"考虑留杭的主要动力。总体而言,是否具备良好的福利政策和社会保障政策,是否有更多的就业机会是影响"大学毕业生聚居群体"留杭意愿的决定性因素。

从社会网络来看,"大学毕业生聚居群体"在杭州的交往对象中工作同事占据了很大比例,业缘关系超过亲缘、地缘这些传统的关系成为"大学毕业生聚居群体"最重要的社会关系网络。总之,"大学毕业生聚居群体"在与本地人的互动交往方面比较积极主动,统计数据表明,86.54％的"大学毕业生聚居群体"主要交往对象是工作同事,59.62％的"大学毕业生聚居群体"的交往对象是好友邻居。"大学毕业生聚居群体"在社会化网络方面的融入度比较高,表现出对所在城市的文化认同感和心理归属感。

从文化认同方面来看,94.23％的"大学毕业生聚居群体"基本认同杭州的语言文化、风俗习惯、饮食习惯等。尽管保留了个人的原生文化,但对流入地的文化和价值观念的认同度很高。从身份认同来看,超过一半的"大学毕业生聚居群体"表示自己是新杭州人,已经将自己视为融入杭州的城市人,表现出对长期生活的杭州的信心和较强的认同感。超过三分之一的"大学毕业生聚居群体"表示自己仍然是外乡人,这部分人群的日常交往互动更多以亲缘、地缘为主,业缘关系网络十分有限。因此,"大学毕业生聚居群体"在杭州的社会关系网络的多元化直接影响着"大学毕业生聚居群体"的身份认同。

第六节　在杭大学毕业生聚居群体的社会接纳状况

"社会融合是不同个体、群体或文化间的相互配合、适应的过程。"[①]
"它不是一成不变的单维度概念，而是动态的、渐进式的、多维度的、互动
的。"[②]流入地居民对流入人群持接纳意愿或是排斥与疏离态度影响着流
动人口的融入意愿与行为。通过考察"大学毕业生聚居群体"和流入地居
民的互动情况，全面、准确地分析流入地居民对"大学毕业生聚居群体"的
接纳意愿，深入探究"大学毕业生聚居群体"的城市融入情况。

沈千帆《北京市流动人口的社会融入研究》一书将社会接纳分为四
个子变量：特质评价、贡献评价、交往评价和资格接纳。[③] 本节对"大学
毕业生聚居群体"的社会接纳状况将根据以上四个变量的数据以及各
个变量的内在逻辑进行深入分析。

一、特质评价

特质评价主要侧重考察"大学毕业生聚居群体"具备什么样的优秀

---

① 任远、邬民乐：《城市流动人口的社会融合：文献述评》，《人口研究》2006 年第 3 期。
② 杨菊华：《从隔离、选择融入到融合：流动人口社会融入问题的理论思考》，《人口研究》
2009 年第 1 期。
③ 沈千帆：《北京市流动人口的社会融入研究》，北京大学出版社 2011 年版，第 142 页。

品质,流入地居民是否具有同样的品质。通过对比分析"大学毕业生聚居群体"与流入地居民的品质异同,探讨"大学毕业生聚居群体"与流入地居民的融合度。特质评价认为,特质是决定个体行为的基本特性,是人格的有效组成元素,是测评个人常用的基本单位。

在列举的杭州"大学毕业生聚居群体"具备的四项品质中,排在第一位的是勤俭节约(71.15%),排在第二位的是吃苦耐劳(69.23%),排在第三位的是诚实守信(57.69%),排在第四位的是文明礼貌(50%),选择其他的是(1.92%)。(见图1.37)勤俭节约成为"大学毕业生聚居群体"自我评价中居首位的品质。"大学毕业生聚居群体"多出身低收入家庭,他们怀揣梦想,像蚂蚁一样勤奋、坚强,坚信唯有努力奋斗,理想才能变成现实。当个人的努力奋斗不足以应付高昂的生活成本、当谋生存而不是谋发展变成人生的第一要务时,勤俭节约、精打细算度过每一天成为"大学毕业生聚居群体"的生活习惯。

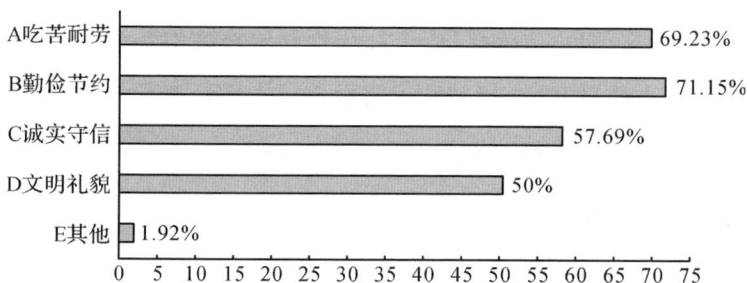

图1.37 您认为杭州的"大学毕业生聚居群体"

普遍具有以下哪些品质(多选)

在对"杭州人具备哪些品质"的调查中,23.08%的"大学毕业生聚居群体"将文明礼貌列为杭州居民品质特征的首位,吃苦耐劳和诚实守信两项品质并列第二(19.23%),生活安逸排在第三位(17.31%),精明功利排在第四位(9.62%),勤俭节约排在第五位(7.69%)。(见图1.38)吃苦耐劳、诚实守信、文明礼貌是"大学毕业生聚居群体"和杭州人共有的三项相同品质,说明"大学毕业生聚居群体"对自我与对他者(杭州人)的特质评价中共性大于差异性,两个群体之间没有显著差异。

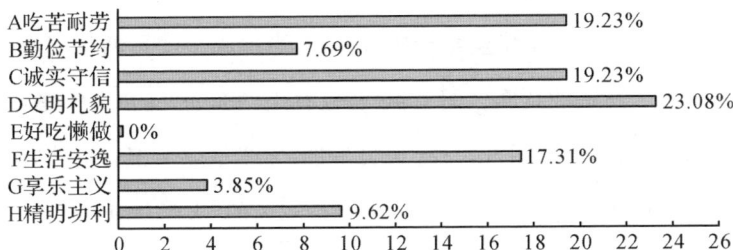

图 1.38 杭州人具有的品质

二、贡献评价

贡献评价测量的是"大学毕业生聚居群体"对流入城市贡献大小的主观认知程度。超过一半的"大学毕业生聚居群体"认为自身对杭州的贡献度一般,贡献较大或贡献很大两项相加占30.77%。(见图1.39)"大学毕业生聚居群体"对自身贡献度的评价高低可以反映"大学毕业生聚居群体"在杭工作是否得到了周围人的积极认可和评价。

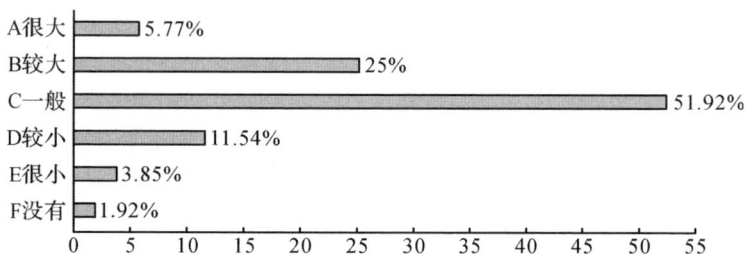

图 1.39 "大学毕业生聚居群体"对杭州的贡献度

三、交往评价

交往评价测量的是"大学毕业生聚居群体"与杭州本地居民的人际交往情况,主要测量"大学毕业生聚居群体"与当地人交朋友的程度及意愿,以及与本地人通婚的意愿。图 1.40 可以看出,98.09％的"大学毕业生聚居群体"有杭州本地的朋友,只有 1.92％的"大学毕业生聚居群体"没有本地朋友。在认识本地朋友的数量方面,24.62％的"大学毕业生聚居群体"认识十位及以上的本地朋友,30.7％的"大学毕业生聚居群体"认识五位到九位的本地朋友,42.76％的"大学毕业生聚居群体"认识四位及以下的朋友。交往评价可以看出几乎所有"大学毕业生聚居群体"都有本地朋友且对结交本地朋友采取积极主动的态度,与本地人的互动程度较高。

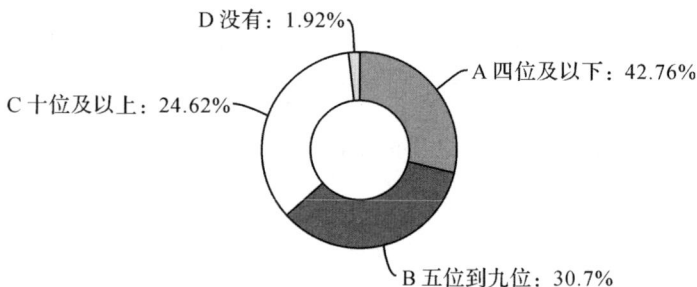

图 1.40 有杭州本地朋友的数量

对于"是否愿意和杭州人通婚"的问题,46.15%的受访者表示愿意,40.38%的受访者表示无所谓,3.85%的受访者表示因害怕有歧视外地人的想法而不会选择与杭州人通婚。(见图1.41)拒绝与本地人通婚的"大学毕业生聚居群体"占极少数,明确表示愿意的高于不愿意的受访者。在人际交往方面,"大学毕业生聚居群体"与杭州本地人融合得很好。交往评价方面的社会接纳程度最高。

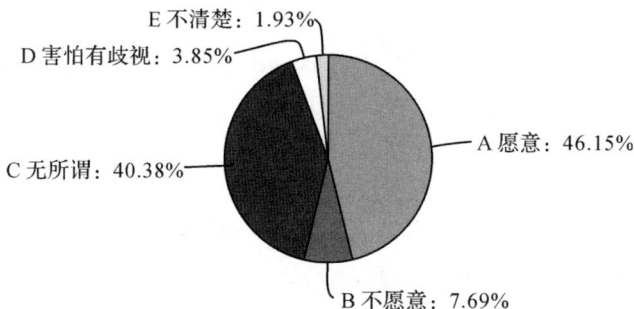

图 1.41　和杭州人的通婚态度

四、资格接纳

资格接纳分析城乡二元户籍制度给"大学毕业生聚居群体"带来的社会后果,包括缺少城市户口带来的客观影响、"大学毕业生聚居群体"对此后果的主观认知等。图1.42中"杭州户口是否重要"的调查中,67.31%的"大学毕业生聚居群体"认为杭州户口是重要的,认为不重要的只占7.69%。杭州户口对"大学毕业生聚居群体"的重要性主要体现在以下几个方面:一是方便找工作和买房;二是为孩子上学考虑;三是享受本地的同等社会保障与公共服务。

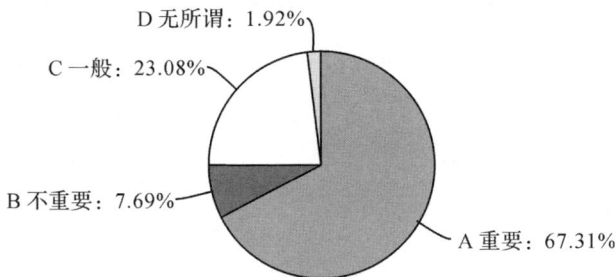

图 1.42　杭州户口对你的重要性

　　"大学毕业生聚居群体"在主观认知上表现出对杭州户口的高度重视,户口关系到是否能享受当地的教育、医疗、养老等一系列社会保障和社会福利,关系到未来能否在杭州实现安居乐业,是融入杭州的身份证明。图 1.43 数据表明"大学毕业生聚居群体"有长期居住杭州的打算,渴望迁入杭州可以享受与本地人同等的福利待遇,将来子女也能享受同样的教育与社会保障。在"权利是否充分受到保护"的调查中,51.92%的"大学毕业生聚居群体"表示个人权利受到保护,36.54%的"大学毕业生聚居群体"表示没感觉,没受到保护的"大学毕业生聚居群体"仅占 5.77%。(见图 1.44)"基本公共服务均等化从一个非常重要的方面确认了城市外来人口在流入城市的实质性公民身份,是对城市外来人口社会权利的确认和保障。"[①]超过一半的"大学毕业生聚居群体"对公民权利供给给予积极评价,这说明杭州市政府在实现外来人口和本地居民外来人口公共服务的均等化方面采取了一系列积极措施。

---

　　①　王春福:《公民身份与城市外来人口公共服务的供给——基于杭州市外来人口调查的分析》,《浙江社会科学》2010 年第 11 期。

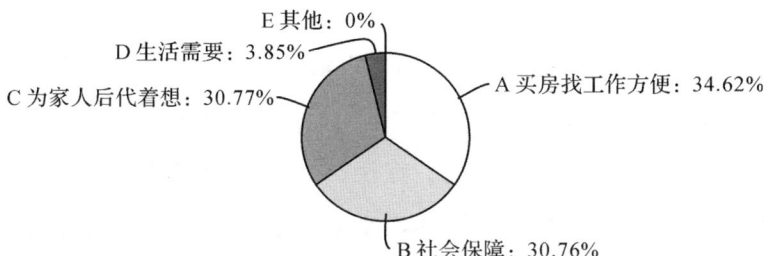

图 1.43 入籍杭州的原因

E 其他: 0%
D 生活需要: 3.85%
C 为家人后代着想: 30.77%
A 买房找工作方便: 34.62%
B 社会保障: 30.76%

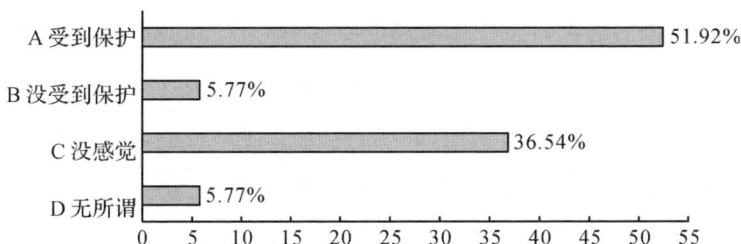

A 受到保护 51.92%
B 没受到保护 5.77%
C 没感觉 36.54%
D 无所谓 5.77%

图 1.44 在杭权利是否受到充分保护

　　资格接纳的调查结果说明,户籍制度对"大学毕业生聚居群体"仍然非常重要,入籍杭州仍面临很多门槛,杭州"大学毕业生聚居群体"在享受公共服务均等化方面还有待提高,总体而言,"大学毕业生聚居群体"在杭的社会接纳度较高。

　　第六节是对社会接纳程度的描述性统计,四个子维度特质评价、贡献评价、交往评价、资格接纳分别反映了"大学毕业生聚居群体"的社会接纳程度。

　　首先,在特质评价方面,吃苦耐劳、诚实守信、文明礼貌是"大学毕业生聚居群体"和本地居民具有的共同特质。"大学毕业生聚居群体"和本地居民特质的差异性小一定程度上反映了"大学毕业生聚居群体"

和本地居民融合度较好。在贡献评价方面,绝大多数"大学毕业生聚居群体"主观认知上认为自身对杭州建设的贡献度一般。事实上,"大学毕业生聚居群体"的流入增加了城市的活力,拉动城市消费,为城市发展需求以及产业结构升级提供了动力。主观认知和客观评价出现了偏差更多源于"大学毕业生聚居群体"对自我高期待与现实的窘迫之间的落差。比如理想的就业前景,较高的工资待遇和社会地位与走出校门后的艰苦奋斗的真实生活间的矛盾。在交往评价上,"大学毕业生聚居群体"与杭州本地人的交往互动程度较高,拥有 4 位以上杭州本地人朋友的"大学毕业生聚居群体"占 98.09%,在交往意愿上表现出积极主动参与人际交往,在社会接纳的四个维度中交往评价的融入度最高。在资格接纳方面,户籍制度是"大学毕业生聚居群体"最为看重的公民权利之一,"大学毕业生聚居群体"渴望与本地居民享有同等的社会保障和社会福利。大部分"大学毕业生聚居群体"对公民权利的供给给予积极评价,资格接纳方面的评价仅次于交往评价。总体而言,通过对"大学毕业生聚居群体"社会接纳程度的调研,可以看出,在四个维度方面,"大学毕业生聚居群体"的交往评价＞资格接纳＞特质评价＞贡献评价。

通过对"大学毕业生聚居群体"城市融入现状的调查发现,"大学毕业生聚居群体"对迁入城市的文化适应和身份融入水平较高,而经济融入和公共服务的获得水平较低。"大学毕业生聚居群体"涵养于不同的地域文化,但他们对城市生活充满向往,选择主动融入并逐渐接纳迁入城市的文化,同时也渴望被城市的现代文明所接纳。"本地市民的包容和接纳有助于提升流动人口的社会融入水平。歧视及排斥态度降低融入水平,人群间的互动对融入水平具有重要作用。"[1]"大学毕业生聚居群体"在与迁入地居民的日常互动来往中逐渐习得当地的文化,在与当地居民的文化交流和碰撞中相互影响,有利于消除"大学毕业生聚居群体"和当地居民的文化隔膜和心理障碍。与文化适应和身份融入这类个体主观可控因素不同,"大学毕业生聚居群体"的经济融入和公共服务水平总体不高,一方面经济融入的水平受到就业市场、政策制度、个人能力等客观因素的影响,另一方面"大学毕业生聚居群体"在获得和享受公共服务方面存在因户籍差异带来的不公。

第七节 本章小结

第一章用了六节的篇幅,通过问卷调查和个人访谈的方式将杭州市滨江区"大学毕业生聚居群体"的基本生存状态进行量化分析,就"大学毕业生聚居群体"呈现的新特征进行总结分析,接着从经济生活、公共服务、身份认同、社会接纳四个维度对杭州滨江区"大学毕业生聚居群体"的城市融入状况进行分析,通过四个维度的数据分析考察其阶层流动现状。

---

① 杨菊华:《中国流动人口的社会融入研究》,《中国社会科学》2015年第2期。

一、"大学毕业生聚居群体"呈现的新特征

（一）出身中下阶层家庭的"大学毕业生聚居群体"数量增多

从生源来看，"大学毕业生聚居群体"中40％来自浙江省内，60％是省外高校毕业来杭工作。从出身看，19.38％的"杭蚁"来自县级或县级以上城市，35.77％的"杭蚁"家庭年均收入在4万—5万元之间，9.35％家庭年均收入在5万—6万元，家庭年均收入7万元以上的占5％；68.92％的"杭蚁"来自农村，家庭年均收入在3万元以下。省外"杭蚁"无论城市还是农村家庭经济状况总体比省内"杭蚁"差。省内生源的"大学毕业生聚居群体"家庭经济状况属于中等或中等偏下的较多，家庭年收入总体高于外地生源，这与浙江省经济水平总体高于全国平均水平有关。

（二）"大学毕业生聚居群体"中女多男少、大龄化现象增多

课题组在调研中发现杭州滨江区"大学毕业生聚居群体"男女比例呈现出"女多男少"的现象。首先，相比男大学毕业生，女大学毕业生就业率低，就业压力大，起始工资也低，性别歧视作为不成文的规定在很多单位依然存在。其次，在职业生涯发展过程中，同样工作能力下，女大学毕业生的职业晋升和加薪机会明显少于男性。

（三）"大学毕业生聚居群体"中不婚而居现象增多

在被调查的"大学毕业生聚居群体"中，未婚的比例是94.83％，未婚中与恋人同居的占到被调查对象的48.05％，未婚没伴侣的占46.78％，已婚"大学毕业生聚居群体"占5.17％。未婚有伴侣的超过未婚没伴侣的"大学毕业生聚居群体"。"大学毕业生聚居群体"不婚而居

现象的增多主要是出于经济方面的考虑。居住滨江的"大学毕业生聚居群体"多为非杭州生源的省内外高校毕业生,在求职成功后首先面临的是住房问题,相对于一个人承担高昂的租房和生活费用,两个人共同生活可以降低人均生活成本,也能彼此在精神上互相鼓励互相依靠。一些"大学毕业生聚居群体"选择与恋人暂时同居以节省生活成本,等经济条件许可了再考虑结婚。

（四）生源地变化：出身城市的"大学毕业生聚居群体"比例增加

调研结果显示生源地是县级市以上的"大学毕业生聚居群体"数量超过了来自乡镇的人数。家庭出身城市增多的新变化反映了几点因素：一是就业形势依然十分严峻；二是杭城不断提高的生活成本迫使不少农村籍"大学毕业生聚居群体"向周围的三、四线城市转移；三是大学毕业生对就业地的选择更加理性。大城市不再是"大学毕业生聚居群体"的毕业首选。

（五）"大学毕业生聚居群体"中高学历人数逐步增加

"大学毕业生聚居群体"的学历分布以本科毕业为主,本科毕业占到被调查对象的70%,专科生20%,研究生10%。调研中发现"大学毕业生聚居群体"队伍新增暂未就业或就业不理想的研究生。研究生及以上加入"大学毕业生聚居群体"队伍主要与研究生持续扩招有关。而且,这些加入"大学毕业生聚居群体"队伍的研究生所学专业几乎都在近五年教育部公布的十大最难就业专业排行榜单中,专业冷热直接决定了就业的质量好坏。所以出现研究生就业不如本科生,本科生不如专科生的现象。

从年龄来看,杭州的"大学毕业生聚居群体"绝大多数为85后和90后,年龄主要集中在22—35岁之间。人数占比最多的年龄段是26—29岁,即大学毕业3—6年。紧随其后的是30—35岁的受访者,占受访人群的三分之一。"大学毕业生聚居群体"年龄结构具有逐步增大的趋势,说明"大学毕业生聚居群体"脱蚁的速度逐渐放缓,生存压力和生活成本比以往加大,摆脱蚁居的生存困境需要花费更长时间。

(六)租房支出在"大学毕业生聚居群体"月消费支出中的比重不断加大

滨江是高新技术产业园区,园区内有多所高等院校及上万家高新技术企业,大学生毕业后多数选择区内的企业就业。例如浦沿街道杨家墩社区的啦喜街周边的农民房因为价格低廉、出行便利、商铺云集等原因一直是毕业生租房首选。2016年,G20杭州峰会推动经济发展的同时,也推高了杭州的房价。同年,杭州开启了史上最大规模的城中村改造攻坚行动,拆迁造成租房市场供不应求,中低端租房市场供需矛盾的扩大带来了房租价格的全面上涨。杭州滨江区是城中村汇集之地,农民房属于整治和拆迁的范围之内,大批农民房的拆除导致商品房住宅租房市场需求急剧上升。"大学毕业生聚居群体"租户们被迫搬离农民房,分散租住在附近小区,租金由原来的单间700元一个月升至单间1500元一个月,住房支出从原来占月消费的20%上升至40%,"大学毕业生聚居群体"涌入周边小区加剧了房子供求的矛盾,进一步推高了房租价格。

(七)"大学毕业生聚居群体"经济收入大幅提高

2018年调查数据显示"大学毕业生聚居群体"月平均收入较以往有

大幅提高。杭州"大学毕业生聚居群体"月平均收入均在 3000 元以上，月平均收入在 4001—5000 元的人数相对最多，排在第一位月收入在 1 万元以上的高收入人群在本次调查中是零占比，受访对象的月收入水平和其入职时长呈正比。杭州"大学毕业生聚居群体"的收入水平低于当年城镇常住居民人均可支配收入的占 17.31％，接近或与人均可支配收入持平的占 38.85％，高于人均可支配收入的占 39.83％。"大学毕业生聚居群体"收入大幅提升主要是受到杭州经济发展水平和行业分布的影响。此次调查的"大学毕业生聚居群体"绝大多数集中在电子商务、物流、互联网、产品设计等新兴行业领域，这些领域随着产业的转型升级，收入总体水平上升较快。

（八）"大学毕业生聚居群体"的家庭状况

受访"大学毕业生聚居群体"家庭年均收入大部分在 5 万元以下。"大学毕业生聚居群体"生源地属于城镇户籍的家庭经济状况较好，农村户籍的相对较差，省内生源的家庭经济状况好于省外生源，城乡和地区差距依然体现得较为明显。单亲家庭的"大学毕业生聚居群体"的比例在逐年上升，与非单亲家庭相比，单亲家庭的"大学毕业生聚居群体"的经济压力与心理压力更大。

（九）行业分布：专业技术人员人数最多

行业分布中，"大学毕业生聚居群体"中从事专业技术工作的技术人员占比超过三分之一，排在受访人群首位。其次是从事第三产业中的服务行业的"大学毕业生聚居群体"。第三产业尤其是服务业的需求逐年上升，就业结构中从事第三产业的比重增加较快。受访"大学毕业生聚居群体"从事的单位性质多以民营企业为主,国企、公务员、事业单位等国有性质单位的从业人员最少。

二、"大学毕业生聚居群体"城市融入的群体性特征概述

在经济生活方面,杭州市"大学毕业生聚居群体"主要从事专业技术人员或商业、服务业人员,受访"大学毕业生聚居群体"的工作性质以民营企业为主,月收入水平集中在 3000—5000 元之间。在收入方面,据 2018 年调研,"大学毕业生聚居群体"的收入有了很大提升,但相应的消费支出中房租支出占比没有减少反而大幅增加,"大学毕业生聚居群体"的经济压力依然很大。居住方式以群租为主,绝大多数"大学毕业生聚居群体"最不满意的是居住条件和房租价格。

在职业选择方面,受访"大学毕业生聚居群体"更在乎工作是否符合自己的专业和兴趣,以及是否有完善的晋升机制。把职业的兴趣爱好提到了首位。90 后"大学毕业生聚居群体"的工作选择趋向理性和实际。"大学毕业生聚居群体"更多围绕兴趣爱好、工作环境、发展机会等选择职业,着眼于自我成长和未来发展的平台和潜力,不再仅仅为了家族的期待、个人的面子、薪酬待遇等原因放弃职业偏好。

在社会保障与公共服务方面,杭州市"大学毕业生聚居群体"的社会保障和公共服务的覆盖水平较高,保障水平处于中等偏下水平,急需进一步的改善。"大学毕业生聚居群体"社会保障水平的高低受到经济收入、职业稳定性、所在行业的效益等多种因素的影响。公共服务中的职业教育与职业培训的参与度总体不高,职业培训的供给不能有效满足"大学毕业生聚居群体"的需求,说明现有的职业培训项目需要与时

俱进以此适应"大学毕业生聚居群体"的需要。

在文化与身份认同方面,城市良好的发展前景和生活配套等综合实力的大幅提升吸引着更多毕业生留杭,在杭"大学毕业生聚居群体"有长期居留的意愿。在杭"大学毕业生聚居群体"也基本认同杭州饮食、方言、风俗习惯等,愿意主动地适应和融入流入地的文化。

从社会网络来看,"大学毕业生聚居群体"在杭州的交往对象中工作同事占据了很大比例,业缘关系超过亲缘、地缘这些传统的关系成为"大学毕业生聚居群体"最重要的社会关系网络。总之,"大学毕业生聚居群体"在与本地人的互动交往方面比较积极主动,统计数据表明"大学毕业生聚居群体"在社会化网络方面的融入度比较高。

从社区参与来看,"大学毕业生聚居群体"参与程度最高的社区活动是公益活动和文体娱乐活动,政治性的社区生活参与程度最低,如居民代表大会。提高社区参与度首先是社区各项服务与居民需要结合,其次提高社区活动质量,最后是加强社区各项活动的宣传。

在特质评价方面,大部分"大学毕业生聚居群体"和杭州人之间特质差异性不大,"大学毕业生聚居群体"和本地居民融合度较好。在贡献评价方面,绝大多数"大学毕业生聚居群体"主观认知上认为自身对杭州建设的贡献度一般。在交往评价上,"大学毕业生聚居群体"与杭州本地人的交往互动程度较高,在交往意愿上表现出积极主动参与人际交往,在社会接纳的四个维度中交往评价的融入度最高。在资格接纳方面,户籍制度是"大学毕业生聚居群体"最为看重的公民权利之一,"大学毕业生聚居群体"渴望与本地居民享有同等的社会保障和社会福利。

第二章

在杭大学毕业生聚居群体
向上流动的社会处境

在现代社会中,教育是社会阶层流动的重要渠道,教育程度的高低直接影响着人们未来的职业地位及其他社会经济地位。"改革开放以来,伴随着市场经济体制的确立和社会阶层结构从封闭走向开放,停滞已久的高考招生制度重新得以恢复,教育重新成为社会阶层流动的重要渠道。大批农村青年通过自己的努力考上大学,进入城市。"[①]1999年开始,中国高等教育进入新的发展阶段,在此后的 20 年间,高等教育持续扩招,快速向规模化、大众化迈进,大学入学率的提高给了更多人接受高等教育的机会,也给了底层家庭的学子向上流动的规范渠道。高考作为衡量社会公平的一个重要指标,经过 40 年的人才选拔,培养了一大批的社会主义现代化建设的杰出人才,给一代年轻人带来了希望,许多人成为高考的受益者,命运由此发生改变。在高等教育已经迈向大众化的时代,高考仍然被认为是最公平的选拔人才的途径。截止到 2017 年,已经有 2 亿多人通过高考进入大学,整个社会阶层与结构发生了巨大变化。伴随工业化、信息化时代的到来,高等教育为各行各业输送了现代化发展急需的各类人才。在一定意义上,高等教育成为当前中国中产阶层的教育门槛,大学毕业生成为中产阶层的强大后备军。大学生一毕业走向社会,是天然后补的"白领",他们从中产阶层的较低位置开始打拼,努力向上流动。从高等教育大众化的角度来说,我们有理由相信中产阶层的时代必定会到来。

中国中产阶层的萌生和崛起仅仅是改革开放后近几十年的事情,并非像西方的中产阶层那样有一个自生自发的过程,它是时空压缩条

---

① 周竞:《农民社会阶层流动的路径障碍分析》,《农村经济》2010 年第 6 期。

件下追赶型现代化的产物,与市场化、城市化以及产业结构的升级换代等因素息息相关。正是在产业结构、社会结构和就业结构的剧烈变迁中,中产阶层得以发展壮大。作为中产阶层的后备军,每年毕业几百万大学生的数量并不算庞大,但大学毕业生群体就业的问题在某种程度上反映了高等教育实现社会阶层流动的速度在逐渐放缓。

此次调研的在杭"大学毕业生聚居群体"几乎全部来自拥有社会资源较少的家庭,与其父辈相比,他们具有文化资源的优势,渴望通过十几年的寒窗苦读改变自己和家族的命运。然而,就业和职业发展的困境成为大学毕业生身上背负的沉重压力。对于大学毕业生来说,整个社会结构的容纳能力不足,这与中国经济结构中第三产业在国民经济中所占的比例偏低有关,产业升级慢势必难以为迅速增加的大学毕业生提供合适的、保证他们顺利就业和升职的机会。因此,只有加快产业结构的升级、提高职业结构中中高层职业人员的比例、增加社会的容纳能力,才能有效化解大学毕业生难以向上流动的矛盾。

近几年,为进一步促进高等教育公平均衡的机会,国家陆续出台了各种保障计划,以确保出身农村的贫寒学子也有上好大学的机会,包括规定北京大学、清华大学在内的一些名校都必须保证一定的名额比例录取县以下学校的中学毕业生。各省也配套了相关保障政策。但在杭"大学毕业生聚居群体"整体向上流动仍然面临诸多挑战,就业难的社会现实冲击着在杭"大学毕业生聚居群体",创业难的困境容易导致年轻人进取心受挫,婚恋难的困境激化了其悲观情绪。

第一节　现代社会流动机制的初步形成

　　社会流动是社会学的学术用语,是指社会成员从一个社会阶层向另一个社会阶层的迁移的过程。社会流动分为垂直流动和水平流动,垂直流动带来社会阶层位置的改变,社会成员可能向上流动也可能向下流动。水平流动是同一阶层内部的阶层迁移,不带来阶层位置的改变。"社会流动除了表征阶层变迁的含义之外,还负载着与流动主体生存发展密切相关的一切社会因素的流动,即社会成员及其社会"处境"的整体流动。社会成员的地位变化只是社会流动的外在表现,社会成员连同其"处境"("处境"与"环境"相比,更加强调人和人、人和自然的关系,而不是地理性)的整体流动。① 费孝通先生认为:"在任何处境中,个人可能采取的行为很多,但是他所属的团体却准备下一套是非的标准,价值的观念,限制了个人行为上的选择。大体上说,人类行为是被团体文化所决定的。"②社会成员的地位变化只是社会流动的外在表现,社会成员连同其"处境"一起的整体变迁,才是社会流动的根本,体现着

---

　　①　张浩:《主体视角下农村青年社会流动问题与对策》,《中国青年研究》2013 年第 10 期。

　　②　费孝通:《乡土中国》,上海人民出版社 2007 年版,第 241 页。

社会流动的基本内涵。中华人民共和国成立之后,社会发生过两次重大的制度变革。制度安排和政策导向的变化带来了中国人政治地位、经济状况和社会阶层地位的巨大变迁。这两次巨大的制度变革成为影响社会成员阶层地位发生变化的社会"处境"。中国社会第一次重大变革是 1949 年至 1978 年,全面公有制和高度的经济计划体制的确立,以及以阶级斗争为纲成为当时社会发展的主流。第二次制度变革是 1978 年以来的改革开放,伴随着计划经济体制向市场经济体制的转变及高度中央集权的再分配体制对人们控制力的减弱,中国社会开始由传统农业社会向现代工业社会转型,社会结构也从封闭走向开放。

中国社会阶层结构的变化引发学术界的广泛关注和讨论,社会分层结构和阶级阶层分化问题成为社会学关注的热点之一。学者们对改革开放后中国社会阶层结构变迁的现状和未来趋势提出了各种不同的说法,总结起来具有广泛影响的主要有四种观点:"社会断裂"理论、"中产阶层"理论、"碎片化"理论、"结构化"理论。这四种论断究竟哪一种更能准确地描述当前中国阶层分化的现状和未来阶层结构的趋势值得我们探究。比较和考察以上关于社会阶层结构的四种流行理论,有助于准确把握当前阶层结构变迁的主流趋势。

第一种:"社会断裂"理论。这一理论由社会学家孙立平等人提出,他认为 20 世纪 90 年代中期以来的社会分化导致了一个断裂社会的出现,其表现形态为:"整个社会分裂为相互断裂、差异鲜明的两个部分:上层社会和底层社会,经济财富及其他各类资源越来越多地积聚于上层社会或少数精英分子手中,而弱势群体所能分享到的利益则越来越少,他们与社会上层精英分子的社会经济差距越拉越大,从而形成与上层社会相隔绝的底层社会。"①

第二种："中产阶层"或"中间层化"理论。这一理论由中国社会科学院陆学艺组织的当代中国社会结构变迁研究课题组提出。该理论是与"断裂化"完全相反的观点的概念。陆学艺认为随着中国改革开放的启动，国家重大政策的调整以及工业化、市场化和城市化的加速推进，社会分层结构发生重大变化，"十大社会阶层"构成的新的社会阶层结构逐步形成。"十大社会阶层"分别是国家与社会管理者阶层、经理人员阶层、私营企业主阶层、专业技术人员阶层、办事人员阶层、个体工商户阶层、商业服务员阶层、产业工人阶层、农业劳动者阶层、城乡无业半失业者和失业者阶层。

第三种："碎片化"理论。这一理论的代表人物李培林、李强等人认为，改革开放以后，中国社会发生了全方位的分化，包括社会群体的分化、阶级的分化、产业的分化、地域的分化等等。中国总体性的社会分化使整个社会被切割成无数的片段甚至是原子，称之为社会碎片化。社会结构碎片化生成的原因是"改革 20 年来社会结构的急剧分化、不同社会力量的角逐、社会规范的片段化、新社会要素的不断生成、新要素与旧社会要素的尖锐对立和冲突，以及由此导致的巨大张力的蓄积，使整个社会进一步发展摇摆不定"②。

第四种："结构化"理论。国内分层研究的专家李路路采用"结构

---

① 孙立平：《断裂化：20 世纪 90 年代以来的中国社会》，社会科学文献出版社 2003 年版，第 59—67 页。

② 李培林、李强、孙立平等：《中国社会分层》，社会科学文献出版社 2004 年版，第 64 页。

化"的概念来描述和概括当前中国阶层分化的发展趋势。"结构化"一词源于安东尼·吉登斯(Giddens,1973)对西方发达国家社会阶级分化的分析,"结构化"指的是人们之间的社会经济差异被持续化和稳定化,从而导致阶级阶层结构的出现,它特别强调的是经济地位的差异扩散到社会生活的各个领域,即阶级阶层地位影响了人们的流动机会、生活方式、社会态度和行为取向。以上四种观点都是对转型期中国社会阶层分化趋势和特征做出的完全不同的判断。在阶层结构的发展趋势上,中产化和结构化着眼于预测未来中国社会阶层结构的走向。断裂化和碎片化则是对目前中国社会阶层结构现状的描述。在具体的分化形态上,"断裂化"和"中产阶层"对阶层结构特征的判断得出截然相反的结论。"断裂化"理论认为20世纪90年代以来中国社会结构的突出变化是资源集聚背景下两极社会的出现,对资源垄断的强势阶层与权益受损的弱势群体的对立。"中间阶层"理论则认为,随着市场化和工业化的发展,中产阶层将会在未来社会阶层结构中占主导地位。结构化认为目前的阶层分化开始定型并固化下来,阶层间的经济差异相对稳定地存在一段相当长的时间。碎片化则认为当前的社会分化不可能出现断裂社会,也不存在中产阶层这样出现界限分明的阶级,而是分化为多个利益群体。中国社会阶层分化最主要和最根本性的发展趋势到底是断裂化、中产化、碎片化还是结构化,国内社会学家对这四种主要观点给出了各自的理论支撑。孙立平关于"断裂化"社会结构的判断对于引发人们对社会公平问题的关注具有一定的警示意义,但绝对两极化或完全断裂化的社会至今尚未出现,这一论断较为偏颇。"碎片化"从微观层面强调社会阶层分化的特质是利益的多元化和分散化,社会阶层成员的经济地位和身份地位是多元化的,是可以改变的。"碎片化"理论描述了当前中国社会阶层结构的现状,但对于未来中国阶层结构走向没有给出明确的答案。"结构化"理论着眼于从宏观层面指出中国社会阶层分化的基本趋势,认为社会成员的阶层地位趋于稳定化,阶层地位的代继继承性增强。事实上,随着经济改革的不断推进,人们物质生活水平的普遍提高,人们越来越强烈地感受到中等收入人群的快速增长,受过高等教育、职业白领化的庞大的中产人群在中国社会出现。"截至2009年,我国城市中产阶层规模已达2.3亿人,占城市人口的37%左右,其中北京、上海的中产阶层更是分别达到了46%和38%。中国社科院城市发展与环境研究所和社会科学文献出版社联合发布的城市蓝皮书的数据显示:2000年到2009年的10年间我国城市中产阶层的规模年均增长3.8%。该报告预测,从2010年到2025年,我国城市中产阶层规模将以每年2.3%的速度扩大,到2020年将接近47%左右,在2023年前后可能突破50%左右,2019年城市中产阶层的比重可能首次超过城市中低收入阶层的比重,即两头小、中间大的橄榄型社会结构将首次出现。"①陆学艺的"中产阶层"理论通过分析对比历年各阶层构成数据,得出中产阶级成员在社会总人口的比例的持续增加会产生中产阶层主导的社会。尽管中产阶层内部未形成一致的阶层认同如生活方式、身份认同和价值观念等方面的认同,但以中产阶层为主导的橄榄型社会或现代化的社会阶层结构已初具雏形。陆学艺带领的"当

---

① 潘家华、魏后凯:《中国城市发展报告 NO. 4——聚焦民生》,社会科学文献出版社2011年版,第23页。

代中国社会阶层结构"课题组的研究显示:2001 年中产阶层的规模已经达到 15％左右。2008 年是 22％,2000 年后每年以 1％的速度增长,20 年之后,中产阶层可达就业人员的 40％。[1] 此外,法国巴黎银行、美林证券、麦肯锡的报告以及汇丰银行和万事达公司共同进行的研究,认为中国拥有 1 亿个中产家庭,是世界上最庞大的中产阶层。[2] 以上的数据来自学术研究基础之上的严谨估算,从科学研究的角度印证了中产阶层迅速增长的事实。虽然人们对中产人群的数量和构成成分以及是否现阶段形成一个稳定的阶层存在争议,但不论是专家学者、政府的政策制定者还是普通的社会公众,都不怀疑中产群体的存在,并且乐观地预估中产群体的数量还将继续增长,中产占据主体的时代在不远的将来必定到来。

总之,种种现象表明,与经济改革以前相比,当前中国社会阶层结构朝着更加公平、合理的现代化阶层结构转变,中产阶层已经粗具规模,并在各方面显示着逐渐壮大的力量。后工业化社会和中产化社会的来临成为中国新社会结构的生长点,我国经济发展进入新常态,经济结构由第二产业向第三产业转型,2013 年中国产业结构出现历史性的变化——2013 年我国第三产业(服务业)增加值占 GDP 比重达 46.1％,首次超过第二产业,标志着中国经济正式迈入"服务化"时代,产业结构由中低端向中高端提升将是长期趋势。经济结构的转型传导到社会领域,表现在社会阶层结构上,就是中产阶层队伍的迅速壮大,社会中下阶层规模比例不断缩小。

---

① 陆学艺:《当代中国社会结构》,社会科学文献出版社 2010 年版,第 402 页。
② 李成:《"中产"中国》,许效礼、王祥钢译,上海译文出版社 2013 年版,第 10 页。

一、中产阶层加快崛起

随着后工业化时代的来临,第三产业将成为国民经济的主体,第三产业的从业者成为整个社会的主要从业者,劳动力就业人口呈现出"白领化"趋势。劳动力市场的"白领化"意味着中产阶层逐渐成为中国社会的主要阶层,中产阶层崛起的速度在加快,中产阶层的规模在迅速扩大。"根据中国社会科学院社会学所 2013 年 GSS 调查,在所有劳动力人口中,农民阶层所占比重已降低到 34.8% 左右,工人阶层所占比重上升到 33.6% 左右,中产阶层所占比重上升到了 31.6% 左右。伴随土地流转速度的加快,农民阶层的人数,还会继续下降;工人阶层的人数,也会随制造业内部的调整与生产流水线自动化水平的提升而趋于稳定。"[①]中产阶层的人数将会随着第三产业比重的不断上升,超过从事第一、第二产业的农民阶层和工人阶层的数量,成为中国最主要的阶层。中产阶层加快崛起的原因体现在以下几个方面。

(一)职业结构趋向高级化

改革开放以来,随着经济与社会的发展,工业化进程的加快和产业结构的调整,劳动分工越来越专业化和细化,我国的职业结构发生了从传统到现代的转变。职业结构的变迁带来了按照专业化程度和技术等级来划分的职业分工体系的形成,职业结构的高度分化促使各类专业技术人员增长速度变快。越是专业化程度高的职业往往能获得更高的

---

① 张翼:《社会新常态:后工业化社会与中产化社会的来临》,《江苏社会科学》2016 年第 1 期,第 2 页。

收入和社会地位,专业化程度低的职业从业者则收入和社会地位较低。职业结构的趋高级化是现代社会职业结构变迁的基本趋势,主要表现为高层次的职业岗位在职业结构中所占的比重不断扩大,职业工种趋向技术密集型,专业化的社会职业越来越多,国家和社会管理者、经理人员、专业技术人员等社会中、高级阶层所占比例急剧扩张,而低层次的职业比重呈下降趋势,社会对低层次职业从业者的需求如农业劳动者的数量渐趋缩减。2013 年年末,"第三产业就业人员的占比由 2005年的 31.4%、23.8% 和 44.8% 调整为 38.5%、30.1%、31.4%。这 8 年来,第三产业从业人员占比每年约增加 0.9 个百分点。这一趋势在'十三五'期间及其以后还将继续下去"[①]。第三产业中的现代生产性服务业、生活性服务业发展很快,基本上是白领、灰领岗位人员。产业结构引发的职业结构的变化使高层次职业位置大幅增加,为中产阶层的扩大提供了相应职业、岗位及其人员支撑。

(二)社会成员收入迅速提高

中产阶层的收入、财产和生活水平等经济要素是进入中产阶层的充分必要条件。随着近年来"提低、扩中、控高"措施的实施,经济持续快速增长带来了居民收入增长加快,高收入群体迅速扩大。从 2011 年到 2014 年,城乡居民可支配收入是持续提高的。2011 年城镇居民人均可支配收入为 21810 元,同年农村居民人均纯收入 6977 元;2013 年城镇居民人均可支配收入 26955 元,同年农村居民人均纯收入 8896 元。

---

① 苏海南、王宏、常风林:《当代中国中产阶层的兴起》,浙江大学出版社 2015 年版,第 222 页。

2014 年城镇居民人均可支配收入 28844 元,农村居民人均纯收入 10489 元。① 这表明城乡居民人均可支配收入水平在逐步增加。2006 年以来,国企进行股份制和工资收入改革后,企业的中高层管理人员实现了高额年薪和股票分红。市场化改革的全面推行,更是造就了一大批富裕的企业家、经营管理人员。这些商业工作者大多来自民营企业和个体工商户。随着工业化和国有企业的改革深入推进,一定程度上培育和扩大了中等收入群体的数量。数据显示,"1982 年和 2015 年相比,北京市中等收入群体的比重从 33.11% 增至 81.56%。上海中等收入群体的比重从 28.5% 增至 79.8%。广州中等收入群体的比重从 26.6% 增至 76.08%"②。2015 年北上广三个特大城市中等收入群体比例在 80% 左右。中产阶层个人收入和家庭收入增长呈现逐年加快的趋势。

(三)高等教育普及化壮大了中产阶层的队伍

高等教育连续十几年的大规模扩招给高等教育带来了历史性的变化,高等教育的规模超越美国、俄罗斯、印度稳居世界第一。"高校扩招使得数百万人享受到了高等教育的机会,社会流动机会逐步增多,每年几百万的大学毕业生直接为以高学历为主要特征中产阶层的扩大造就了后备军。"③吉登斯认为,受教育程度或专业技术资格能力是重要的市

---

① 苏海南、王宏、常风林:《当代中国中产阶层的兴起》,浙江大学出版社 2015 年版,第 225 页。

② 李友梅:《中国中产阶层的形成与特征——基于特大城市的经验研究》,社科文献出版社 2018 年版,第 172—173 页。

③ 陆学艺:《当代中国社会结构》,社科文献出版社 2010 年版,第 406 页。

场能力之一,个人的市场能力的高低决定了能否在竞争性的人才选拔市场中获得较好的职业,从而获得较高的社会地位。"以北上广特大城市为例,中产阶层的平均受教育程度较高。其中,北京有超过 60% 的中等收入群体的受教育程度为大专以上,上海和广州的比例略低,但也均在 45% 以上。从专业技术人员的总量来看,以上海为例,1982 年仅有 10.7% 的从业者为专业技术人员,而到 2015 年这一比重上升到 15.7%"。[①] 在可预见的未来,中产阶层在劳动力人口的比重将会超过工人和农民阶层成为中国的第一大阶层。这种趋势可以从中国高等教育的毛入学率非常明显地看出来,2017 年高等教育毛入学率是 45.7%,2018 年高等教育毛入学率是 48.1%。高等教育的普及化意味着更多的适龄青年有机会接受大学教育,普通本专科招生数量的上升在提升整体人口素质的同时,客观上扩大了中产阶层的后备军队伍。

二、社会中下阶层规模比例不断缩小

社会中下阶层规模的缩小主要表现为农业劳动者阶层在阶层结构中所占的比重不断降低。农业劳动者阶层社会地位的变化实质反映了农民社会流动的变迁,农业劳动者的社会流动主要体现为职业流动和阶层流动,职业流动更多是流向产业工人和商业服务业阶层的非农化产业,阶层流动则表现为通过改变职业实现了地位的上升。

---

① 姚烨琳、张海东:《中等收入群体的扩大与橄榄型社会的形成——以北上广特大城市为例》,《河北学刊》2017 年第 5 期。

（一）农业劳动者的职业流动

改革开放以来,随着以土地承包责任制为核心的农村经济体制改革和政府对农民的户籍、就业等制度限制的松动,越来越多的农村剩余劳动力从土地中释放出来,农村劳动力开始向城市和非农经济部门转移。大量农民从收益较低的第一产业分离出来,转向收入相对较高的第二、第三产业。2006 年到 2016 年这十年间,第一产业产值占 GDP 的比重从 10.6％下降到 8.6％,农业劳动者人数占全社会就业人员的比重从 42.6％降至 27.7％。[1] 第一产业比重的下降带来了第一产业从业人员比重的下降,农业户籍人口在第二、第三产业中的比重逐年增加。国家统计局发布的《2018 年农民工监测调查报告》显示:2018 年从事第三产业的农民工比重已过半,占 50.5％,比 2017 年提高了 2.5 个百分点。第二产业的农民工比重为 49.1％,比上年下降 2.4 个百分点。其中,从事制造业的农民工比重为 27.9％,比上年下降 2.0 个百分点;从事建筑业的农民工比重为 18.6％,比上年下降 0.3 个百分点。[2] 农业劳动者阶层在整个社会阶层结构中比重的持续下降实质上是城市化、工业化和现代化进程共同推进的结果。随着农业现代化和工业化进程的加快,产业结构的优化带来了社会阶层结构的分化,以农业为中心的职业结构开始向以服务业和制造业为主的职业结构发展,农业劳动者实现了大规模的职业流动。从农业社会向工业社会再到后工业化社会

---

[1] 张翼:《社会新常态:后工业化社会与中产化社会的来临》,《江苏社会科学》2016 年第 1 期。

[2] 路娅楠:《第三产业就业比重过半 我国农民工月均收入稳定增长》,腾讯网,2019 年 5 月 20 日,https://cq.qq.com/a/20190520/001345.htm。

的转变过程中,职业流动速度加快。农业劳动者的职业流动方向就是非农化,大量农民工的出现就是农民非农化的重要表现。

(二)农业劳动者的阶层流动

改革开放 40 多年来,中国农民阶层分化持续进行,农民的收入水平普遍提高、民众的生活质量明显改善、社会的阶层结构也显著优化,截至 2017 年年末,中国的城镇化率达到 58.52%[①],农业劳动者实现了大规模的阶层流动。随着农业生产效率的提高和农村产业结构的调整,农村出现了大量剩余劳动力。为改善经济生活,增加收入,农业劳动者大规模从农村流向城市以寻求新的就业渠道,尤其是年轻农业劳动者不愿继续从事父辈的种植业,转而进入能取得较高收入的乡镇企业和私营企业。市场经济体制的转变和经济结构的调整及工业化、城市化的推进,共同促进了农业劳动者身份的转换和农业劳动者阶层的分化。农业劳动者的阶层流动体现为从低收入向比其高的职业收入阶层流动。改革开放后,农业者阶层流出率逐年提高,约 60%的农业劳动者流向其他阶层,主要流向产业工人阶层、商业服务业阶层、个体工商户阶层,这三个阶层是农业劳动者流动比例最高的阶层。农业劳动者流动率的提高带来了经济收入的改善和提高,一方面说明农业劳动者阶层的比例和规模在缩小,另一方面说明该阶层在阶层流动序列中从底层开始向上垂直流动。传统的农业劳动者已经分化为多个阶层,主要有农民工阶层、雇工阶层、乡村知识分子阶层、个体劳动者和个体工商户阶层、私营企业主阶层、乡镇企业职工阶层、农村管理者阶层。

---

① 刘方玲:《当前中国农民的社会流动及其走向》,《经济论坛》2006 年第 9 期。

以农业生产为主导的社会向以工业化和信息化为主导的社会的转变,必然产生劳动力以农业为中心的职业结构进一步向以制造业和服务业为中心的职业结构转移。随着国民收入的增加,对服务业的需求越来越大,相应的劳动力会更多地流向服务业。经济结构的转型带来职业分布的变化,也为职业流动创造了巨大的可能性。因此,相比农业化社会,农业劳动者阶层流动机会增多,同时也是流出率最高的阶层,在一定程度上扩大了中间层的规模。

三、现代化的社会阶层结构初步形成

1978 年以来的改革开放使中国社会发生了深刻的变革,经济体制从封闭的、高度集中的计划经济向相对开放、多元的市场经济转轨,以农业为主的传统社会向以工业化、城市化的现代社会转型,这一系列的变革促使中国社会阶层结构发生了根本性的改变。原有的"两个阶级一个阶层"(工人阶级、农民阶级、知识分子阶层)的社会结构发生了显著的变化,一些新的社会阶层(私营企业主阶层、专业技术人员阶层、个体工商户阶层、自由职业人员)逐渐形成。"进入 21 世纪之后,各个阶层之间的社会、经济、生活方式及利益认同的差异日益明晰化,以职业为基础的新的社会阶层分化机制逐渐取代过去以政治身份、户口身份和行政身份为依据的分化机制,社会阶层结构由简单化到多元化,由封闭转向开放,现代社会阶层结构已初具雏形。"[1]

现代社会阶层结构的初步形成表现在现代社会流动机制正在逐渐

---

① 陆学艺:《当代中国社会阶层研究报告》,社会科学文献出版社 2002 年版,第 4 页。

取代传统的社会流动机制。自由流动的资源和机会的增加改变了社会阶层中的分配机制，构成了阶层位置的客观基础。资源和机会从过去依靠国家分配为主的方式中游离出来，进入市场或社会中。社会阶层成员获取资源和机会的能力（先赋予后致性因素）成为改变其职业地位和阶层位置的重要因素。在传统社会，个人的先赋性因素如家庭出身以及与生俱来的社会关系如家族关系、亲缘关系等是决定其阶层位置的决定性因素，正所谓士之子恒为士，农之子恒为农，工之子恒为工，商之子恒为商。在改革开放前，中国实行的是以身份制度为基础的社会分层，户籍制度将社会成员分为农业户口和非农业户口阶层，人事制度将社会成员分为工人和干部两种身份和地位不同的社会阶层，阶层之间的自由流动和相互转换存在着难以逾越的制度性障碍。因此，改革开放前的社会流动机制是封闭的、单一的，缺乏公平性和合理性，与现代化社会阶层结构所需要的以后致性因素为主导的社会流动机制有很大的差距，因而严重地限制了人们通过努力奋斗获得向上流动的积极性和动力，从而也影响了国家的发展活力。

在现代化的社会阶层结构中，以"身份"论阶层被以成就为取向的阶层划分标准取代，一个人社会经济地位的获得主要取决于个人的努力和能力，而不是先天的或与生俱来的条件。一个公平合理的现代社会流动机制应该是"获致性因素"对社会流动的影响越来越大，并逐渐成为主要因素。社会阶层流动的机会是均等的，是面向所有的人的，公平竞争成为主要的社会流动机制，唯才是举的原则取代身份主义原则成为社会流动的主要依据。社会学最新研究表明，"改革开放以来，我国代际总流动率持续上升，从 20 世纪 70 年代的 0.38 上升至当前的

0.71。这表明,反映个体努力程度的自致性成就已经取代家庭出身等先赋性因素,成为影响个人社会地位的首要因素。在社会主义市场经济不断发展的进程中,社会阶层流动水平不断提升,有效激发了社会发展的深层活力"[1]。

在现代化的社会阶层结构中,社会阶层的边界是开放的,而不是封闭的。在这里,任何限定某人或某些人参与竞争的制度性障碍都是不合理的,也是不合法的。在传统社会,机会和资源是上层阶层掌握的稀缺资源,社会中下层谋生和发展的机会受到重重限制,跨行业、跨阶层流动很难实现,这就使社会各阶层之间的边界固定化了。而在现代社会,由于教育的普及以及就业的市场化,每个人都可以接受一定的教育,参与就业竞争,获得一定的职业地位。因而,每个人只要有能力,肯努力,都有机会改变自己的社会阶层地位。阶层间流动的顺畅是社会公平的表现,能给社会成员带来希望和奋斗激情。一个现代化的社会,其社会阶层结构应该是开放、公平的,是以中产阶层为主体的社会,是大多数人都过上富裕生活的社会。

在现代化的社会阶层结构中,社会价值观念和意识形态认可合理的阶层分化机制和层级体系。"现代化水平高的社会,后致性的地位获得机制和竞争得到了社会的普遍认同,对竞争的舆论、法律监控制度也相当健全,'能者上、不能者下',已经成为普遍的社会价值观念和意识形态的一部分。相反,在许多发展中国家,社会处于急剧的变迁之中,

---

[1] 李友梅:人民日报整版探讨社会流动对中国、对中国人民的重大意义,《人民日报》2019年7月26日,第8版。

尚未建立公平的竞争机制,影响社会阶层分化的因素相当多而且复杂,使得多数社会成员不同程度地不认可现有的社会阶层分化和地位等级体系,甚至采取不合理的手段和方式去获取社会资源,从而恶化了社会流动和分化机制,造成社会风气败坏、社会失序、社会认同混乱等问题。所以,价值观念和意识形态对社会地位等级和合理分化机制的认可,已经成为现代社会阶层结构的一个重要标志。"①

随着市场经济的深入发展和改革的继续深化,社会流动的渠道越来越开放,越来越多的社会成员通过努力拼搏和公平竞争,实现了向上的阶层流动。尽管先赋性因素的影响继续存在,阶层流动制度的限制和障碍仍有待改善,但后致性因素已经成为影响个人向上流动的决定性因素。每个人通过努力奋斗都有改变其阶层地位的机会和可能。农村出身的孩子可以通过接受高等教育进入国家机关,成为公务员甚至是国家与社会的管理人员,也可以学有所长,成为专业技术人员。更多的农业劳动者阶层进入非农产业就业,成为个体工商户、产业工人、商业服务人员甚至是私营企业主。随着社会阶层流动水平的不断提高,各个阶层有更多的机会来改变自己的阶层地位,获得向上流动的机会。

从社会学角度,现代社会阶层结构形成的原因主要归为以下三个方面:"第一,改革开放以来,经济持续快速增长、教育事业长足发展以及国家组织之外的经济社会组织成长,使得社会结构中可供配置的经济资源和文化及组织资源总量显著扩大。第二,社会结构中的资源配

---

① 刘欣:《中国社会阶层结构与现代化建设进程还不相适应》,北方网,2005 年 2 月 2 日,http://news. enorth. com. cn/system/2005/02/02/000957210. shtml。

置机制发生变化,表现为国家主导的资源配置模式发生改变,市场与社会获得了配置资源的权力,资源配置趋于多元化、市场化与社会化。第三,人们获得社会资源的机会不断增多。如在人们获得自主创业和就业的权利和机会方面,大量农村劳动力流向城市非农经济部门就业有力推动了中国城乡结构、就业结构、社会阶层结构的转变。"①

改革开放以来,一个具有活力、结构形态相对合理的现代化社会阶层结构在中国逐渐显露出来,可以说,现代化的社会阶层结构的雏形已经形成。这个雏形的一个重要标志是中间大、两头小的橄榄型结构的初步形成,公平性、开放性和合理性是现代社会阶层结构的本质特征。社会阶层的边界是开放的,社会的阶层分化以成就为取向,在这样的社会阶层结构中,人们的社会流动机会比以前更多了。人们有了更多的选择机会,后致性因素成为决定社会成员向上流动的重要机制,现代社会的阶层分化机制成为社会广泛认同的价值观念。

社会流动机制更加公平和合理是符合现代化要求的,也是中产阶层持续壮大的基础。但是,应该看到,产业结构、就业结构、阶层结构与发达国家的职业机构、工业化程度、中产阶层的数量还有一定差距,现有的社会阶层流动机制存在诸多不合理的因素。因此,一个现代化的社会阶层结构的最终形成,还有一个相当长的过程,还有待相应的社会实践及其经验验证,也面临许多现实性难题,因此,一个现代化阶层结构的形成还需要国家精心地去培育和引导。

---

① 陆学艺:《当代中国社会结构》,社会科学文献出版社 2002 年版,第 23 页。

第二节　在杭大学毕业生聚居群体向上流动
面临的挑战

　　日本学者三浦展在分析日本中产阶层社会流动变迁时提出"下流化"的概念。三浦展所描述的下流社会不仅收入低[①]沟通能力、生活能力、工作意愿、学习意愿、消费意愿更是全面下降,以及对全盘人生的热情低下。下流社会出现的背景是日本社会经历了长达20多年的经济泡沫期,经济发展裹足不前、人口增长缓慢且老龄化加速,整个社会出现发展动力不足、生存压力加大、阶层流动缓慢、成就意愿下降的现象。年轻人社会流动的渠道逐渐收窄或者出现堵塞,社会阶层结构固化导致年轻人出现人生恐惧感、事业没有安全感以及生活情趣下降的心态。"日本近年来出现的生育率下降、结婚率下降以及青年人自杀率上升的社会问题,便是这种社会阶层下流化趋势的典型后果。"[②]作为中产阶层的后备军,大部分在杭"大学毕业生聚居群体"在阶层认同方面不认同自己属于社会底层,虽然从职业地位和收入水平看他们不属于中产阶层,因其掌握的文化资源的优势,在杭"大学毕业生聚居群体"更倾向于

---

　　① 详见[日]三浦展:《下流社会——一个新社会阶层的出现》,陆求实、戴铮译,文汇出版社2007年版。

　　② 胡小武:《"青春叹老":何以形成? 何以成型?》,《中国青年研究》2014年第1期,第5页。

认同自己是准中产阶层。作为未来中产阶层队伍的潜在力量，在杭"大学毕业生聚居群体"渴望融入大城市，有着强烈的阶层上升意愿。然而，社会资源如就业资源和教育资源分配的不均衡使在杭"大学毕业生聚居群体"向上层流动存在诸多挑战。在宏观经济形势大好的环境中，大学毕业生聚居向上流动的制约因素会减少，更容易跻身中产阶层。当经济形势发生大的波动的时候，整个社会结构的吸纳能力有限，大学毕业生的就业机会和发展空间会遭到压缩，向上的社会流动难度加大。

有学者认为"大学毕业生聚居群体"的弱势化、底层化是城市化和工业化发展到一定阶段的产物，随着经济发展和城乡差别的缩小，部分"大学毕业生聚居群体"沦为弱势群体的这一暂时的、阶段性的现象会自动消失。在杭"大学毕业生聚居群体"未来能否向上走，最终脱离困境取决于政府政策性支持、社会保障制度的健全、个人努力等综合因素。我们在调研中发现身边的在杭"大学毕业生聚居群体"都是不甘心身处"下流社会"，凭着努力和奋斗有向上流动的可能，他们不缺努力向上的热情。他们信奉越努力越幸运这一人生信条，然而，就业的压力，职业竞争的压力，都市高房价、高物价、高生活成本的压力使他们在生活边缘线上挣扎，成家立业、结婚生子本是基本的人生诉求，现在却成了难以企及的人生理想。"下流社会"化成为当代都市青年面临的严峻问题。拼命力争上游仍然身处下游，工作生活压力过大，是多数在杭"大学毕业生聚居群体"认为难以向上流动的主要原因。作为中产阶层的后备力量，在杭"大学毕业生聚居群体"在进入激烈竞争的就业市场之前，在教育成本和时间成本上投入巨大，因而对未来的社会位置抱有较高的期待，有较强的向上流动的动机。他们渴望与其他人有同样留在大城市的权利,渴望有平等的就业机会,渴望通过公平的竞争实现自己的理想。只是,当理想遇到现实,他们中的很多人只能在相对低收入的工作中疲于奔命,在艰难的生活中坚强地生活。在杭"大学毕业生聚居群体"中 29.27% 的受访者把"平等的工作机会"作为希望政府提供帮助的首选,其次是"住房政策的倾斜"和"平等的户口政策",其他方面如"职业技能的培训"和"充分的就业信息"都间接表达了在杭"大学毕业生聚居群体"向上流动的强烈诉求以及职业地位上升面临的更多来自家庭背景、制度障碍、资本匮乏等因素而非自致性因素的影响。就业和职业的发展的瓶颈以及由此带来的与成家立业的迫切渴望之间产生的冲突、向上流动的欲望与向上流动的挫折共同滋生了中产阶层后备力量的普遍焦躁情绪。

一、就业难的社会现实冲击着在杭"大学毕业生聚居群体"的"理想主义"

每年高校毕业生的就业率是全社会关注的热点话题之一。在就业竞争日趋激烈和高校毕业生数量年年创历史新高的双重压力下,大学毕业生想找到合适的就业岗位面临不小的挑战。"对大学生就业难问题的研究显示,农村家庭出身大学毕业生就业困难问题最为突出,尤其是农村背景的普通本科毕业生是就业最为困难的群体。对普通本科院校毕业生的家庭背景进行比较,却发现城市生源与农村生源毕业生就业率有巨大差异。来自城市家庭的普通本科院校毕业生的就业率(87.7%)并不低,而农村家庭出身的毕业生就业率则远远低于平均水平,只有 69.5%,两者就业率相差 18.2 个百分点。这意味着,来自农村家庭的普通本科毕业生就业最为困难,30.5％的人难以落实工作,这一比率远远高于其他群体。"①在杭"大学毕业生聚居群体"大多毕业于国内三流高等院校或民办高校,缺乏进入传统的优质岗位如大型国企、三资企业、公务员、事业单位的学历优势。在求职生涯初期,良好的学历背景是敲门砖,职业发展期想要获取职位的晋升则需要更高层次的学历投入才行,而高学历投入也会带来相应的经济回报。在杭"大学毕业生聚居群体"的家庭背景比较单薄,父母基本上是农民或者普通职工,没有可利用的政治、经济、文化资本,家庭收入属于社会中下阶层,家庭因素和自致因素影响了在杭"大学毕业生聚居群体"精英地位的获得。职业地位的上升是在杭大学毕业生群体实现阶层跨越的最根本的途径之一。在杭"大学毕业生聚居群体"改变底层的社会地位可以有以下几种方式:第一,参加中央国家机关进行组织选拔的考试,简称"国考",招考条件相对比较苛刻、严格,一般要求基层工作经验、全日制本科学历以上、部分岗位要求研究生学历或岗位所需的等级证书等。倘若报名者顺利考入国家或地方机关公务员队伍,就可以实现鲤鱼跳龙门的"跨越式"发展,直接晋升为待遇地位都备受尊敬"白领族"。第二,在杭"大学毕业生聚居群体"可以选择到发展不错的二、三线城市就业,这些城市的未来发展前景和工作机会有追赶一线城市之势。二、三线城市的房价和生活压力相对较小,同样的工资水平可以获得更好的生活质量。第三,选择返乡就业,在四、五线城市或基层企事业单位寻找发展机会。在杭"大学毕业生聚居群体"的生源地多以县城、乡镇或农村居多,这些

---

① 李春玲:《农村大学生就业更难吗》,《决策探索(下半月)》2014年第4期,第35页。

地方人才供给不足,对大学毕业生的需求更为迫切。由于国家政策的鼓励和基层条件的改善,下基层成为大学毕业生就业的主要途径。基层对人才的需求量大,人才准入门槛没有大城市高,既能缓解就业压力,又能服务家乡,利用自身知识实现人生理想也是不错的选择。

上述的三种就业去向当中,国家和地方公务员招考相对而言最为公平,对于漂泊在一线城市边缘的大学毕业生群体而言是摆脱底层困境的最好选择。"大学毕业生聚居群体"当中不乏通过参加"一考定终身"而终结农村出身的成功案例。但每年的公务员考试会吸引大量全国的优秀人才参与,无论是中央还是地方公务员考试,竞争异常激烈,每年的报录比高达几十比一,个别热门岗位更是百里挑一。显然,顺利通过考试进入国家公务员队伍的概率比较低,这一路径对结束农村的底层身份并不具备普遍性。如果说考公务员的难度太大,那么到二、三线城市发展似乎是比较理性又稳妥的选择。二、三线城市近年来发展势头迅猛,与一线城市在基础设施、政策环境等方面的差距越来越小,对高新技术产业的大力扶持及税收减免方面的优惠措施,吸引了不少的企业进驻,带动了城市对人才需求的增加。《2017应届毕业生就业力调研报告》显示,二、三线城市的就业签约率是33.5%,其中签约二线城市的比率是19%,签约三线城市的比例为14.5%。二、三线城市具有人才竞争压力小、生活成本低、经济发展快速等诸多优势,回归小城市应是"大学毕业生聚居群体"的合理选择。

数据显示,2017年毕业生中希望到一线城市就业的比率达到

67.4％（其中新一线城市占 37.5％），实际签约率为 66.6％。[①] 对比希望签约城市和实际就业城市的数据可以看出,虽然二、三线城市在吸引人才方面有诸多利好政策,但毕业生考虑到实际的就业和发展机会依然选择到一线城市奋斗。对于大部分出身草根阶层的"大学毕业生聚居群体"而言,社会资源和人脉关系单一,无法在各种"拼爹游戏"中脱颖而出,他们渴望平等的就业机会,但二、三线城市是否有足够的就业机会容纳他们? 智联招聘显示毕业生偏好国企、事业单位等稳定工作,实际就业仍以民营企业为主。作为吸纳毕业生的主力军,民营中小企业在二、三线城市对毕业生的需求保持增长势头。一方面,民营企业是就业增长的主要来源,国家出台了一系列扶持政策鼓励和引导大学毕业生到中小企业就业;另一方面,大学毕业生择业优先将国企和知名民企作为首选,不愿到中小企业就业。不可否认,大学生择业趋于"现实化"。民企在工资待遇、工作时长、工作稳定性方面普遍低于国企,因此,民企就业满意度低留人难。从就业的稳定性看,二、三线城市在就业机会、市场经济成熟度、企业规模及民营经济发展水平等方面,和一线城市相比仍有一定差距。二、三线城市民营企业发展层次偏低,三资企业和大型国企的数量随地区经济的弱化而呈递减态势。在很多二、三线城市,有一些国内知名的民营和外资企业,人才需求量较大,能提供不错的发展平台,但这些企业对毕业生的岗位所需专业和工作经验有着不同程度的要求,"大学毕业生聚居群体"由于缺乏从业经历,专业

---

① 智联招聘:《2017 应届毕业生就业力调研报告:28％毕业生一无所获》,中商情报网,2017 年 7 月 6 日,http://www.askci.com/news/chanye/20170706/174826102371.shtml。

不对口,很难满足企业人才要求。绝大多数"大学毕业生聚居群体"仍然是到中小企业就业,企业规模小,发展空间不够,收入不高、经常加班是大学毕业生频繁出走中小企业的主因,逃离"北上广"到二、三线城市的中小企业就业,无非是换了地理空间而已,"大学毕业生聚居群体"的职业困境并未改变。

从理论上讲,返乡就业确实能逃离"北上广"甚至是二、三线城市不断攀升的高房价和激烈的人才竞争,基层需要大量的大学毕业生回乡施展才华。与城市家庭出身的毕业生相比,农村出身的大学毕业生聚居群体更具优势,勤奋、能吃苦、更了解农村和基层社会情况。然而,越是人才较为缺乏的边远落后地区,就业机会相对越少。如果回农村,难以找到发挥自己能力的平台,缺乏"自我实现"的目标和途径,这样的返乡并没多大意义。农村出身的"大学毕业生聚居群体"从农村或小城镇奋斗到大城市是跳出农村中的佼佼者,家庭和个人的期望以及急需教育投资后的"反馈"和"回报",回到农村所学专业难有施展的平台,农村条件艰苦,职业发展受限让他们很难立足。一旦没有工作机会,农村大学毕业生一般会选择离开农村,重新回归大城市继续做城漂族。

二、创业难的困境导致年轻人进取之心受挫

大学毕业生有激情、有丰富的专业知识、有创新创业的动力,在国家"大众创业、万众创新"的号召下,自主创业成为大学毕业生热捧的工作之一。"麦可思研究院联合中国社科院发表《2017 年中国大学生就业报告》显示,近 5 年来,大学生毕业后立即创业比率由 2011 年的 1.6%

上升到 2017 年的 3.0%,接近翻了一番。"①创业人数的逐年增加意味着国家对大学生创业的政策扶持以及"互联网＋"时代的到来为大学生提供了良好的创业环境。值得关注的是,大学毕业生自主创业的成功率不高,创业效果更应从长评价。麦可思报告显示,"2013 届大学生毕业半年后有 2.3%的人自主创业(本科为 1.2%,高职高专为 3.3%),3 年后有 5.9%的人自主创业(本科为 3.8%,高职高专为 8.0%)"②。大学毕业生的创业成功率远低于欧美发达国家的大学生创业成功率,甚至低于国际平均水平。大学生创业存活率不到一半反映的是大学生自主创业存在各种风险因素,如资金不足、经验欠缺、管理能力匮乏、意识偏差等原因,导致创业成功率明显偏低,这也是创业者难以年轻化的原因。大学生创业面临的困难具体表现在:

首先,缺乏企业管理经验。任何创业都伴随着各种各样的创业风险,麦可思对 2017 届大学毕业生毕业半年后自主创业人群的风险因素进行分析发现,缺乏企业管理经验排在创业失败原因的第一位。

在选择自主创业的毕业生中,超八成属于"机会型创业",只有少数属于"生存型创业"。③ 可见,大学生选择自主创业的动机和目的是非常明确的,不是因为找不到合适的工作而是通过考察市场发现潜在机会

---

① 黄和美:《大学毕业生创业潮来临成功率却仅有 5%》,搜狐网,2017 年 10 月 10 日,https://www.sohu.com/a/197221185_335495。

② 麦可思研究:《2017 年中国大学生就业报告发布》,2017 年 6 月 12 日,http://sh.qihoo.com/pc/9b019ab918a62fb73? cota＝4&tj_url＝so_rec&sign＝360_57c3bbd1&refer_scene＝so_1。

③ 21 世纪经济报道:《数据|大学生创业月收入明显高于就业,但三年存活率不到五成》,2018 年 6 月 26 日,baijiahao.baidu.com/s? id＝1604335607865522538&wfr＝spider&for＝pc。

而进行的创业，创业从事的也是自己所学的相关专业。但是，大学生一毕业从校园进入社会，在企业的经营、管理、行业发展前景等方面缺乏相关知识和经验。理论准备充足而实际经验不足，容易陷入"纸上谈兵"的尴尬境地。大学毕业生一毕业就创业激情有余，艰辛估计不足。在创业初期，创业者的经营管理能力至关重要。面对复杂多变的市场环境，如何正确分析市场需求的变化并做出正确的判断需要投资者拥有决策能力、市场把握的能力、开发客户的能力、良好的业务能力等综合应变能力，这些能力是大学毕业生群体依靠读创业书籍、参加创业计划大赛等方式无法积累的创业经验。缺乏足够的创业准备，怀抱梦想与激情投入复杂多变的市场环境中，一旦市场环境发生变化，创业者无法正确分析市场需求变化及时调整企业投资方向，创业很可能面临失败的风险。除了创业所需的经营管理能力外，宽广的人脉资源也是创业成功的关键因素。市场竞争是残酷无情的，创业初期中遇到的挫折和打击难以预料，如何带领创业团队坚持下去，人际网络和社会网络的支撑至关重要。社会网络不仅能拓展许多的资源，还能节约经营成本，以利于较快地深入市场。遇到创业难题时容易陷入"无人可找，无门可敲"的境地。大学毕业生拥有的人际网络主要是同学圈和家族网络资源。同学是大学毕业生创业团队的主要构成人员，有能力，有知识技能，但这些资源较为单一，创业获得某种程度的成功或者想持久做下去需要广泛的人际网络。大学毕业生的家族资源也可以看作创业者人际网络的一部分。拥有一份良好的家庭资源，对创业者个人来说无疑是重要的，但因为大部分大学毕业生创业者获得家庭资源的支持极其有限，只能依靠同学圈的知识技术或个人素质，是否能靠创业热情坚持下去,自己也无法预料。

其次,创业筹资难,资金链紧张。创业的前期投入比较大,大学生刚毕业就创业没有固定的收入来源,筹措资金难是毕业生创业面临的首要问题。第一,创业启动资金匮乏。据教育数据权威分析机构麦可思的数据研究,大学生创业启动资金的80%来源于父母资助。父母积蓄投入创业一方面资助数额十分有限,基本满足不了创业运营和启动对资金的需求;另一方面,创业者背负很大的心理压力,一旦创业失败,容易造成"一人失败、全家遭殃"的后果。担心家庭负债造成经济压力影响了许多大学生选择创业的积极性。第二,融资渠道狭窄。除了家庭资助,大学生创业者资金自筹的渠道有银行等资金发放机构发放的无抵押无担保的大学生信用贷款、国家和各级地方政府和高校推出的有针对性的大学生创业资金扶持、风险投资人对创业项目的赞助。国家和地方政府的政策和资金支持确实能解除大学生创业的燃眉之急,但资金规模普遍不高,几万元到十几万元不等,存在申请门槛高、审批难度大等现实困境,真正获得审批的项目比例较低。因为大学生创办的企业普遍存在风险大、规模小、还贷能力弱、投资回报周期较长的特点,申请创业贷款需要奔走于工商、税务、银行、街道等多个政府部门之间,审批手续复杂。尽管有国家政策担保,经办银行考虑到学生商业信用没有一个有效评估体系,缺乏担保人,为减少风险,批贷的比例不高。而风险投资虽不需要抵押和偿还贷款,但风投者们只会选择具有巨大商业价值和较强竞争力的科技含量较高的创业项目。但是,创业大学生往往缺乏创业经验,项目重复或雷同的较多,难以体现市场需求,缺乏市场竞争力和项目的独特性,实际可操作性也不强,很难吸引风险投资人的关注,因此,得到风险投资人的资助的更是少之又少。

最后,政府的政策扶植和资金投入不足。国家现在已经有了很多扶植大学生创业的鼓励和扶持政策,涉及创业培训、创业指导、税收减免、资金扶持等诸多方面。创业支持政策还存在地区差异问题,不同地区和学校的落地效果不同。如"支持政策只偏向本地生源,不少外地生源的大学生即使满足其他条件,却被挡在本地生源门槛之外,不能贷款而且项目计划经营场地等还要经过相关部门的层层审核"[①]。针对大学生创业税收减免政策很难有效落地,存在以下几点因素:"一是部分地区的相关部门在政策出台后接受速度较慢,落实滞后;二是政策没有地域特色,各省的不同情况没有区别对待;三是税收政策跟高校连接不紧密,有时需学生个人去相关部门申请;四是政策在高校内的宣传不到位,一些大学生并不知道有税收优惠政策。"[②]教育部和财政部每年面向中央部委所属高校和地方所属高校下拨专项资金用于支持大学生创业,但是对于创业项目、创新项目的评估没有一套具体的标准,更多凭借主观判断是否属于创业项目。对于帮助大学生创业筹集资金的政策和措施缺乏一系列多元化的扶持,如政府和投资机构、民间组织等机构协同搭建促进大学生创新创业的风险保障措施。目前尚未成立专门的创业贷款监督机构真正落实创业贷款政策。因此,现有的大学生创业支持投入计划与实际需求还有较大差距,大学生创业者考虑到创业的

---

① 刑楠:《我国大学生创业资金筹集的难点及对策》,《经济纵横》2012年第1期,第115页。
② 杨杰、侯敏、杜佳凯:《大学生创业的税收优惠政策落实了吗》,《中国青年报》2014年9月12日,第05版。

重重困难,有好的创业计划却不敢轻易走上创业道路。

三、婚恋困境激化了年轻人的人生悲观情绪

在前面的调查中,在杭大学毕业生群体中的未婚人群占到了被调查对象的 95% 左右,未婚人群中有将近一半没有恋人,与恋人同居的比例占到了被调查人群的一半。从这些调查数据中可以看出,在杭"大学毕业生聚居群体"绝大多数到了适婚的年龄,在生理和心理上都有恋爱或婚姻的迫切需求,但由于在杭"大学毕业生聚居群体"的经济收入普遍不高、工作不稳定、没有固定的居所,生活的巨大压力使许多在杭"大学毕业生聚居群体"止步于婚姻门槛之外,部分在杭"大学毕业生聚居群体"只能选择单身或同居的方式暂时解决婚恋的需求。经济条件的数据显示这一群体的结婚比例仅有 5%,如此低的结婚比例反映了该群体结婚难的困境。

大城市的年轻男女结婚越来越晚一方面是因为大城市竞争激烈、生活节奏快,没有时间考虑婚恋问题,另一方面是城市化进程的不断推进和市场经济的快速发展之下社会问题的集中反映。城市化的进程加速在带动经济发展的同时,加剧了市场竞争,推高了生活成本。"市场主体的逐利性导致青年男女在婚恋动机上更看重经济利益。一般情况下,当人民收入水平稳步增长,经济压力较小时,会倾向早婚。反之,当收入水平相对较低,则会因经济压力相对较大而不得不推迟结婚。"[①]传统社会向现代转型的过程中,年轻人的婚恋观发生了很大的转变。

---

① 叶文振:《我国妇女初婚年龄的变化及其原因——河北省资料分析的启示》,《人口学刊》1995 年第 2 期,第 17 页。

　　首先,传统的择偶观念讲求父母之命媒妁之言,婚姻当事人没有自主选择婚姻的权力。随着经济全球化和现代化进程的深入发展,传统的婚恋观开始向自由婚恋观转变。进入 21 世纪以后,在社会多元价值体系的冲击下,"青年的婚姻观念逐渐向物质需求转移,对结婚对象的本人成分、家庭出身、社会关系等政治条件降至 40 年来的最低水平,而对住房、职业收入等物质条件重视程度和期望值大幅回升"①。从恋爱走向婚姻需要考虑到收入、职业、住房、学历等多重因素,以功利为结婚条件的趋势增长明显。在杭"大学毕业生聚居群体"在经济收入、职业地位、家庭背景等物质条件方面处于弱势地位,很难依据自己的喜好或价值标准在婚姻市场中挑选心仪的配偶,只能处于"被选择"和"被淘汰"的被动地位。在婚恋市场缺乏竞争优势缩小了在杭"大学毕业生聚居群体"择偶的选择范围,延迟了在杭"大学毕业生聚居群体"结婚的时间,到了适婚年龄而无法进入婚姻的大龄未婚在杭大学毕业生群体人数在逐年上升。民政部数据显示:"晚婚"现象明显,近 5 年 25—29 岁结婚登记的公民占最多。结婚率连续 4 年呈下降趋势。"男大当婚、女大当嫁"这一中国传统理念正悄然发生变化。② 恋爱自由、婚姻自主的现代婚恋观反映了经济发展的水平对结婚率的影响,经济越发达的地区,结婚率普遍越低。这与社会上对推迟结婚、不婚、单身更加包容,婚姻不再是人生的必经阶段,婚姻观念更加多元化有关。市场经济具有

---

① 种道平:《近十余年我国青年择偶标准研究述评》,《青年研究》2003 年第 2 期,第 13 页。

② 北晚新视觉网综合:《31 年中国人婚姻数据:年轻人为啥晚结婚？@身边的青年》,2018 年 10 月 27 日,fangtan. org. cn/rolls/content_191366. html。

的优胜劣汰和资源配置的最大化的功利性特点是导致这种现象产生的主要原因。面对生活成本的不断攀升,恋爱容易结婚难。虽然从法律规定上看,虽然在杭"大学毕业生聚居群体"都到了谈婚论嫁的年龄,但是婚姻不等同于恋爱,除了需要法律程序上的认可,更需要"柴米油盐酱醋茶"等物质生活的客观条件,面对结婚后的种种开销,许多年轻人望而却步。

其次,地域流动和职业流动也是影响在杭"大学毕业生聚居群体"婚恋稳定性的重要因素。社会阶层的垂直流动,既有职业、职位的向上或向下流动,同时也有地域的横向流动。地域流动过程有可能产生职位的升迁变化,但是在杭"大学毕业生聚居群体"的职业流动更多是以水平流动为主,很少引起职业地位的升降,在杭"大学毕业生聚居群体"职业流动的次数平均在 2 次以上,职业流动的频繁不利于事业的长期发展。因此,在杭"大学毕业生聚居群体"未来能否稳定在工作的城市是未知数。

适婚年龄阶段的地域流动如果过于频繁,就会产生两种影响:"一是客观方面婚恋机会的减少,二是主观方面把握婚恋机会的取舍态度受到影响。就前者而言,人们地域横向流动的过程,也是职业环境、生活环境重新熟悉,社会关系重新建立的过程。无论哪一种,都不是短时间能够完成的,而婚恋机会又是与自身的社会关系联系在一起。在一个熟悉的生活环境中从恋爱走向婚姻,其可能性要大于在陌生的环境。就主观方面来看,频繁流动会影响他们对婚恋机会的取舍。婚姻意味着责任,而频繁的流动则会影响家庭的稳定。就社会流动的主体而言,个人主体的流动难度要小于家庭主体,因此对个人而言恋爱或婚姻都会成为自身寻求向上流动的阻碍性因素,这就使得放弃婚恋机会转而寻求事业发展成为部分人的选择。"[1]工作在大城市的在杭"大学毕业生聚居群体"几乎都是外地生源,生活交际圈子大多数仅限于自己工作单位,结识异性的方式并不多。一旦发生职业流动或地域流动,离开了原来熟悉的生活社交圈和工作圈,原有的恋情很难维系下去。

最后,大城市繁忙的工作节奏使得在杭"大学毕业生聚居群体"可支配的业余时间锐减、交往范围缩小,从而在客观上降低了在杭"大学毕业生聚居群体"的婚恋机会。课题组在个别访问中发现当今社会竞争激烈,生活节奏快,大学生一毕业处于事业的起步期,又是单位的新人,想在工作上做出一定的成绩需要投入大量的时间,工作时间与闲暇时间的长度,是呈反比的。平常加班,周末出差,不仅休息的时间会减少,也使与异性朋友交往的时间大打折扣,一定程度上也缩小了择偶的社交圈子。没有时间约会、谈恋爱,相亲更是顾不上,选择合适伴侣的机会无形中就少了许多。这反映了不少在大城市打拼的年轻人面临的窘境。激烈的社会竞争压力客观上造成整个社会适龄结婚群体步入婚姻的时间一再推迟。可见,事业对婚姻的挤压,深层次上是社会结构的压力内化导致的。因此,在社会成功评价尺度的引导下,相较于事业的成功与显达而言,个人婚姻是否幸福、早一点或是晚一点,就显得不那么重要了。在杭"大学毕业生聚居群体"绝大多数来自经济欠发达地区,是名副其实的"穷二代"。他们勤奋苦读考上大学,背负着家庭很高的期望,但是目睹同学中"富二代""权二代"毕业后轻易获得好职位、买

---

① 朱磊:《当代社会"剩男剩女"现象形成的原因探析》,《青年探索》2014年第4期,第76页。

房买车,自己却从村到村(从农村到聚居村)、求职艰难。[①] 他们渴望凭借个人的努力融入城市中去,不让下一代再重复"穷二代"的代际传递。市场经济带来职业竞争和压力的同时也唤起个人在对职业成功的追求中获得个人价值和自我发展的满足感。从这个意义上看,许多在杭"大学毕业生聚居群体"主动选择晚婚,只有具备一定的家庭经济基础才会选择承担家庭的责任。

---

① 杨智昌:《绝大多数"蚁族"是名副其实"穷二代"》,《南方日报》,2010 年 3 月 11 日,第 A6 版。

第三章

在杭大学毕业生聚居群体
向上流动的动力

改革开放以后农村持续几十年的打工潮引发了大规模的离村潮，这一潮流对农二代产生了重要的影响。离开农村，到城市接受高等教育，不再复制父辈的生活成为出身农村的"大学毕业生聚居群体"跨越贫困阶层代际传递的内生性动力，而融入大城市，突破城乡二元结构的限制，在城市获得向上流动的机会是他们的外生性动力和终极目标。"大学毕业生聚居群体"现象自其产生之日起就一直受到社会舆论和学界的持续关注。"大学毕业生聚居群体"作为时代赋予的特定称谓，实质是高等教育由精英化教育迈向大众化教育的特殊产物。一部分媒体和学者认为"大学毕业生聚居群体"的出现反映了高等教育在社会阶层流动中的精英筛选功能日益弱化，感叹寒门再难出贵子，社会阶层已经固化。在一片悲观的论调中，"大学毕业生聚居群体"的人生似乎被高智、弱小、群居等特定词语框定，"大学毕业生聚居群体"的命运似乎再没有翻转的可能性，"大学毕业生聚居群体"的在职贫困、蜗居等窘困状态似乎会一直持续下去。事实上，我们不必给"大学毕业生聚居群体"抹上悲情怨艾的色彩，完全可以把"大学毕业生聚居群体"的经历看作是褪去青春棱角的磨炼期和初涉职场的奋斗期，是达成幸福和成功的必备环节。谁没有当过"大学毕业生聚居群体"呢？毕业于中央戏剧学院的笑星贾玲成名前做北漂六年，没有稳定的经济来源，没有固定的居所，冬天电暖器也舍不得开，在租来的地下室里苦熬着一个又一个冬天。在不可测的未来中，贾玲实现理想的勇气和决心鼓励着后辈中怀揣喜剧梦想的年轻人。央视著名主持人白岩松大学毕业后遭遇多次求职挫折，从幕后走向电视台前经历了人所不知的艰难与坎坷才取得如今的成就。由此发出感叹，没有一代人的青春是容易的，关键是"要知道人这一生中,命运总会来敲几次门。重要的是,你是否听得到,是否已经准备好"①。

在"大学毕业生聚居群体"的概念提出之前,像"大学毕业生聚居群体"一样在大城市打拼的群体"北漂族"其实早已存在多年。与"北漂族"不同的是"大学毕业生聚居群体"更突出其接受过高等教育的学历背景,当然北漂群体中不乏大学毕业生。如今,这些出身底层、收入不高、蜗居在群租房中的大学毕业生群体为了实现自己的人生梦想只能做起"大学毕业生聚居群体"。然而,大学毕业后求职的艰难,大学教育投入与产出不呈正比的事实导致近些年社会上对高等教育体制的诸多负面评价,也造成很多大学毕业生对未来发展的困惑。

从改革开放到 1995 年,为增加大学生自主择业的权利和机会,大学毕业生就业由国家统包统分改为以市场经济为主导的双向选择。1998 年,国务院下发了进一步深化城镇住房制度改革的通知,此次改革废除了以往住房实物分配的制度,机关、事业单位和国企等国家单位不再为大学毕业生分房和提供集体宿舍,一律改为发放住房补贴。因此,就职于国有单位和民营单位的大学毕业生必须要自己解决住房问题,城市大学生租房开始增多,大学生租房聚居群开始扩大。1999 年,随着高校扩招政策的持续推进,大学生就业形势变得越来越不容乐观,很多大学毕业生毕业季成了失业季。但是,这一切并没有阻碍大学毕业生流向大城市的趋势。"国内最大的 O2O 招聘平台香草招聘近日联合黑白校园发布《2017 年应届毕业生就业报告Ⅱ离校的抉择》显示,82.66%

---

① 黄丹羽:《白岩松:青春就是不容易》,《中国青年报》2012 年 12 月 18 日,第 9 版。

的应届毕业生选择了异地就业,其中近 4 成选择留在大学所在的城市;选择回到原籍所在城市的人群比例只有 17.34%。其中选择北上广深等一线城市的人群比例达到 43.75%,选择二线城市(以中东部省会城市、沿海开放城市和经济发达的地级市为主)的人群比例为 45.18%,选择三线城市和四线城市的人群比例分别为 8.39% 和 2.67%。"[①]在异地就业城市的选择上,排在前三位的分别是上海、北京、深圳,90 后大学毕业生更青睐将一、二线城市作为未来工作和生活的城市。显然,他们是经过慎重考虑并做好充分心理准备的,否则不会放弃西部一套房选择东部一张床。要知道"大学毕业生聚居群体"没我们想象的那么脆弱。年轻、拥有知识和技能是他们最大的人力资本优势,他们的口号是"世界那么大,我要去闯闯"。在他们的前辈中不乏经过努力奋斗摆脱了"大学毕业生聚居群体"身份取得事业成功的例子。比如央视著名主持人白岩松经历了"北漂"、裸婚直到 40 岁才有了人生的第一套住房和稳定的事业。因此,年轻的"大学毕业生聚居群体"终将是社会进步的推动者,现在的他们只是在人生奋斗的路上,蚁居状态是人生的必经阶段。总有一天,90 后"大学毕业生聚居群体"中具有"百二秦关终属楚"的有志者终会冲破重重拦阻成为当今时代的生力军和创造者。因此,不要过早地给他们的人生涂上悲情色彩,应该为他们的坚持加油。

---

① 2017 年 6 月 15 日香草招聘:《2017 年应届毕业生 10 大热门就业城市曝光》,2018 年 11 月 1 日,http://sn.ifeng.com/a/20170615/5749117_0.shtml。

第一节　在杭大学毕业生聚居群体向上流动的内生性动力

一、中国家庭对教育重视的传统

中国农民素有"望子成龙"的传统思想，在"再穷不能穷教育，再苦不能苦孩子"的朴素心理动机下，经济水平不高的农村家庭都会想尽一切办法供子女读大学。为了保证高等教育的费用支出，很多家庭宁愿减少必要的消费支出（如食品、医疗、养老费用）来供应子女的教育费用。"由于受传统文化的影响，中国家庭对教育投资往往表现出一种非理性的行为，对子女的教育投资具有非常强的偏好。这种偏好的形成是多种因素共同作用的结果，有经济的因素，也有非经济的因素。其中典型的城乡二元经济分隔的制度因素、传统重视教育和望子成龙的利他行为等非经济因素是造成中国家庭教育投资偏好形成的主要原因。"[①]非经济因素主要源于农村家庭对教育追求的自发心理所带来的投入意愿强、投入力度大。

（一）农民家庭对教育追求的自发心理

农民对教育的自发追求植根于中国传统文化中"万般皆下品，唯有

---

① 代俊兰：《农民的教育心态透视》，《河北师范大学学报（教育科学版）》2002 年第 4 期。

读书高"的文化土壤中。中国家庭的教育观念和行为深受这种传统文化的影响。在传统家庭观念中,考上大学,攻读硕士、博士是子女有出息的表现,是父母的骄傲,是家族的荣耀。受城乡二元结构所带来的不平等的制约,农民自身在市场经济和工业化社会中处于被边缘化的底层地位,农民要使下一代改变自己的身份和地位,唯一途径就是依靠教育。因此,渴望教育、追求知识和崇尚科技是广大农民的自发心理。对于农村学生来说,通过学校教育实现社会的上层流动,是他们改变父辈底层生活命运的唯一阶梯。农村家庭能够改变自身现状的机会比较有限,普遍寄希望于通过教育来改善家庭的生存处境。在"考上大学就等于找到了好的出路"的思想意识仍普遍强烈的今天,无数贫困家庭为摆脱贫困的现状,不惜一切代价将子女送入大学。因此,改变现有的社会阶层地位是他们在艰苦条件下进行教育投入的主要动力。

课题组在对 19 个家庭的个别访谈中,问及"您希望子女的受教育程度达到何种水平"时,选择专科或本科教育的家庭占 55%,选择研究生教育的占 45%,就是说,百分之百的被调查者希望让子女接受高等教育。调研发现,对于孩子接受大学教育这件事,19 个家庭均无一例外地表示即便经济上有困难,也会想尽一切办法克服困难,支持孩子读大学。大学学历是人生的必经教育阶段,对个人的成长具有极其重要的作用是这些家庭的共识。"大学毕业生聚居群体"大多来自经济落后、思想保守的农村家庭,"科举取士和尊儒重教传统因闭塞而保存,又因贫穷而兴盛。长期以来,教育被压以重注,成为改变寒门命运的出路和调节贫富悬殊的杠杆"[①]。经济收入是决定一个家庭对高等教育需求的最重要原因,然而调查中发现,所有农村家庭不存在"教育放弃"现象。如果将家庭经济收入水平排除在外,农村家庭都愿意让子女接受高等教育,即便大学毕业后就业结果不尽如人意。我们调查的很多受访者家庭明确表示,让子女读大学不完全是为了就业,即使不考虑就业因素,大学仍有其自身的价值。许多农村家庭对高等教育的需求呈现的"非功利性"的色彩反映了我国人民对教育和学历的"崇拜"。

王一涛、钱晨、平燕在对浙江省农村高等教育投入的调查中发现,"年龄在40岁至50岁之间的农村家长一般在20世纪80年代早期度过了他们的学生时期,那个时期读大学对很多人而言是'可望而不可即的梦'。因此,当高等教育机会摆在他们子女面前时,他们绝不会让自己的孩子错过上大学的机会"[②]。农村家庭对高等教育的强烈追求心理从某种角度证明了高等教育在人的成长中具有极其重要的作用。农村家庭的家长们充分认识到,未来社会的竞争越来越激烈,而接受高等教育是提高人的综合素质和竞争力的重要手段,所以,家长们"不遗余力"让子女接受高等教育。

(二)中国家庭对高等教育投入力度大、投入意愿强

1. 在投入意愿上,无论是城市家庭还是农村家庭均表现出对高等教育的强烈需求。当课题组实地调研中问及"如果不考虑经济因素,您

---

① 叶伟民、何谦:《从读书改变命运到求学负债累累》,《南方周末》,2010年1月27日,http://www.infzm.com/content/40843.

② 王一涛、钱晨、平燕:《发达地区农村家庭高等教育支付能力及需求意愿研究——基于浙江省的调查》,《高等教育研究》2011年第3期.

是否愿意对子女的教育投资?"时,所有家庭都选择愿意并希望子女获得优质的教育资源。在经济收入是否是影响您教育投资的关键因素的调查中,98％的家庭做出了肯定的回答。问卷结果显示父母的经济水平与子女的教育投入呈正比,家庭经济水平越高,相应的会给予子女更多的教育投入,而经济水平较低的家庭,其子女的教育投入水平极其有限,子女达到的教育层次和获得的教育质量总体上不如收入较高家庭的子女。农村家庭的子女求学艰难不仅仅体现在家庭经济条件的限制,农村经济水平落后使得农村基础教育的硬件设施和师资配置方面甚为薄弱,农家之子求学难度大。

教育支出尤其是高等教育的费用成为农村家庭背负的最为沉重的负担。超出家庭经济能力的教育投资多少带有赌博式教育的成分,农村特别是相对贫困地区不愿放弃子女接受教育的机会,甚至不惜举债投入子女的高等教育,而教育的市场化导致大学教育的成本年年升高,教育花费占到农村家庭收入的30％,一个大学生的培养费用为贫困县农民35年的收入。农村家庭抱着读书改变命运的信念,却赌上了全部身家性命。以国家级贫困县甘肃会宁县为例,该县素有"西北高考状元县"和"博士之乡"的称号。该县"96.2％的家庭选择'有孩子就供养上大学',1.0％的家庭不供养孩子上大学,这说明家庭对高等教育的投入上达成共识。同时,91.1％的家庭认为最适合的受教育程度是大学本科及以上,5.3％的家庭认为是大专,选择高中、中专的占3.6％,无家庭选择初中和小学"①。这说明为避免陷入贫困的恶性循环,这些农村家庭千方百计地供养子女上学,大部分家庭未获得经济上的回报就已负债累累。

2. 在投资行为上,中国家庭对高等教育的投入力度大甚至超负荷。中国的传统思想认为家庭应该无条件地为子女提供一切所需的教育投入,无论这种投入是否给家庭形成比较沉重的负担。"我国的长久以来形成的传统就是子女上学读书,即便是子女已经成年,接受高等教育,依然由父母提供其全部费用。西方国家成年子女自己筹集学费或者贷款上学的情况在我国会被认为没有尽到父母的职责,是对子女的不负责任。"②农村是多子女家庭,子女的平均数高于城市家庭。家庭一般要承担两个以上孩子的上学成本,相较其年均家庭收入而言,教育支出负担较重。农村家庭的教育支出是农村家庭最大的支出。教育成本不断地攀升超出了农民的实际承受能力。"供养一个大学生年均花费在一万元以下的占 37.7%,一万元到一万五千元的占 55.1%,一万五千元到两万元的占 4.3%,两万元以上的占 2.9%。"③虽然经济落后,但是家庭没有因此压缩教育投入,每个家庭普遍培养一个以上大学生,对高等教育的物质投入已成为家庭的沉重负担。

农村家长重视子女的培养,是基于对现代教育的认同,相信教育的

① 郭君:《建构农村贫困家庭高等教育投入回报机制的现实路径——基于甘肃会宁县的调查》,《法制与社会》2010 年第 9 期。
② 刘生龙、胡鞍钢:《大学教育回报:基于大学扩招的自然实验》,《劳动经济研究》2018年第 4 期。
③ 郭君:《建构农村贫困家庭高等教育投入回报机制的现实路径——基于甘肃会宁县的调查》,《法制与社会》2010 年第 9 期。

价值。农村家庭在教育观念上已基本同现代社会教育观念接轨,只有极少数家庭对教育的认识比较低。总体看来,农村家庭的教育观念已经有了根本性的转变,几乎不存在什么偏见。他们已经接受了教育人人平等的观念,认同无论是在农村,还是在城市,都需要文化知识。即使是在农村,没有文化也是不行的。农民对教育的投资行为来自其对现代教育的认同做出的理性选择,也有现代社会的变迁带来的人们行为方式和观念的更新。如果说农村家庭意识到教育带来的收益更多是物质上能得到回报,获得更好的就业和更高的经济收入,城市家庭则意识到教育的非经济价值,如拓展其视野、培养子女更多的能力特长,在子女感兴趣、有天赋的兴趣上投入大量的金钱和精力,以促进子女潜能发展,期待通过增加人力资本投资而影响未来的职业地位和经济收入。城市中经济收入较好的家庭认为对子女教育的多投入比起为下一代积蓄财富对其未来的效用更大,更好地实现代际传承,稳固其阶层地位。

二、中国家庭对高等教育投入获得回报的心理预期

"大学毕业生聚居群体"大多来自经济不宽裕的家庭,部分来自农村的"大学毕业生聚居群体"家庭年收入水平远低于全国农村平均收入水平。父母集中一切财力物力供养子女读书,尽最大的努力为子女提供更多的教育机会和良好的教育环境,希望对子女多年的教育投入得到一定程度的回报,使家庭和子女受益。"大学毕业生聚居群体"父母的教育投入行为是理性的,有获益期待的,期待获得经济回报。经济回报方面主要追求生存的最大化和经济的最大化,因为以谋生为主要目的的教育投资行为更具普遍性。"大学毕业生聚居群体"读了大学,通

过专业的学习掌握一定的知识技能,毕业后凭借所学找到一份工作,尽快承担起家庭的重担,改善家庭的经济地位。人们普遍认识到,现代社会的竞争是人力资本的竞争,掌握人力资本优势就能在就业市场中掌握主动权。人力资本是个人最重要的核心竞争力,也是个人发展最重要的战略资源。当今社会千变万化,知识更新的速度越来越快,对人们知识技能的要求不断地提高。知识保鲜期的缩短要求人们不断地学习,通过教育程度的提升和职业培训满足不断变化了的环境。否则,因能力不符合要求被淘汰的现象已经是屡见不鲜了。因此,文化程度普遍不高的"大学毕业生聚居群体"父母也意识到现代教育的重要性,明白缺少知识和文化很难在社会立足。表 3.1 中"大学毕业生聚居群体"父母对子女教育投入的动因反映出教育投资在经济回报方面的期待。

表 3.1 "大学毕业生聚居群体"父母对子女教育投入的动因

"大学毕业生聚居群体" 父母送孩子上大学的动因	户数	比例
找一份待遇不错的工作	53	51.46%
脱离农村,改变命运	13	12.62%
学习文化知识获取一技之长	13	12.62%
父母应尽的义务	12	11.65%
个人或家庭获得社会尊重	10	9.71%
无目的,随大流	2	1.94%
总计	103	100%

从表 3.1 所示,"大学毕业生聚居群体"父母对子女教育投入的目的呈现较大差异,在对 103 户"大学毕业生聚居群体"父母的调研中,希

望子女找到待遇不错的工作是父母教育投入的最大动因，比例达到51.46％。其次是25.24％的父母希望子女通过上大学获得适应社会所需的文化知识和技能从而离开农村，实现个人身份和地位的改变。调研中发现，"大学毕业生聚居群体"家庭在经济资本匮乏的情况下急需教育投资后的"反馈"和"回报"。在巨大的生存压力下，"大学毕业生聚居群体"父母首先追求的是教育投入后的经济回报，希冀"大学毕业生聚居群体"通过大学四年的学习可以获取一技之长，毕业后找到一份待遇不错的工作；最后是对经济利益的需求得到满足后，9.71％的父母对家族地位和社会声望怀有期待。希望"大学毕业生聚居群体"通过考大学离开农村，融入城市。"大学毕业生聚居群体"职业地位的提升可以改善家庭经济地位，同时社会地位得到尊重。

有研究表明，"父母对子女的教育投入越多得到的回报越高，子女受教育程度越高，对父母的经济支持越大。这体现了中国家庭代际关系的反馈模式"[①]。因此，"大学毕业生聚居群体"父母选择供养子女读大学意味着付出未来四年中工作所获得的收入和参与家庭劳作，贡献一定的经济收益的机会成本，还要支付四年的学费和生活费，在成本和收益的权衡中，"大学毕业生聚居群体"父母进行了取舍，选择大学教育带来的知识与技能，放弃了这期间工作的机会成本，这是父母对教育回报和知识收益的较高心理预期使其提前透支了成本投入。"全世界的农村人口在处理成本、报酬和风险是进行计算的经济人。在他们的小的、个人的、分配资源的领域中，他们是微调企业家，调谐做得如此微

---

① 马和民：《当前中国城乡人口社会流动与教育之关系》，《社会学研究》1997年第4期。

妙,以至许多专家未能看出他们如何有效率。"[1]多数研究认为,我国农村教育回报率有一个较大的特点,即回报率随受教育水平的提高而增加,这与国外教育回报率边际递减恰好相反。2000 年,Alan de Brauw 与 Scott Rozelle 运用了一个几乎覆盖全中国农村的,具有全国性代表的 6 省 60 个村庄 1199 户家庭样本来估计非农就业的教育回报率,得出所有从事非农工作的人每年平均的教育回报率为 6.4%,即农村非农就业者每增加 1 年教育,个人收入会增加 6.4%,并且外出务工者估计的回报率更高,为 7.8%,35 岁及以下的人群中,外出打工者每年的教育回报率甚至更高,为 11.9%。[2] 这种变动意味着,教育回报对个人和家庭的影响是直接且重要的。"大学毕业生聚居群体"是暂时蚁居,以毕业 5 年为分水岭,随着工作年限和工作经验的增加,经济社会地位好转,就有条件对农村的父母给予物质上的回报。从对王世斌的调查分析中,子女在就学时对农村家庭的经济生活状况有影响,子女大学毕业后,农村父母的经济状况明显好转。农村大学毕业子女工作后绝大多数能不同程度地孝敬父母,超过半数的能给父母每年 3000 元以上。[3]

"大学毕业生聚居群体"父母对教育投入的非经济回报方面,体现为满足了基本生存所必需的物质需要后,在职业地位上实现向上流动从而提升个人社会价值、获得社会的尊重和认可,使整个家庭从中获

① [美]西奥多·舒尔茨:《穷人经济学,诺贝尔经济学奖金获得者讲演集(1969—1981)》,王宏昌等译,中国社会科学出版社 1986 年版,第 428 页。

② Alan de Brauw、Scott Rozelle:《中国农村非农就业教育回报率的一致性》,《中国劳动经济学》2009 年第 1 期。

③ 王世斌:《高等教育回报与农村父母养老意愿——基于代际关系视域下的考察(社会科学版)》,《广州大学学报》2013 年第 6 期。

益,离开农村改变家族命运等。一个人接受了良好的教育,往往具有更高的学习能力和社会适应性,更具社会责任感和事业心,具有更好的职业道德和合作精神,等等,这些品质都有可能对受教育者及其家庭带来长期的益处。"大学毕业生聚居群体"父母大多处在社会阶层中的中下层,接受高等教育为"大学毕业生聚居群体"改变自身命运和向上的社会流动提供了机会。俞德鹏认为在中国户籍制下,农村人进入城市获得城市户口和身份——改变农民身份的途径主要有:"第一,考入全日制普通高校或中等专业学校;第二,征地之后的人口安置;第三,入伍后表现出色晋升为军官。"①威廉·G.布朗所说:"教育可以让人们从他们最初的社会地位中解放出来,这一点也是大家公认的。"②高等教育是改变身份和命运的重要通行证。没有上大学的农家子弟固然可以进入城市的非农产业,可以在城市间自由流动,但很难进入上层社会,成为城市的主流。他们仍然不会被城市接纳,仍然改变不了社会地位低下、受歧视的命运。教育受益还具有外溢性,它除了可以使受教育者提高生产能力和其他优良品质外,还有可能影响他周围的人,包括他的家庭和子女,间接地提高他们的生产能力。"大学毕业生聚居群体"父母对教育投入的期待不仅限于智力投入才能显现经济价值,还包括社会地位、社会声誉、文化和情感等多种其他收益才是其实现预期收益的最大化满足。

---

① 俞德鹏:《城乡社会:从隔离走向开放——中国户籍制度与户籍法研究》,山东人民出版社 2002 年版,第 231 页。
② 〔美〕丹尼尔·科顿姆:《教育为何是无用的》,仇蓓玲、卫鑫译,江苏人民出版社 2005 年版,第 126 页。

三、家族中对子女光宗耀祖的期许

（一）教育投入的荣耀动机

中国绝大多数家庭信奉教育改变命运这一信条，体现在对子女的教育投资上，将收入或积蓄的很大一部分用于子女教育，除了希望子女获得良好的社会地位，经济上可以反哺家庭等物质利益上的回报之外，也有非经济因素的考量，即追求荣耀和成就的动机。"教育在现实社会中的两种作用：一种是教育的符号标签作用，尽管教育程度的高低似乎对农村和农民的生活没有直接影响，但教育程度太低的状况还是会使大多数被调查者自觉不自觉地产生不那么体面的感觉，感到自己的声望受到了威胁；另一种是教育在社会流动的符号标签作用，无论在人们的观念世界中还是制度设计里，教育实际上还是农村社会流动中的一个隐性的必要条件，尽管它远远不是充分条件。"[①]我们在调查中发现，58%的家庭投资教育是希望子女可以完成自己年轻时未完成的心愿，考上名牌大学，光宗耀祖。父母期望通过对子女的教育投入带来子女学业上的成功，从而获得体面的工作和较高的经济地位，父母能够从有成就的子女那里获得好的名声。在他们的心中，上大学、考研究生是子女有出息的表现，是父母的骄傲，是家庭的荣耀。很多农村家庭对子女的教育投资大多情况下不一定是为了从对子女的投资中获得经济回报，更多的是希望子女可以考上大学改变祖祖辈辈农民的身份，成为有

---

① 彭拥军：《走出边缘——农村社会流动的教育张力》，华中科技大学出版社 2011 年版，第 85 页。

知识、有文化的人,既能受到社会的尊重,又为家庭争光,充分满足他们的自尊心和虚荣心。在古代,"金榜题名"被视为人生一大幸事,是寒门学子唯一的晋升路径。在今天,人们也普遍认为,考上一所好大学是家族中十分荣耀的事情,全家人都会感到骄傲。由于城乡教育质量和教育投入的差距,农村升学率普遍较低,一个村庄能考上重点大学的学生寥寥无几。如果一个农村家庭培养出重点大学的本科生或是硕士甚至博士研究生,这个家庭在村里也有较高的声望和地位,子女自己在同辈们面前也会感到高人一等。尽管在经济至上的思潮影响下,读书人的地位受到一定矮化,但农民仍然愿意为孩子的教育进行长线投入,希望寒门出贵子。因此,农村家长对高等教育的投入在一定程度上与自尊心、虚荣心的满足是有一定关系的。

(二)家族中成功人士的激励作用

农村社会中通过读书取得成功的例子通常作为榜样的参照作用激励着农村孩子发愤读书。出身农村的大学生,毕业后在城市安居乐业并顺利融入城市后不但成功地实现了个人阶层地位的向上流动,而且推动了邻里乡亲对高等教育的积极认同。"在乡土社会语境中,大学生往往会成为先进文化和技术向农村的传递中介,也是文化反哺的实现者,更是家庭、家族乃至社区荣誉的一种来源。地域文化、共同价值以及榜样作用对农村中大学生的产出影响很大。因为在农村,邻里是真正意义的熟人社会,和谐的邻里关系有利于形成和分享共同的文化和价值,影响孩子们的成长。在和谐的邻里关系中,一个大学生往往会成为邻里中'弟弟妹妹'的参照,对后来者的成功具有积极的激励作用。"①各类成功读书脱贫而实现社会流动的农家子弟,作为乡村精英和乡村能人,他们是狭窄的农门中涌现出的乡村社会传奇的现实样本,具有很强的示范效应。一个村子里如果拥有较高的大学生出产率,当地人自我介绍时都会引以为豪,如甘肃会宁的博士村。混出名堂的大学毕业生们更是被乡亲们作为成功样本口口相传。同样出身农村,与广大农民具有文化的同根性、生活背景的相似性、发展道路的可接近性更容易引起邻里乡亲的效仿。

走出乡村的成功人士作为一种参照群体代表了农村人对现代文明的向往和农村人对成长成才的积极诉求,容易促发其他人产生敬仰和效仿的动力。"高等教育的接受者无一例外地实现了社会流动,这是一个千真万确的事实。尽管他们流动后的生活状态也许并不是那么尽如人意,但还是远远高于农村中未能实现社会流动的人群的平均水平。这可以从流动的自由度、经济水平、生活方式乃至交往圈子等方面呈现的优越性而得到验证。"②乡村走出的第一批大学生的故事成为激励一批批后来者走出农村,成功进取的现实材料。每年高考结束后当年成功者的例子都会被拿来重温和对比,很多后来考上大学的学子就是在他们的榜样作用下长大的。在读书人矮小化的今天,乡村社会中的教育成功者,其影响在一定程度上有所弱化。但中国传承几千年的重教

---

① 彭拥军:《走出边缘——农村社会流动的教育张力》,华中科技大学出版社 2011 年版,第 98—99 页。

② 彭拥军:《走出边缘——农村社会流动的教育张力》,华中科技大学出版社 2011 年版,第 166 页。

心理,仍然在不断修复和抚平这些阴影,读书仍然是乡村社会认可的走向成功的重要途径。尽管在经济至上的思潮影响下,人们对读书人的看法有些波动,但读书人作为一个整体,仍然拥有很高的声望和地位。

四、脱农离村,融入城市生活

"大学毕业生聚居群体"上升渠道单一,只能依靠教育层次的提升突破贫困家庭代际传承的固化循环。农民子弟只有通过学校教育选拔,获得学业成功,才能获得向上层社会流动的机会。"农民由于自身在市场经济和工业社会中的被边缘化的底层地位,渴望自己的子女能够通过学校教育改变现状的愿望依然非常强烈。改变家庭的现状是他们在艰苦条件下进行教育投入的主要动力。"[1]阿马蒂亚指出,通过对社会与经济地位都处于弱势群体的学生提供教育机会既可以让其增加知识,也可以增加其向更上一阶层流动的机会,阻断贫困的代际传递,提升他们的社会地位。[2]

(一)走出去,不想复制父辈的生活

"大学毕业生聚居群体"绝大多数来自农村家庭,父母以务农或打工为生。对他们来说,城市代表着文明和富裕,农村象征着落后与贫穷。在农村家庭经济资本和社会资本非常匮乏的条件下,进城读书是一种深深的渴望,摆脱乡土社会,融入城市文明,最好的出路就是考上

---

[1] 王利娟:《社会转型期城郊农民教育投入行为选择的研究》,吉林大学博士学位论文,2008年。

[2] [印]阿马蒂亚·森:《以自由看待发展》,任赜、于真译,中国人民大学出版社 2002 年版,第 2 页。

大学。考上大学才能走出农村,脱离贫困,不再像父辈和祖辈一样辛辛苦苦靠种地都难以勉强维持生计,不再重复上一辈走过的老路。他们只有努力读书,通过知识转变身份,改变命运。城乡间的贫富差距依然很大,农村的生活条件与城市的生活条件无法相提并论,接受高等教育可能对城市家庭的孩子而言是理所当然的事情,在农村家庭却要经过深思熟虑,仔细思考高等教育带来的经济成本,选择家中读书最好的孩子接受教育。即便这样,很多农村家庭在孩子完成大学学业时已经是负债累累。"大学毕业生聚居群体"清楚地知道自己的生活环境和家庭状况,心理上相对早熟,明白人与人之间天然地存在差距,懂得改变个人和家庭困境的唯一途径就是通过好成绩考入城里的学校读书,享受优质的教育资源需要抱定十年坐得冷板凳的坚强意志,发愤读书,目标坚定执着。因此,比起家族中其他人拥有更高文化水平的"大学毕业生聚居群体"承载着整个家庭全部的希望,期待父母十几年的教育投入能够通过在城市就业获得稳定的收入来回报家庭的付出。进入城市前相对高昂的物质投入和家庭期待,"大学毕业生聚居群体"一旦脱离农村就不愿重新回归农村。他们不愿给家庭增添负担,渴望走出乡村,进入城市,圆自己和家人的梦,这几乎成为"大学毕业生聚居群体"最坚定不移的内心渴求。"大学毕业生聚居群体"走到大学这一步付出了比家境优越的子女更多的努力和不为人知的艰辛,他们的目标不单单是为了上大学而上大学。"大学毕业生聚居群体"内心最大的渴望是通过接受更好的教育能够学有所成,最终留在城市中生活,真正地成为城市的一员,获得身份认同和地位认同,享有城市文明带来的一切。"大学毕业生聚居群体"一方面接受了高等教育具备在大城市生存的专业技能,另一方面,父母的期待和反哺家庭的沉重压力使其不可能回到农村务农。他们早已不具备父母辈在乡下开田垦荒的谋生能力。"大学毕业生聚居群体"考上大学就是为了脱离农村,过城市人的生活,拥有体面的工作,不再复制上一辈的生活方式。

(二)留在大城市,寻求向上流动的空间和机会

"大学毕业生聚居群体"来自底层家庭,缺乏资金、信息、人际关系等社会资源,不可能利用父辈的社会资本进行代际传递进而转化为就业市场的有利资源。有专家建议"大学毕业生聚居群体"回到家乡去工作或创业,减轻在大城市生活的压力和就业的困难。但"大学毕业生聚居群体"大学所学的专业大多并不适合回到农村或乡镇,或者说在农村很难找到"大学毕业生聚居群体"可以就业的机会。资源、信息、企业都集中在大城市,留在大城市可以看到更多的希望。对"大学毕业生聚居群体"而言,回到信息闭塞、经济落后的农村似乎是死路一条。没有就业机会或发展的平台等于没有任何生存的希望。前几年,一部分"大学毕业生聚居群体"难以承受大城市的高房价和高物价选择了逃离北上广纷纷回到家乡,很快一年后几乎又选择重新回到生存压力巨大的大城市。这说明大学生回到西部、回到农村去发展或创业,在理念更新、资金支持和发展平台方面依然面临很大瓶颈。"大学毕业生聚居群体"重返北上广说明了大城市得天独厚的资源集聚效应和成熟完善的就业市场更有利于塑造大学生的职业素质和职业技能。作为就业后的能力提升,在北上广或市场完善、就业机会丰富的二线城市显然更有利于"大学毕业生聚居群体"的学习与成长。因此,大学生回乡创业这样的

成功案例并不具有普适性。城市相对于农村而言,总体经济收入和生活水平高、发展机会多、发展空间大,因此大学生毕业后选择留在城市也成为必然,特别是西部地区农村家庭的大学生,因肩负着改变自身和家庭命运的重任,更希望留在城市和经济发达地区,以便实现高等教育投入对自身和家庭回报的最大化。调查结果表明,大学生不愿意去农村的主要原因是收入低、环境不好、发展机会少,究其根源还是农村社会经济状况落后所致。

第二节　在杭大学毕业生聚居群体向上流动的外生性动力

中国典型的城乡二元经济结构导致的城乡发展不平衡,城乡居民在政治、教育和社会保障方面权利和地位的不对等,农村持续的打工潮引发的离村潮对大多数是农二代的"大学毕业生聚居群体"产生了重要的影响。离开农村、不再复制父辈的生活成为"大学毕业生聚居群体"突破阶层限制的内生性动力,而城乡发展的不平衡、改革开放大规模离村潮的带动、以城市价值取向为中心的离农教育倾向是他们的外生性动力和终极目标。

一、城乡发展的不平衡是"大学毕业生聚居群体"向上流动的结构基础

（一）城乡收入差距："大学毕业生聚居群体"就业流向差异的动因

改革开放以来，中国经济经过40多年高速度增长取得举世瞩目的成就，从经济总量上看，继2007年超越德国成为世界第三大经济体，2011年又超越日本成为世界第二大经济体。国家统计局公布的最新数据显示，40多年来，我国居民收入节节攀升，消费水平大幅提高。2017年，全国居民人均可支配收入25974元，扣除价格因素，比1978年实际增长22.8倍，年均实际增长8.5%。[①] 在发展的过程中，形成了以北上广深为核心的一线城市和发展迅猛的二、三线城市，越来越多的劳动力选择离开农村进入城市生活。"截至2016年，中国的城镇化率已经达到了57.35%，相比1978年的17.92%，几乎以每年1%的速度提高，尽管相比于发达国家的城镇化率仍然存在一定的差距，但我国的城市化水平一直以来都在稳步提高。"[②]然而，中国令人振奋的壮观增长的背后是中国经济大而不强，中国人均年收入与其他发达国家相比相距甚远，甚至不及日本人均收入的十分之一，国内城乡和地区间经济和社会发展的不平衡不充分问题十分突出，尤其是城乡收入差距扩大、收入分配

---

① 国家统计局:《居民生活水平不断提高消费质量明显改善》,2018年8月31日,http://www.stats.gov.cn/ztjc/ztfx/ggkf40n/201808/t20180831_1620079.html。
② 孔凯歌、宣烨:《公共服务水平、城乡收入差距与城市化》,《郑州航空工业管理学院学报》2018年第4期。

不均成为社会关注的焦点。"从相对指标来看,我国城乡居民人均收入比从 1978 年的 2.57 扩大到 2015 年的 2.95。其中,2009 年的城乡收入比达到了 3.33,中西部的一些省区甚至高达 4 以上。"[①]城乡之间的发展差距不断扩大已严重阻碍我国整体经济的进一步发展。

城乡产业结构存在的巨大差异造成从事第二、第三产业的城市就业人员的劳动报酬远高于以种植业为主的农业劳动者,城乡就业者的收入差距自然吸引劳动力大量从农村流向城市。从发展经济学的角度看,在城乡二元社会结构下城乡期望收入差距的存在会引发劳动力的流动。"改革开放以来二元经济结构导致城乡工业呈现分离的模式。工业化和城市化伴随着人口的迁移。获取就业机会和提升工资水平是流动人口迁移的内在驱动力,因此人口迁移具有一种从中小城市汇集到特大及超大城市的特点。"[②]

城乡间发展不平衡造成的城乡收入差距是一个十分显著的推动因素,从就业流向来看,"大学毕业生聚居群体"未回到原籍所在地就业,而是选择工资相对较高、就业环境比较公平的一线城市就业。城市的经济状况、工资收入和就业机会是"大学毕业生聚居群体"考虑就业城市的首要因素。在现实中,"大学毕业生聚居群体"毕业后选择在城市工作并不一定能顺利转变为当地市民,只有"大学毕业生聚居群体"获得城市户籍拥有稳定职业和住房才能真正融入所在城市。

---

① 蔡武:《城乡相对收入差距的发展趋势分析》,《青岛科技大学学报(社会科学版)》2018 年第 2 期。

② 王静、宋建:《人口迁移、户籍城市化与城乡收入差距的动态收敛性分析——来自 262 个地级市的证据》,《人口学刊》2018 年第 5 期。

杭州作为长三角地区的战略要地,经济发展水平较高。近年来,通过一系列政策措施吸引大量的高技能人力资本集聚。2018年杭州的人才净流入率全国第一。在这个过程中,基于选择性转移考虑,城市的发展水平越高,人才的凝聚力就越强。良好的就业环境和成长机会必然导致越来越多的大学毕业生愿意留下来学习、成长和进步。对于毕业没几年的"大学毕业生聚居群体"来说,他们现在的能力和技术水平可能还远远不及高尖人才,但他们是城市发展的希望,是未来高技能人力资本的储备军。2016年杭州滨江对人才政策进行重新修订,不再限制人才的受教育背景。没有留学经历的国内毕业生也可以纳入创业资助范围。中西部地区经济发展水平较低,产业发展仍处于低端水平,高技能人力资本选择性转移至经济发达的地区。东部对人才较强的吸引力导致人力资本从中西部流向东部成为就业流动的主流。"大学毕业生聚居群体"流向东部沿海地区的动机主要在于城乡预期收入差异,差异越大,流向城市尤其是发达城市的比率越高。

(二)城乡身份制度差异:"大学毕业生聚居群体"向上流动的制度壁垒

长期以来,我国实行城乡分割的户籍制度和就业制度,"户籍制度将城乡居民分为城镇户口和农村户口两种户籍,使城乡居民之间具有不同的身份,在发展机会、社会地位、薪资待遇等方面具有很大的差距。这一制度限制了农村人口流动和转移"①。但随着市场经济体制的建立

---

① 杨欢丽:《改革开放以来中国的二元经济结构对城乡居民收入差距的影响》,《现代经济信息》2015年第14期。

和逐步完善,原有的城乡分割的户籍管理已经严重阻碍了我国人力资源的优化配置和合理流动,不利于城市化建设和农村经济社会的发展。随着城市化进程的不断推进和城镇户籍管理制度改革,城镇用工制度开始放松,劳动力要素市场逐步放开,人口迁移呈加快态势。目前,"小城镇户籍制度基本开放,而大城市户籍身份具有的福利水平更高,虽然采取严格控制户籍门槛的政策措施,却仍吸引大量的外来人口。然而,大城市户籍制度改革缓慢,所实行的人口准入制度人为地造成了城市劳动力市场的二元分割,对非户籍人口的流动就业和权益保障实行强行干预使得户籍人口和外来人口在就业与福利保障存在较大差异,这种非市场化的劳动力配置机制不利于人口的自由迁移"①。

如今,大学生毕业后离开原籍地和学校所在城市跨省迁移已成为主流,长三角和珠三角经济带周边城市成为吸引大学毕业生的热门地区。大学毕业生集中流向东部地区源于东部地区提供的就业机会与生活环境远远好于中西部等经济欠发达地区。就业流向的区域差异性一定程度上加重了大城市迁移人口入籍的难度,而小城市相对而言入籍较为容易。2015 年 7 月国务院颁布《关于进一步推进户籍制度改革的意见》,要求严格控制特大城市人口规模。上海积分落户已经实行多年,通过积分落户基础指标及分值作为申请入籍的依据。基础指标包括年龄、学历、工作单位、技术职称等。非上海生源应届毕业达到 120分才具备申请资格,毕业于复旦大学、上海交通大学的大学生难以达

---

① 杨晓军:《中国户籍制度改革对大城市人口迁入的影响——基于 2000—2014 年城市面板数据的实证分析》,《人口研究》2017 年第 1 期。

到,毕业于普通院校的"大学毕业生聚居群体"更无可能拿到上海户口。北京没有上海的积分落户制,但条件比上海更加苛刻,外地生源毕业于外地院校基本没有可能落户,成功落户的毕业生只是凤毛麟角。

大城市和中小城市户籍身份的差别其实是公民享有的各种权益的差别,大城市户籍背后附着住房、医疗、就业、养老、子女教育等相应公共服务待遇。北京、上海的外地户口可以申请居住证,但居住证和户口在基本权益保障上差别甚远,享受不了本地市民的待遇。杭州大学毕业生落户条件比京沪低许多,但门槛也在提高,落实就业单位、缴纳杭州当地社保满一年,同时在杭居住满一年才具备申请资格。然而,大城市严格控制户籍门槛的政策措施依然挡不住"大学毕业生聚居群体"流向一线城市的热情。"大学毕业生聚居群体"出于就业机会、收入和社会保障等方面的考量想尽一切办法留在目标城市。

现实中户籍制度的壁垒和劳动力市场上的分割使"大学毕业生聚居群体"只能在城市工作,很难顺利拿到当地居民的身份,也享受不到子女教育、社会保险、住房、基本公共卫生等相应公共服务福利待遇。城市的建设需要大量的高级知识人才,我国已有很多省份开始户籍制度改革,部分热门的二线省会城市甚至开启了抢人大战,面向大学毕业生实行零门槛入籍政策。户籍制度松动为"大学毕业生聚居群体"提供了更多的选择城市的机会。户籍制度改革的实质就是尽快抹平户籍背后的各种利益差距,逐步剥除附着在户籍背后的各种权益,从根本上消除人口迁移过程中的制度性障碍,保证迁入大学生群体平等享有城市的发展机会和公共服务,引得进留得住。

（三）城乡公共产品和公共服务供给投入的差别化

"大学毕业生聚居群体"是非常重要的人力资本储备资源，是我国城市化进程的重要推动力量。"大学毕业生聚居群体"这一知识群体的迁徙流动对经济社会的发展产生深刻的影响。由于区域发展的不协调，城乡间、城市间在公共服务资源配置上存在显著差距。"大学毕业生聚居群体"毕业后的自主流动主要受两方面因素的影响，一方面受经济利益的驱动，另一方面受非经济因素的影响，主要包括"大学毕业生聚居群体"迁入后所能享受到的公共服务水平。"大学毕业生聚居群体"做出城市迁移的决策，不仅仅是为获得更多的就业机会和更高的工资预期收入，还包括非经济因素，如为良好的公共服务、更高品质的生活方式和生活环境而流动和迁移。

作为受过高等教育的理性经济人，"大学毕业生聚居群体"对于目标城市基础设施、医疗卫生、文化氛围、社会保障等基本公共服务建设方面配置水平与质量有着强烈的期待。"一般情况下，公共服务资源配置相对较好的区域，也是转移劳动力主要的流入地区。但是由于受我国长期以来城乡二元分割制度的影响，现阶段我国各地区城乡公共服务资源配置差距仍然十分明显，在不断推进城市化的进程中，我们一方面缺乏相机抉择的基本公共服务供给机制和相应的配套设施建设，另一方面也缺乏均等化享有城市基本公共服务的保障机制。"①公共服务资源是否配置合理逐渐成为"大学毕业生聚居群体"选择空间迁移的重

---

① 杨刚强、孟霞、孙元元等：《家庭决策、公共服务差异与劳动力转移》，《宏观经济研究》2016年第6期。

要着眼点,其本质是对更具品质生活的追求。

一般而言,经济发展水平较高的地区公共服务发展水平也会相对较高。杭州作为东部发达地区的公共服务水平领先于全国其他地区,对"大学毕业生聚居群体"选择迁入杭州具有正向促进作用。"农村与城市公共服务的种类、质量依然保持较大差距,如城乡教育资源配置、公共卫生投入、社会保障投入严重不平衡等。在教育方面,我国教育二元结构现象明显,主要表现在城乡教育质量差距大,优质资源大都集中在城市地区,而农村地区的教育资源匮乏,教师数量和质量都不及城市。城乡教育资源配置不公平,教育机会不平等,师资力量不平衡等造成学前教育、义务教育、职业教育等各级各类教育在城乡间发展很不均衡。"[1]"大学毕业生聚居群体"因户籍制度的限制而没能享受平等的教育资源以及相关的一系列社会保障制度,十年寒窗苦读,终于考上大学可以自由选择向往之地的他们,是不想让下一代继承其带有先赋色彩的身份重复自己的命运。

总之,城乡之间不仅是地理上的边界,也是政治上的边界、经济上的边界,乃至文化上的边界。"物质设施的投入上,工业布局基本集中在城市,社会公共设施也基本投向城市,造成城乡截然不同的两个世界。……在现代化进程中,在城市与乡村的抗拒与变迁中,农村的中心地位已被城市所取代,农村由传统社会的中心位置滑落到现代的边缘地位。"[2]工业

---

① 范晓莉、崔艺苧:《异质性人力资本基础设施与城乡收入差距:基于新经济地理视角的理论分析与实证检验》,《西南民族大学学报(人文社会科学版)》2018 年第 11 期。

② 彭拥军:《走出边缘——农村社会流动的教育张力》,华中科技大学出版社 2011 年版,第 139 页。

化会促进劳动力向城市的社会流动,目前为止没有形成城市人口向农村流动的社会机制和动力基础。农业和农村对知识和技术人才的吸纳和吸附能力很弱。城乡间比较利益的差别几乎使农村有知识、有文化、有能力的人都成为潜在的流出者,而成功实现流动的人大都是当地的精英。城乡收入差距的不断扩大是导致大学毕业生群体宁愿在大城市做"大学毕业生聚居群体"而不愿返乡就业的直接动因。根据劳动力迁移的推拉理论,大城市的高收入、大量的就业机会、高质量的生活水平、较好的受教育机会是促进"大学毕业生聚居群体"的城市迁入的重要拉力。"研究者也普遍认为,理性的转移者是会综合考虑效用和福利的因素,并考虑长期效用最大化,城镇所拥有的优越的生活设施水平、医疗保障体系、良好的教育体系和舒适的生活环境等因素都会对迁移者产生重要的促进作用,因此他们也会表现出较高的支付意愿。"①

如果城乡二元经济社会的基本格局不改变,城乡之间的收入差距过大必然导致劳动力大量向城市流动。"大学毕业生聚居群体"选择坚守大城市,经济收益是"大学毕业生聚居群体"选择流入杭州的首要因素,其次是更好的公共服务水平。对"大学毕业生聚居群体"而言,融入大城市不仅仅是拥有更好的就业机会而带来的收入增加,更重要的是选择一种生活方式。因此,中国城乡在收入、就业、公共服务等分割的格局不改变,大城市对"大学毕业生聚居群体"吸引力一直持续。出身农村且拥有文化资本的"大学毕业生聚居群体"向城市流动的趋向就不

---

① 孔凯歌、宣烨:《公共服务水平、城乡收入差距与城市化》,《郑州航空工业管理学院学报》2018 年第 4 期。

可能改变。

二、改革开放大规模的离村潮的带动

改革开放前,城乡二元体制将农村和城市严格地区分开来,农民以家庭为单位被牢牢缚在土地上,土地是农村家庭经济的主要来源。改革开放后,随着沿海城市的陆续开放,一批批乡镇企业和民营企业纷纷成立,吸引了大批农民就业,农民打工潮由此开始。沿海地区工业的快速发展需要大量劳动力,打工潮开始从家乡附近的乡镇企业逐步扩展到东部沿海城市。改革开放以来,特别是最近10多年来,随着中国城市化、工业化进程的日益加快,外出务工人员日益增多。高素质农民进城务工为各地的经济社会发展做出了巨大的贡献,同时也给农村的生产、生活方式和社会文化带来了巨大的变化。大批有文化、懂技术、会经营的农村青壮年劳动力外出务工,家中留守人口多是"三八、六一、九〇"人群。

首先,农村外出劳动力大军中知识型人才流失严重。打工人员中,35岁以下的青壮年竟占到82%。具有初中以上文化的劳动力平均外出务工的比例为73%。剩下的常年在家务农的劳动力平均年龄为46岁以上,小学文化程度的人占67%。[①]

其次,毕业返乡大学生人数太少。调查显示,毕业返乡大学生几乎没有。农村大学生在目前的市场经济环境下,普遍存在厌农思想。"据对三个乡的中学生调查,92%的学生毕业后不愿当农民,仅有8%的学

---

① 赵根旺:《农村劳动力过量转移带来的智力资源流失对新农村建设的影响——以开封市部分乡镇为例》,《开封大学学报》2007年第3期。

生由于种种原因表示愿意留在农村。在择业意向上,有80%的学生希望升入高中或技校继续学习,18%的学生表示一毕业就出去打工挣钱,仅有2%的学生表示回家帮助父母种地。"①农民打工的收入远高于在农村务农取得的收入,打工者用自己赚到的钱率先在家乡盖起楼房,成为村里的早期致富者。这些赚到第一桶金的打工者起到了很好的示范作用,同村的青壮劳力相继走上了打工的路线。从20世纪80年代个别人出去打工到90年代引发的大规模的打工潮,打工潮延续了30多年,如今的受教育程度比父母更高的农二代也将进城打工作为谋生的首要选择。

打工引发了大规模的离村潮,传统的乡村生产和生活结构趋于瓦解,由过去依附于土地到离土不离乡再到现在离土又离乡,农村年轻人的集体外出造成了农村的空心化。有人说现在的农村成了613890部队,即只有儿童妇女和老人留守。很多乡村出现了"人走房空"现象,并由人口空心化逐渐演化为农村基础设施和产业的整体空心化。离村潮的普遍和农村的整体性衰落与凋敝让更多的农村青年一旦离开再也不想回去。

就业机会稀缺、种植业的辛苦繁重、农村土地撂荒严重,从事传统农业的人员逐渐减少。所有这些变化都对年轻人的思想产生了冲击,上大学是年轻人脱离土地的更佳途径,很多青年逐渐离开农村、离开土地,走进城市,从事非农生产。朱启臻、赵晨鸣《农民为什么离开土地》

---

① 赵根旺:《农村劳动力过量转移带来的智力资源流失对新农村建设的影响——以开封市部分乡镇为例》,《开封大学学报》,2007年第3期。

一书描述了年轻人留在农村的两种情况：一种情况是家里实在离不开的人，如需要照顾老人、孩子等，他们留在农村只是暂时的，等条件一旦允许，就会离开农村去打工。另一种情况是没有能力适应城市打工环境的人。如果不是这两个原因而留在农村，就会被人看不起。因此，"离开农村，成为几乎所有人的共识和努力的方向，父母对孩子讲得最多的是好好学习，否则就只能当农民；教师教育学生也是考不上大学，没出息，就只能当农民了。社会为人们树立的一个又一个榜样，都是怎样努力成功离开农村的典型"①。

到城市去成为农村青年一致的价值观念。在这种价值观念的支配下，离开农村成为人们最强烈的愿望。离开的途径中升学最为体面。对于生活在农村的人，由于地理区位、交通、基础设施各种客观条件的限制，生活质量必定没有城市的居民高，对于城市的生活十分向往是一切想要离开农村去城镇奋斗打拼的年轻人的生活动力。农村枯燥单调繁重的工作生活使他们对土地缺乏像他们父辈那样的认同感。因此，"离开农村，到城市去"就成为农村青年一致的价值观念。在这种价值观念的支配下，即使在农村可以获得比打工更高的收入，农村青年仍然不愿留在农村。

三、以城市价值取向为中心的离农教育倾向

城乡二元结构是我国长期以来形成的一种制度设置，这种社会结构是以重城市轻农村为政策导向的。城市是工业化和现代化的发源

---

① 朱启臻、赵晨鸣：《农民为什么离开土地》，人民日报出版社2011年版，第3页。

地,象征着文明、先进和富裕,农村则代表着落后的生产方式,象征着封闭、落后和贫穷。城乡二元分割的格局下,农村一直依附于城市而存在,自然而然地农村教育逐渐向离农化方向发展。"离农教育是以城市为中心,为培养高级技术人才,培养离开乡村、农业进入城市主流文化而不是回归乡土文化的人才。离农教育虽然提供乡村学生向城市流动的可能性,这样势必导致乡村精英涌向城市,乡村人才资源匮乏,造成乡村教育疏远了乡村社会化,阻碍了乡村的发展。"[①]"乡村教育的'离农'倾向由来已久。究其原因,长期以来'跳农门'的教育观一直支配着教育行为,这是造成乡村教育在服务上发生明显偏差的思想根源。而城乡之间、工农之间存在的巨大差距,是'跳农门'的教育观赖以形成和固化的社会经济基础。此外,以城市为中心的教育模式,也在一定程度上强化了乡村教育的'离农'倾向。"[②]在教育内容上,学校课程以服务城市教育为主的工业文明和以城市文化为课程设置内容,应试和为升学服务是乡村教育的目标取向,考大学成功离开农村成为多数农家子弟求学的唯一动力。就教育价值取向而言,农村教育想方设法地摆脱农业,走向城市,为培养适合城镇化、工业化生产需要的人才提供服务。农村成为城市现代化发展的人力与资源的输送地。受此影响,乡村教育表现出明显的城市化取向,在城乡差距进一步扩大的情况下这一取向更为明显,从而导致乡村教育离农化倾向越来越严重。

---

① 张济洲:《"离农"?"为农"?——农村教育改革的困境与出路》,《河北师范大学学报(教育科学版)》,2006年第3期。

② 杨国才:《乡村教育离农倾向待扭转》,《经济日报》2018年5月22日,第15版。

乡村教育培养出来的农家子弟在对城市文明、工业文明向往的同时，对农业越来越陌生，对农村越来越嫌弃，对农民越来越疏离。"在不断地摆脱乡村、走向城市的过程中，乡村儿童通常不断地回避自己身上的乡村气息，甚至自己曾经是村民的事实，尽力用城市生活、城市风尚、城市人的要求改造自己，将自己的村民身份改造成为市民身份。……乡村教育目的过于重视教育的工具性和功利性，使乡村教育沦为知识传授和技能习得的工具。教育成为乡村人跳出穷苦的乡村之门的跳板，从而忽视受教育者精神的培养和人文的熏陶。在技术理性和实用主义思想的影响下，乡村教育更多的是关注在短时间内实现成绩的提升和学业的进步。"[1]"那些将自己的孩子送到现代学校里去的人大多是农业专家。……然而，毫无疑问的是，当年轻人从学校回到生养自己的地方以后，对农业却一无所知。不仅如此，他们还从心底藐视自己父亲的职业。……对于故乡的生活，他一点也不感到有诗意。村庄的一切对他来说都是那样陌生，他自己祖祖辈辈所创造的文明在他的眼里被看成是愚蠢的、原始的和毫无用途的。他自己所受的教育就是要使他与他的传统文化决裂。"[2]

农村教育的城市化价值取向导致生长于其中的农村孩子从接受乡村教育开始就自觉地选择离开农业文明，努力学习以适应现代工业文明。他们对于乡村文明的态度是漠视的、决裂的。"在这样的价值预设

---

[1] 李森、崔友兴：《社会变迁中的乡村教育》，福建教育出版社 2017 年版，第 87、96 页。

[2] Prakash, M. S, "Gandi's Postmodren Education: Ecology, Peace and Multiculturalism Relinked", Journal of Wholistic Education, No. 11, 1993。

下,走出农村走向城市成为农村学生的价值追求,教育自然成为优秀青少年跳出农门、摆脱农村的重要路径,农村教育遭到严重的扭曲,过分关注应试,注重知识灌输,忽视实践能力和技术操作能力的培养,沿着城市去向的价值路径努力攀爬,成了农村学校一致的追求。"①随着现代文明的发展,在城市文明的强烈冲击下,乡村文明逐渐式微,乡村教育的"离土化"早已成为不争的事实。当下的乡村教育设计,扩而言之,我们的整体教育设计,实际上更多的是一种"逃离乡土"式的教育设计,乡村只是作为城市文明的参照、补充,作为被城市所观看、俯视的对象,乡村作为前现代的"他者"被排斥在为教育所展开的现代性想象的边缘。②当身在农村、心在城市的农村子弟们接受了现代化的城市教育,无论是其思想理念还是其行为方式,都打上了城市的烙印。因此,当农村大学毕业生们在城市完成了其最后的教育阶段返回家乡时,发现再也找不到乡土社会的精神土壤。

---

① 李学容、蔡其勇:《迷失与回归:农村教育的发展路向》,《辽宁教育》2014 年第 12 期。
② 刘铁芳:《乡土的逃离与回归——乡村教育的人文重建》,福建教育出版社 2008 年版,第 7 页。

第四章

在杭大学毕业生聚居群体向上流动的影响因素

传统以来，通过教育实现向上流动是社会底层群体改变命运的主要方式。"大学毕业生聚居群体"有着强烈的向上流动的诉求，"大学毕业生聚居群体"为梦想不懈努力的奋斗精神和潜在的人力资本是"大学毕业生聚居群体"在大城市生存和可持续发展的促进因素。但先赋条件的劣势和自致性因素的不足又成为"大学毕业生聚居群体"向上流动和城市融入的主要瓶颈。

第一节　在杭大学毕业生聚居群体向上流动的促进因素

"大学毕业生聚居群体"的家庭文化资本和经济资本严重匮乏，要想摆脱当前生存困境，最好的出路就是坚定用知识改变命运的信念、付诸实际行动的主观能动性以及报答父母的传统孝道文化作为阶层突破的策略。

一、"大学毕业生聚居群体"的人力资本有提升的巨大潜力

人力资本是社会成员获得职业地位的重要因素。舒尔茨认为："人力资本指的是通过投资于教育、培训、健康等方面形成的体现于人身上的'非物质资本'，是人类在自身经济活动中获得收益并不断增值的能力。它的基本特征有二：一是它是凝结在人身上的'人力'；二是它是可

以作为获利手段使用的'资本'。"①贝克尔认为："人力资本是通过人力投资形成的资本,指的是用于增加未来货币和收益的人力资源的知识、技能和体能。"②"根据人力资本理论,劳动者的收入是由其边际劳动生产率决定的。劳动者人力资本水平越高,其边际劳动生产率越高,给企业带来未来预期收益就越大。因此,拥有较高人力资本的大学生,在劳动力市场上具有较强的就业竞争力,就业质量较高。"③人力资本包括受教育的层次和质量、获得的技术和能力、取得的各类证书,工作经验、身体健康程度等等。教育是人力资本投资的主要形式,它所带来的收益不能简单用短期经济效益或就业率来衡量。大学教育是长线投资,从长远来看,高等教育投资收益会在受教育者未来的职业发展中逐步得到体现。"教育有利于促进中国当代社会阶层的良性流动,教育是推进社会阶层良性流动的动力,也是社会中下阶层者改善自身经济资源劣势的最直接的手段。"④

除了教育,"大学毕业生聚居群体"在工作中积累的经验、技能和能力都是其未来实现阶层突破的促进性因素。随着"大学毕业生聚居群体"入职时间的增加,工作经验的积累和就业岗位目标的明确,人力资本水平会有相应的提升。因此,要以一种发展的眼光看待凝聚在"大学毕业生聚居群体"身上的人力资本因素。"大学毕业生聚居群体"的社

---

① 西奥多·W. 舒尔茨:《论人力资本投资》,商务印书馆1990年版,第35—67页。

② Becker G S. "Human Capital: A Theoretical and Empirical Analysis with Special Reference to Education", The Univercity of Chicago Press, 1993.

③ 岳德军、田远:《人力资本与大学生就业质量:职业认同的中介作用》,《江苏高教》2016年第1期。

④ 钟云华:《人力资本、社会资本与大学毕业生求职》,《高教探索》2011年第3期。

会资本匮乏,只有通过不断地努力增加人力资本才能获得职业地位的提升。"大学毕业生聚居群体"具有的年龄和身体优势使其有足够的学习和发展空间,"大学毕业生聚居群体"人力资本的投入与产出需要一个过程。目前,我国已由计划经济向市场经济转变,市场在资源配置中起主导作用,综合能力强的大学毕业生必然在市场竞争中处于优势地位。"一个社会越是接近'完全竞争市场',人力资本对于职业地位获得的作用越明显,这也使得人力资本的作用显得特别重要。"[1]因此,未来"大学毕业生聚居群体"中通过不断学习提升自身的人力资本的人必然会改变现有的职业地位,获得职业上升的渠道,薪资水平和经济地位自然也会随之改善。

二、婚姻是"大学毕业生聚居群体"城市融入的重要阶梯

作为城市新移民,"大学毕业生聚居群体"在学历、职业上呈现白领化,实际收入和生活水平处于社会的底层。他们游离在城市主流之外,呈现"边缘化",无亲可靠、无友可投地漂泊在陌生的城市中,杭州高企的房价成为"大学毕业生聚居群体"人生道路上难以逾越的一座大山。住房方面的弱势影响"大学毕业生聚居群体"恋爱、结婚、生子、生活质量等方方面面,大城市的高房价与对都市生活的向往及融入需求间的矛盾激发了"大学毕业生聚居群体"寻求新的突破路径。先成家后立业的观念被绝大部分"大学毕业生聚居群体"所接受,尤其是留杭时间更长、年龄接近 30 的大龄"大学毕业生聚居群体"。对他们来说,两个人

---

① 陈怀平、梁慧歆:《社会转型期新底层公众上向流动诉求的困境与出路》,《长安大学学报(社会科学版)》2011 年第 3 期。

的力量胜过一个人单薄卑微的力量，成家更有助于在城市扎根，更能让生活得到保障，增强对城市的归属感，两个人承受高房价和高昂的生活成本的能力也更强。调查访谈中发现，相比未婚"大学毕业生聚居群体"，流入时间久、在流入地已经结婚的"大学毕业生聚居群体"更愿意积极努力地融入流入地。已婚者更能推动双方资源的重新整合，比未婚者更倾向于稳定在流入地，选择在大城市发展的概率较高。

如果说收入是"大学毕业生聚居群体"融入流入地的经济保证，婚姻则是成就一番事业的根本。事业的发展需要辛勤的耕耘，当事业处于低谷期或迷茫期而看不到希望的时候，家是年轻人奋发向上的动力与勇气，两个人为了共同的目标会共同努力。成家可以为事业发展注入新的活力，立业的目标更明确，动力更大。因此，成家是立业成功的保证，在城市有了根，可以轻装上阵去"打天下"，因为两个人齐心协力远比一个人孤军奋战好得多。作为异乡人，"大学毕业生聚居群体"人脉资源并不充沛，两个人结合背后是两个家庭的结合。家人和爱人就是"大学毕业生聚居群体"最好的团队，在立业拼搏的过程中或创业初期，家是遭遇风雨的"避风港"，是心灵得到慰藉的"天堂"。更多在大城市打拼的年轻人从先立业后成家转变为先成家后立业。有了资源的组合，更有利于早日摆脱"大学毕业生聚居群体"地位。此次调研访谈均是毕业3年以上、5年以下的"大学毕业生聚居群体"。在528份问卷中，已婚者占被调查对象的5%，剩余的未婚者中与恋人同居的占到被调查对象的48%。通过对数据的分析，毕业的第四或第五年是"大学毕业生聚居群体"的重要转折年，在这两年中选择结婚的"大学毕业生聚居群体"人群增长最快。面对杭城不断攀升的房价，许多"大学毕业生聚居群体"放弃无房不成婚的传统观念,选择先结婚后买房。采访的"大学毕业生聚居群体"中不乏因爱情走到一起,通过不懈地努力奋斗摆脱"大学毕业生聚居群体"身份的情侣。

李珊,来自云南小县城,2010 年毕业于浙江中医药大学中药学专业,毕业后在杭州贝因美公司工作,凭着对工作的热情和认真的工作态度从最开始的一线员工升到质控岗位后又升职为部门主管,一年后又升为培训主管,5 年时间升职 3 次,收入随之翻番。她又考取了华东师范大学的儿童教育发展心理学的研究生,希望通过提升学历更深入系统地了解育婴行业。她的男友是在一次朋友聚会上认识的,丽水人,浙江理工大学毕业,在滨江一家私企从事软件开发工作。她和男友都是崇尚个人奋斗型,两人因性格相近、志趣相投走到一起。毕业后他们选择在滨江作为工作和生活的地方。他们在离杨家墩 3 千米处租了一间农民房,大概 10 平方米,房间虽然局促了点,但两人回忆起过去四年在一起的租房时光,脸上洋溢着幸福快乐的笑容。经过 5 年的打拼,李珊的男友迎来了事业上的提升,被提拔为部门主管,管理手下 10 多名大学生。两人 2015 年年底在靠近滨江的萧山区首付 10 万元左右买了套总价 50 多万元的两室两厅的小户型。在 2015 年的最后一天他们把结婚证领了。小两口表示:"只要努力,面包和房子总会有的,两个人的奋斗要比一个人更能快速达到目标,不必拘泥于立业与成家的先后次序。"从李珊的例子可以看出婚姻成为两人的事业发展的动力,通过两人的共同努力摆脱了"大学毕业生聚居群体"的身份。

三、坚定用知识改变命运的信念

知识改变命运一直以来是社会广为接受和认同的价值观念，它是指良好的教育经历能够改变个人所处的阶层地位，实现自下而上的社会流动。由于经济资本、文化资本和社会资本等各种资本的匮乏，"大学毕业生聚居群体"无法享受来自原生家庭提供的优质的教育资源。尽管"大学毕业生聚居群体"的教育起点相对较低，但大多数"大学毕业生聚居群体"的父母普遍认同知识能改变命运的价值观念。正是对知识改变命运的价值理念的坚守，出身底层的"大学毕业生聚居群体"及其家庭能够克服重重困难，在整个受教育的过程中没有出现缺环和断裂，经历了包括初等教育、中等教育再到高等教育的层层筛选才完成了全程性教育。求学之路遇到的艰辛，面临的各种压力可想而知。

进入 21 世纪以来，在高校连年扩招、高等教育学费水涨船高、大学生就业压力有增无减、读书无用论不断蔓延和滋长的时代背景下，高等教育促进社会阶层流动的功能逐渐弱化。当高等教育从精英阶段过渡到大众化阶段，获得高等教育的入学机会不再意味着个人经济、社会地位的改变，未来社会的竞争是多种资源参与其中的复合型竞争，而不是单一的知识竞争。过去知识改变命运的神话开始受到人们的质疑，高等教育在制造精英方面出现了合法性危机，不再是实现个人阶层跃升的唯一手段。高等教育投入与回报的不呈正比使一些家庭面临"因教返贫"的窘境，大学生一毕业就失业的残酷的现实让人难以接受。教育在阻断贫困的代际传承，促进纵向社会流动的功能似乎在减弱。然而，"在没有更好的人才选拔机制的情况下，高考尽管存在着这样那样的弊端,但它仍不失为一种公正的方法,为莘莘学子施展才华奠定了坚实基础,使一大批优秀人才得以脱颖而出。因此,纵使靠知识改变命运已经越来越难,读书的收益也越来越难显性兑现,对于那些毫无选择余地的农家子弟来说,仍愿意将其看作改变现实困境的钥匙和良方"①。

正如高考在过去的 40 年里改变了多少个人和家庭的命运。在很长的一段时间里,高考几乎成为出身底层的学子跳出"农门"的唯一机会。那些最早走出"农门"的佼佼者成为"知识改变命运"最具说服力的励志样本,依然能够给后来的农家子弟们一种强大的示范效应。靠读书改变命运的真实案例并不鲜见,可以说经常在我们身边上演。调研对象中有一位来自安徽的 90 后小卢自认是"女屌丝"一族,目前在杭州滨江的一所公办幼儿园任教。说起她的职业选择也是一路波折。一个出身安徽淮北农村的姑娘能够走出农村,入籍杭州,考入竞争激烈的体制内事业单位担任幼师,小卢说毕业后没有放弃学习的习惯改善了她的命运。小卢大学专业是服装设计,毕业后在杭州一家外贸企业做业务员,做了几年之后外贸行业不太景气,加之经常加班,工作生活不规律,小卢萌生了转行的念头。因为喜欢小孩子,教师职业相对稳定,小卢准备转入幼儿教师行业。从事幼教需要极大的爱心和耐心,为此,小卢特地跑到特殊教育学校兼职了一年。幼教需要绘画、弹琴、教师资格证等基本入职条件。为了达到这些条件,小卢凭着农村孩子特有的吃苦精神一点点学习。因为有设计绘画的功底,小卢利用业余时间考取了中国美术学院社会美术水平考级中心颁发的七级证书。弹琴没有任

---

① 郭立场:《"知识改变命运"永远不会过时》,《甘肃教育》2017 年第 14 期。

何功底,小卢买了电子琴,到琴行报成人班,周日泡在琴行苦练。2016年,杭州招聘幼儿教师,小卢抓住机会,成功考入,成为一名编制内的幼儿教师。工作后仍然不放弃学习,不断地进修提升综合能力。她非常感谢读书不多的父母将知识改变命运的信念传递给她,这是留给她最宝贵的财富。直到现在她依然重视知识,始终保持不断学习的习惯,在单位年年被评为优秀教师,现在已经是教研室主任。

采访中发现缺乏经济资本的家庭纵然没有好的财富资源可以传递给下一代,但对知识的尊重和对子女读书的全力支持使其子女大多摆脱了重复父母做农民的老路,经过多年的努力学习,社会阶层地位普遍得到了提升和改善。随着社会的不断发展,上大学不再是个人成才、实现向上流动的唯一路径,人们对高等教育的认识也更加客观。但无论如何,对"大学毕业生聚居群体"而言,高等教育对其的重要性依然不言而喻。大学教育所提供的知识与技能不仅能帮助其"跳出农门",也能带给其参与社会竞争,获取一定的经济收入,成为点亮个人和家族希望的明灯。与先赋条件优越的城市大学生相比,"大学毕业生聚居群体"只能依靠高等教育作为改变命运的唯一途径。

"大学毕业生聚居群体"家庭对"读书脱贫"寄予了无与伦比的期望。对知识改变命运的价值认同激励着"大学毕业生聚居群体"努力学习,提升受教育的水平。这一价值信念被奉为真理一样激励着他们勇于克服困难、坚持学习。"大学毕业生聚居群体"中不乏通过高考实现户籍从农村至城市的转变,并最终依赖其专业技术知识在城市中谋得一份职业从而实现生存和发展。因此,对于"大学毕业生聚居群体"来说,高等教育使个体在主观上看到了向上流动的期望,给予"大学毕业生聚居群体"更多选择的机会，接受好的教育，实现阶层跨越。

四、报答父母的传统文化观念

孝道是中国最基本的伦理道德观念，"孝的文化"不仅源远流长，而且是中国传统文化中最核心的组成部分。孝在中国文化中地位的重要性在于它渗透进中华民族每个成员的内心深处，影响和规范着每一位中国人的生活方式和行为习惯。时至今日，我们身上仍然有儒家孝道思想的深深烙印。从某种意义上讲，中国文化就是"孝的文化"。德国社会学家马克斯·韦伯将西方基督教文化与中国儒家文化做了对比分析后，得出中国人"所有人际关系都以孝为原则"的结论。

"孝，作为中华民族的传统美德，是处理子女与父母、晚辈与长辈关系的一个重要道德规范，其基本含义是'善事父母'。孝，在中国传统伦理乃至中国传统文化中具有非常重要的地位，在一定意义上说，中国传统社会是奠基于孝道之上的社会。"[①]

"孝"最基本的含义，就在于顺从父母的愿望，满足他们的需要和要求，这在中国是一个十分古老的观念。孝道文化的核心是敬老养老。作为中华民族普遍认同的优良传统，它强调幼敬长、下尊上，要求晚辈尊敬老人，子女孝敬父母，爱护、照顾、赡养老人，使老人们颐养天年，享受天伦之乐。[②] 儒家思想创始人孔子对尽孝提出了很高的要求。"今之孝者，是为能养，至于犬马，皆能有养。不敬，何以别乎？"意思是子女除了要在物质上供养父母，还要在感情和态度上对父母十分尊重。孔子

---

① 张玉峰：《传统孝观念的困境与超越》，硕士学位论文，西北师范大学，2007 年。
② 邱国勇：《传统孝道文化的现代价值》，《光明日报》2016 年 7 月 4 日，第 10 版。

认为如果没有对父母的尊重和爱戴，仅仅在金钱上奉养，和饲养动物没有什么分别。孝道文化的内涵随时代发展不断变化，但尊老敬老、关爱父母长辈的文化传统得到了长久的传承和发展。

来自农村的"大学毕业生聚居群体"同样秉承了中国传统的孝道文化，他们深知农村生存的艰辛，父母挣钱的不易。为报答父母，让父母过上好日子，在文化资本匮乏的农村没有放弃读书，通过努力奋斗考上大学，走出贫困的农村，付出了城市孩子难以想象的艰辛。上大学后，看到父母为攒学费东筹西措，更能体会到父母过去对自己的付出。因此，他们对于孝道的理解和体会比别人也更深刻。"大学毕业生聚居群体"对孝道的认同，更多地出于自律，他们将赡养好父母和祖辈，为他们提供物质生活条件作为内心深处对孝道的呼唤，其中很大成分是报答父母，目的是经济上能让父母和家庭扭转，尤其是来自农村家庭的"大学毕业生聚居群体"更注重对传统孝道的继承。

"大学毕业生聚居群体"对传统孝道的继承，不仅体现在观念上对提倡孝道的高度认同，还体现在他们"孝"观念与传统孝道的许多共同之处，比如，对父母和祖辈的物质赡养、尊敬父母、扬名、报答等。大学毕业后在严峻的就业形势下没有选择退缩，留在大城市当起"大学毕业生聚居群体"，他们中的一部分经过多年的努力奋斗最终突破原生的家庭阶层束缚成功融入所在城市，改变了自己的命运。采访中发现许多来自农村的"大学毕业生聚居群体"常说的一句话"事业有成、光宗耀祖"是影响他们始终不放弃努力的强大内驱力。

第二节　在杭大学毕业生聚居群体向上流动的阻遏因素

一、宏观层面上社会流动机制的不完善

社会流动机制是指影响人们实现社会流动和获得社会地位的各种制度、体制、政策等各种因素共同作用的总和。衡量一个社会的流动机制是否合理,主要看社会成员的流动是以先赋性因素占主导还是以后致性因素占主导。以先赋性因素为主是指社会成员获得社会地位主要依靠家庭出身和社会关系,而以后致性因素为主是指社会成员获得社会地位主要依靠后天的努力和个人的知识、技术等能力。先赋性因素主导的社会,阶层结构是封闭的、不开放的。反之,后致性因素主导的社会,社会成员拥有更多向上流动的机会和发展空间,阶层结构开放有序。从中华人民共和国成立到改革开放之前的社会流动机制是先赋性因素占主导地位,社会成员之间很难发生社会流动。改革开放后,市场经济体制的逐步建立,个人能力等后致性因素成为主导社会流动的主要因素,社会结构出现了大规模的变动,但进入 21 世纪以来,社会流动机制的不完善在我国现实中的表现较为突出。

（一）户籍制度的影响

户籍制度是计划经济体制下的特殊产物,它在很大程度上限定了

社会成员在城乡之间、地区之间的社会流动。改革开放和市场经济的建立促进了经济的发展、提高了社会的开放度,但原有的户籍制度明显滞后于经济社会的发展。因为"一张户口凭证就决定了外地人员在一地是否享有平等就业的机会以及享有社会公共资源的权力"①。户籍制使绝大多数出身农村的"大学毕业生聚居群体"一出生就注定无法与有城市户籍的同龄人站在同一起跑线上,享受同样的社会资源和社会福利。户籍制对"大学毕业生聚居群体"的影响同样体现在"大学毕业生聚居群体"的求职过程中,他们因没有所在城市户口而遭遇歧视性待遇。户籍制显然限制了"大学毕业生聚居群体"的职业地位流动和职业发展。这种不平等待遇给"大学毕业生聚居群体"的生存与发展带来巨大的压力。

（二）单位制的影响

单位制是计划经济时代中国独有的制度安排。计划经济时代,资源分配按照单位的行政级别进行分配,行政级别的高低决定着单位掌握资源的多寡。在计划经济向市场经济转变后,单位制逐渐式微。但"单位仍具有社会地位和经济地位的内涵,个人所属的单位层级,比起个人本身的职业,反而更能代表个人的社会地位和经济地位"②。单位所代表的资源被处在管理岗位的个人利用成为进入其他经济报酬较高的单位或部门,或是为其子女谋取进入行政级别较高单位的通行证,从

① 严雯:《中国大学毕业生聚居群体的困境与出路——以北京市为个案》,硕士学位论文,东北财经大学,2010年。

② 刘兆佳:《市场、阶级与政治:变迁中的华人社会》,香港中文大学香港亚太研究所2000年版,第38页。

而形成父与子单位资源的代际传递。掌握社会资源丰富的国家和社会管理者想尽办法把子女送入好的体制内单位,享受好的收入和社会福利,而工农阶层的子女只有少数在就业市场激烈竞争中有幸进入好的单位,大学毕业生的就业俨然成了比拼父辈所在单位掌握资源多寡的较量。

(三)高等教育社会分层功能减弱

早在 1927 年,美国社会学家索罗金就在社会流动中提到教育会促进个体向上流动的思想。他指出:"学校是使人从社会底层向社会上层流动的电梯。"[①]自从改革开放恢复高等教育以来,接受高等教育一直是决定未来职业地位和社会阶层地位的最主要途径。高等教育作为社会精英的筛选器为中国经济社会的发展做出了重要贡献。但是,目前高等教育分化社会阶层的筛选功能正在逐步减弱,日益庞大的"大学毕业生聚居群体"就是这一功能弱化的明显例证。

1. 对受教育者而言,国家对教育资源配置是否体现了社会公平与正义,受教育者个体是否享有公平公正的受教育机会。如果所有人接受高等教育的权利和机会是平等的,是尊重个体发展差异性的,才能充分地保证受教育者在未来职业竞争和获取社会地位上有公平的机会。教育机会的公平可以保证底层阶层子女和干部子女可以通过接受教育获得同样的职业。但城乡教育资源的差异直接导致教育水平的差距,教育机会的不平等直接影响就业的层次。本次调查中 80% 的"大学毕业生聚居群体"来自农村或乡镇的底层家庭,85% 的"大学毕业生聚居

---

① 潘懋元:《多学科观点的高等教育研究》,上海教育出版社 2001 年版,第 45 页。

群体"毕业于普通院校,84％的"大学毕业生聚居群体"就业于民营企业,他们从小接受教育的目的是知识能改变命运,但教育资源获取的不公平阻碍着"大学毕业生聚居群体"的社会流动。

2.高等教育与社会需求的不对称。"大学毕业生聚居群体"接受了高等教育却依然面临严峻现实,在大城市中作为低收入群体,生存艰难。大学生数量多了不是高等教育扩招惹的祸,因为高等教育本应适应社会发展,培养适合各行各业发展需要的大学毕业生。问题在于目前高等教育的专业设置和人才培养目标与社会职业需求供需脱节,"大学毕业生聚居群体"接受的高等教育不能够有效地转化为就业能力,高等教育与社会需求的不对称是高等教育社会分层功能减弱的主要原因。

（四）社会阶层良性流动机制的缺失

"大学毕业生聚居群体"是受过高等教育的群体,对向上流动诉求强烈,渴望参与国家事务管理,希望成为社会精英,实现自我价值。但"大学毕业生聚居群体"向上流动的过程中,存在障碍。"大学毕业生聚居群体"一词的发明者廉思认为"中国传统社会两千年来能够保持相对稳定非常重要的方面是有一个比较通畅的下层社会向上层社会的流动机制,即自隋唐开创的科举制。每年,数以万计的学子通过这条路改变了自己命运的通道"①。良性阶层流动机制的最大特征是公平正义,人人在机会面前平等,按照个人的知识、技能、素质来决定其社会阶层地位而不是出身与家庭关系。所有社会成员在社会流动中享有相等的权

① 廉思:《蚁族Ⅱ:谁的时代》,中信出版社 2010 年版,第 28 页。

利。但如今,这一向上流动的良性流动机制正在逐渐弱化。平民家庭出身的孩子,进入较高阶层的门槛明显增高,向上流动的机会越来越少。而处于优势地位的国家与社会管理者、经理人员、专业技术人员的子女代际继承性明显增强,社会的经济资源、组织资源和文化资源有向上层积聚的趋势。这种不公正待遇和不平等的机会体现在就业、提职、参政、受教育、社会保障等各个方面。与强势群体相比,"大学毕业生聚居群体"在教育和就业方面深受机会不平等的侵害,社会不公平感较强烈。一个真正开放的现代社会要有一个顺畅的垂直流动的机制,要有社会向上流动的机会。向上向下流动都通畅的良性社会流动机制有助于保持一种开放的社会分层结构,有助于实现人力资源的有效配置,提升整个社会的活力。

二、中观层面社会资本支持的缺乏

"社会资本存在于社会关系结构之中,可以为个人提供便利,带来利益。"[①]可以说,社会资本就是由社会关系网络组成的。社会关系是社会流动的另一关键渠道,"大学毕业生聚居群体"在远离家乡的大城市中寻求发展,他们不缺向上流动的梦想,缺乏的是社会关系网络。社会关系网络包括血缘、地缘、姻缘、业缘等关系,这些关系在"大学毕业生聚居群体"获取初职地位的过程中发挥着关键作用,社会关系网络的缺乏使"大学毕业生聚居群体"处于流动竞争的劣势地位。社会关系是个人在就业市场竞争的综合实力的组成部分,一个人拥有的社会关系数

---

① 龚维斌:《我国社会流动机制:变迁与问题》,《中国社会科学院研究生院学报》2004 年第 4 期。

量越多,社会关系对象的社会地位和社会资源(经济资源、组织资源和文化资源)越多,他向上流动的机会和发展的空间就越大,社会阶层起点也越高。"大学毕业生聚居群体"向上流动的渠道只能依赖于就业市场中的公开招聘和考试选拔,在关系资本对社会流动的影响仍然非常显著的社会规则环境下,"大学毕业生聚居群体"完全处于流动竞争的不利地位。

绝大多数"大学毕业生聚居群体"出身于平民家庭,比起他们的上一代人,"大学毕业生聚居群体"的受教育程度有大幅度提高。但是,"目前国内文化教育资源作为向上流动能力的源泉功能和分化社会阶层的筛选功能正在逐渐减弱,日渐庞大的'大学毕业生聚居群体'正是文化教育资源功能失衡的典型佐证"[①]。因此,"大学毕业生聚居群体"通过接受高等教育获取的文化资本不足以支持其在激烈的就业竞争中转化为向上流动的能力。此外,由于"大学毕业生聚居群体"的家庭社会资本尤其是父辈中没有拥有权利资本的人,他们不可能通过人情和关系找工作,只能通过市场竞争获得职业地位和社会地位。较之父辈具有权力资本的子女,得到理想工作和可观收入的可能性很小。在此后的职业流动中被提拔为干部的可能性也不如世袭父辈人脉和权力资本的那些人。

(一)"大学毕业生聚居群体"先赋条件的劣势

先赋性因素是承袭了血缘遗传、家族关系等与生俱来的身份特质。

---

① 陈怀平、梁慧歆:《社会转型期新底层公众上向流动诉求的困境与出路》,《长安大学学报(社会科学版)》2011年第3期。

在一个开放合理的社会结构中,先赋性因素是社会阶层流动的辅助因素而非决定性因素。近年来,"国内的社会流动机制呈现出先赋条件主导的畸形样态,代际传承和阶层隔离等社会现象普遍存在,个人的先赋条件在上向流动中发挥了决定性优势"①。大学生在就业市场中的竞争逐步转化为家庭社会资源的竞争,父辈拥有的社会资源越多,子辈在就业市场上越具有竞争力。没有家庭背景和社会资源的大学生,毕业就是失业或是挣扎在生活的底层,改变自己的命运变得越来越难。来自农村或城市底层的"大学毕业生聚居群体"家庭经济条件较差,社会关系网络单一,能够取得的社会资源的数量有限,质量较差。因此,他们可利用的社会资源不多,在就业中凭借个人能力孤军奋战,在激烈的市场竞争中难以找到满意和质量好的工作。

在调研访谈中,很多"大学毕业生聚居群体"谈及班级中就业不错的同学,羡慕其有着良好家境,一毕业就被安排进国有企业或事业单位工作,收入稳定、工作体面。当"大学毕业生聚居群体"还在为生活四处奔波的时候,已经过上了有房有车的小康生活。这些有着强大家庭背景、父母掌握着良好的人脉资源的同班同学一毕业就和"大学毕业生聚居群体"身处在不同的社会阶层。"大学毕业生聚居群体"开始感叹战不过官二代,拼不过富二代。"麦可思——中国 2009 届大学毕业生求职与工作能力调查"项目组对 50 万大学毕业生的调查显示,家庭阶层对其高等教育结果有着明显的影响。在"211"院校中,农民与农民工子

---

① 陈怀平、梁慧歆:《社会转型期新底层公众上向流动诉求的困境与出路》,《长安大学学报(社会科学版)》2011 年第 3 期。

女入学时以 576 分的平均分领先于管理阶层子女的 557 分,但其找工作则要艰辛得多。从学生毕业后半年的就业状况来看,农民与农民工子女有 35％ 的毕业生未能就业,远远高出管理阶层子女未就业 15％ 的比例。[①] 在职业地位获取过程中代际传承性的增强在一定程度上削弱了"大学毕业生聚居群体"在高等教育中获得的竞争能力,加剧了"大学毕业生聚居群体"向中上阶层流动的难度。

(二)"大学毕业生聚居群体"自致性因素发挥受限

改革开放以来,自致性因素在社会成员的阶层流动中逐渐起主导作用,尤其在教育和就业领域得到凸显。自致性因素成为社会阶层流动的主导因素。然而,"进入新世纪以来,阶层固化的趋势在加深,表现在教育领域是作为向上流动能力的源泉功能和分化社会阶层筛选功能在日益消失,大量的'大学毕业生聚居群体'的出现就是这一教育功能失衡的典型表现"[②]。教育不再单独对阶层流动起作用,除了个人努力还需要其他因素支撑,否则很难获得向上流动的机会。在就业领域表现为打招呼、萝卜招聘,因人设岗等现象层出不穷,因就业滋生的权力腐败屡见不鲜。"大学毕业生聚居群体"实现阶层突破的唯一途径就是通过教育获取知识技能,然后将其转换为在就业市场上的竞争能力。在当前阶层流动固化的现实条件下,"大学毕业生聚居群体"自致性因素发挥受到很大限制,"大学毕业生聚居群体"向更高社会阶层流动面

---

① 杜安娜:《专家称社会底层向上层流动受阻流动机制不公》,网易新闻,2010 年 11 月 3 日,http://news.163.com/10/1103/07/6KI2G0MT00014AEE.html。

② 杜安娜:《专家称社会底层向上层流动受阻流动机制不公》,网易新闻,2010 年 11 月 3 日,http://news.163.com/10/1103/07/6KI2G0MT00014AEE.html。

临较大瓶颈。

无论哪个时代，青年一代的奋斗精神始终是推动时代进步的最主要社会动力。"对于我们这个特定时代，'大学毕业生聚居群体'式的奋斗是一种命运，一种和平年代的'第二次成长'，更是一种切实的担当。"[①]"大学毕业生聚居群体"怀揣改变人生的梦想留在大城市奋斗着、坚持着。在本次调查问卷中"您认为自己未来的出路在于政府帮助还是自己的努力"的选项中，51.89%的"大学毕业生聚居群体"选择了靠自己的努力，30.19%的"大学毕业生聚居群体"选择提高个人技能，只有6.6%的"大学毕业生聚居群体"选择了政府帮助。但是，"大学毕业生聚居群体"社会资源的贫乏、大学校园中学到的未必实用的知识去市场化的就业竞争中谋得美好的前途显得力不从心。"大学毕业生聚居群体"渴望用自己的知识、勇气和毅力找到一份专业对口、可以施展才华的工作，通过努力改变出身底层的社会地位。然而，现实是在高房价和高物价的大城市中求职困难、生存艰难，"大学毕业生聚居群体"仍是蜗居、低收入，在失业与频繁地换工作中奔波和彷徨，很难真正地融入所在城市。

三、微观层面"大学毕业生聚居群体"就业能力的不足

"大学毕业生聚居群体"一定程度上是高校大幅扩招背景下大学毕业生的数量远远超过了劳动力市场的容纳量所产生的就业困难群体。大学毕业生就业质量的好坏关乎这一群体的生存质量高低。据资料统

---

① 廉思：《蚁族Ⅱ：谁的时代》，中信出版社 2010 年版，第 222 页。

计,大学毕业生的数量年年创下新高,就业率却逐年下降,基本呈现供大于求的局面。2018年大学毕业生的数量突破800万大关,随着硕士毕业生和海归人才陆续加入就业大军中,就业难度无形加大。庞大的就业需求与有限的就业岗位之间的矛盾直接导致每年都有大量高校毕业生找不到合适的工作而沦为校漂族、"大学毕业生聚居群体"等弱势族群。伴随科技进步步伐的加快和社会竞争压力的加剧,劳动力市场对求职者的需求层次、水平发生了很大的变化。社会对劳动者必要就业能力的需求,如良好的教育背景、运用知识的能力、分析和解决问题的能力、创新能力和沟通合作的能力等正在逐步增加,并已经成为求职者顺利就业的关键因素。对于"大学毕业生聚居群体"而言,仅有一纸学历证书已不能满足用人单位的需求,用人单位要求应聘者不仅应具备岗位所需的基本理论知识和实践能力,同时还要具备综合的就业能力。

"大学毕业生聚居群体"现有的知识结构、综合能力和核心竞争力与社会和工作岗位的需求存在着较大的差距。面对劳动力市场的竞争日趋激烈、技术水平不断地提高、知识的更新、职业的快速变迁,拥有持久的就业能力,即获得工作和保持工作的能力,对"大学毕业生聚居群体"来说显得更加重要。然而,许多"大学毕业生聚居群体"没有跟随市场的变化及时转变思路,在择业的过程中没能够充分意识到自己就业能力的不足。就业能力意味着个体获得工作后持续地学习新知识或新技能以应对不断变化的劳动力市场需求的能力。Lee Harvey 认为:"就业能力是指个人所具有的获得基本就业、维持就业以及在需要时重新获得就业的能力和意愿。"[①]"大学毕业生聚居群体"大部分出身农村家庭,从小接受传统应试教育,重知识的学习轻综合素质的培养,在人力资本存量、职业规划能力、社会适应能力、沟通表达能力及组织协调能力等方面处于先天弱势。调查结果显示,"大学毕业生聚居群体"的就业能力与企业雇主的实际需求存在一定差距,主要表现在以下几个方面。

（一）人力资本存量不足

Fugate 等人（2004）所提出的就业能力结构模型,即"就业能力包括适应性,职业认同,人力资本和社会资本。其中,人力资本是构成就业能力、决定就业成败的核心因素"[②]。知识、技能、体能等人力资本的存量多寡决定就业能力的高低。这涉及毕业院校的层次、学业成绩的好坏、企业所需的实习经历。"大学毕业生聚居群体"几乎都毕业于普通高等院校,属于就业市场中的大多数。现实是用人单位选人用人非常看重是否毕业于名校,"大学毕业生聚居群体"因而丧失了很多择业机会。"大学毕业生聚居群体"普遍存在理论有余实践能力不足,缺乏对自我的成长规划与潜能开发。当然,拥有知识和技能还不代表成功,还要学会在复杂多变的环境中适应各种各样的突发情况,培养处理这些突发情况的能力。

"大学毕业生聚居群体"求职时,很多知识已经更新变化,旧有的知

---

① Lee Harvey L,"Defining and Measuring employability",Quality in Higher Education,Vol. 7,No. 2,2001.

② Fugate M,Kinicki A J,Ashforth B E,"Employability：A Psycho-social construct,its dimensions and applications",Journal of Vocational Behavior,Vol. 65,NO. 1,2004.

识无法跟上时代的变化,需要不断地学习,根据工作需要调整自己的知识结构、能力结构以及行为方式,要有对自己有效的持久的人力资本投入的能力。"大学毕业生聚居群体"的不足在于较为全面地掌握了专业理论知识,但专业技能较为薄弱。用人单位在挑选毕业生时都非常重视其专业理论知识和专业技能。"大学毕业生聚居群体"经过几年严格的专业学习后,基本上能够全面系统地掌握本学科、本专业的基本理论和方法,但实际工作中缺乏运用理论知识进行实际工作的能力。调查显示,85%的"大学毕业生聚居群体"认为自己"专业基本理论知识学得很扎实,懂得自己的专业各模块知识点",但专业技能不强是"大学毕业生聚居群体"的普遍特点。

(二)与用人单位的双向互动中,准备不够充分

自身职业特质认识较为明确的大学生在就业中有更准确的定位、更充分的准备,因而有可能获得更多的录用机会。如果"大学毕业生聚居群体"选择的职业是符合其职业认同的,那么其工作满意度也相应较高。这在所拥有的资本因素、知识、技能都相差不多的情况下,对职业认同有清晰了解的个体拥有更高的就业可能性。职业认同是构成个体就业能力的关键要素。职业认同度影响就业质量和工作的满意度。只有清晰的职业规划才能指导职业决策,在求职中提供方向和聚焦点,有助于其更好地达到职业目标。

(三)缺乏主动出击的求职技巧和与人沟通的技巧

"大学毕业生聚居群体"在人际交往中不自信、不善于交流,没有突破性格中的弱点。如果求职时懂得一些求职应聘技巧,对自己在众多

应聘者中脱颖而出很有优势。调查显示,在怎么收集求职信息、面试技巧掌握程度、就业流程的了解程度和怎么制作简历等方面,有相当一部分大学生缺乏了解。这就直接导致其面试失败,影响顺利就业。大学生职业生涯规划包括大学期间的学习规划、生活规划和职业规划等,职业生涯规划的有无及规划的好坏直接影响到大学期间的学习生活质量高低,更直接影响到其求职就业甚至未来职业生涯的成败。在沟通表达能力方面特别是组织协调能力较弱。95%的"大学毕业生聚居群体"在"能配合团队有效地开展工作"和"在团队中能有效地倾听和理解他人的观点"等选项中表现良好,但在与团队或企业领导发生分歧时,能用简练的语言准确地表达出自己的观点仅占15%。

(四)对职业的期望值过高

"大学毕业生聚居群体"往往对企业期望过高,真正到了工作岗位后会产生强大的心理落差,加之他们又不善于自我调节,于是很快就失去了当初应聘时的工作热情。相当比例的"大学毕业生聚居群体"又会在工作一段时间后重新选择工作。谈及原因,不外乎是企业环境不好、待遇不高、工作太累或工作内容过于单调枯燥、没有发展机会与空间等。职业知识和技能更新周期加速,复合程度提高,这就要求"大学毕业生聚居群体"所具有的知识、技能和素质适应社会经济,特别是产业结构和职业结构的快速变化。培养持久性的就业能力,能使"大学毕业生聚居群体"最大限度地适应就业环境的变化,同时促进"大学毕业生聚居群体"自身的成长和潜能的开发。

"大学毕业生聚居群体"具有向上流动的强烈诉求是积极上进的反

映,但"大学毕业生聚居群体"就业质量不高、就业层次较低,始终徘徊在社会的底层,很大程度是由于其核心竞争力造成的。"大学毕业生聚居群体"求学之地都是在大中城市,城市的社会资源和就业机会明显优于农村,"大学毕业生聚居群体"将大城市作为其工作和生活的理想之地,但以北上广为代表的一线城市汇集了全国最优秀的人力资源,竞争十分激烈。"大学毕业生聚居群体"既非出自名校,个人能力也不突出,在就业市场优胜劣汰、供大于求的现实环境下,自然就业困难或就业不理想。核心竞争能力的欠缺和职业目标的不清晰导致部分"大学毕业生聚居群体"盲目留在大城市发展,没有理性思考适合自己的社会流动渠道。"大学毕业生聚居群体"自我认知不足、个人能力的欠缺导致其高不成低不就,向上流动困难,徘徊在城市的边缘。从校园到职场,环境发生了很大转变,"大学毕业生聚居群体"所具有的知识、能力、经验不足以应对社会经济特别是产业结构和职业结构的快速变化以及就业市场所要求的持久的就业能力。"大学毕业生聚居群体"应适当调整自己的就业期望值,降低薪酬预期,先就业后择业。

第五章

大学毕业生聚居群体
向上流动的路径选择

公共政策是政府管理公共事务的主要手段,作为对社会利益的权威性分配,必须反映大多数人的利益。"大学毕业生聚居群体"作为庞大的社会底层的知识分子,为城市的快速发展献上了青春,付出了汗水,但在享受社会公共政策和社会资源方面,却是明显处于弱势地位,尤其是通往上层之路,更是充满艰难曲折。作为底层知识分子,"大学毕业生聚居群体"在享受社会公共政策和社会资源方面具有明显弱势,向上流动面临困难。"大学毕业生聚居群体"面临的困境是政府制定政策的过程中必须要考虑和解决的问题。拓宽"大学毕业生聚居群体"的社会流动渠道,使"大学毕业生聚居群体"顺利地实现向上流动,需要恰当的公共政策对现有社会利益进行合理的分配。

在党中央着手解决人民日益增长的美好生活需要和不平衡不充分发展之间的矛盾以及政府在制定政策的过程中,不可忽略的是要考虑和解决大学毕业生底层化问题。解决"大学毕业生聚居群体"底层化问题要彻底抛弃旧式思维逻辑和方式方法,站在国家战略的高度,从理论研究和制度创新上根治"大学毕业生聚居群体"纵向社会流动的问题。

拓宽"大学毕业生聚居群体"的社会流动渠道,帮助"大学毕业生聚居群体"实现有序的向上流动,这不仅关系到社会的和谐、国家的稳定,更是关乎新时代的大国梦想。妥善解决好"大学毕业生聚居群体"问题,制定并完善促进"大学毕业生聚居群体"向上流动的公共政策,首先体现在建立公平合理的社会流动制度,其次是提供丰富多元的社会支持,最后是对"大学毕业生聚居群体"积极正确的个人引导。

第一节　建立公平合理的社会流动制度

　　"大学毕业生聚居群体"向上流动不畅的困境主要来源于制度壁
垒,因此必须从问题的根源入手,结合"大学毕业生聚居群体"的生存现
状,探寻建立公平合理的社会流动制度,充分保障"大学毕业生聚居群
体"的合法权益。作为制度的提供者,国家应保证社会成员的勤奋努力
和开拓创新在社会阶层的流动中得到正面体现。国家制定的政策、制
度都应体现公平正义的原则,让社会成员在改变其政治、经济、社会地
位时,遵循社会公认的公平准则。"因为只有遵循理性,合理设计的制
度,才能有效地维护社会的公平、正义和秩序。"①"大学毕业生聚居群
体"是当今城市发展的主要力量之一,也是未来社会发展的中坚力量,
同时也是中产阶层的后备军,他们应该与城市中其他公民一样,平等享
有教育、就业、医疗、住房、户籍等一系列的公民权利。在"大学毕业生
聚居群体"向上流动和改变阶层地位的过程中,应该遵循公平竞争的规
则。为保证规则的切实开展,国家就需要建立健全对保障社会公平具
有重大作用的制度。制度建设在促进社会阶层良性流动方面的作用至
关重要,消除社会流动中的各种阻碍因素,关键在于制度约束。

---

　　①　高力:《公共伦理学》,高等教育出版社 2002 年版,第 83 页。

当前社会转型期,社会分层是社会阶层演变的历史必然,有序畅顺的社会流动是平衡阶层差异的有效路径。通过分析"大学毕业生聚居群体"向上流动面临的现实困境,深入解读影响"大学毕业生聚居群体"社会流动的因素,搭建宏观、中观和微观三位一体的完整图景:宏观层面以取消妨碍"大学毕业生聚居群体"社会流动的身份制度、为"大学毕业生聚居群体"提供公平的就业环境、强化自致性原则在"大学毕业生聚居群体"社会流动中的主导作用为政府提供帮助的首要目标;中观层面以社会资源的丰富、保障"大学毕业生聚居群体"平等享有社会保障、扩大"大学毕业生聚居群体"政治参与途径和利益表达渠道为主要路径;微观层面增强"大学毕业生聚居群体"向上流动的个人能力为落脚点。三者共同构成"大学毕业生聚居群体"社会流动路径顺畅的实体内核。

一、取消妨碍社会流动的身份制度,逐步实现社会福利与户籍脱钩

户籍制度是中国特色流动人口产生的制度根源。"户籍制度不仅具有社会普遍关心的城—乡'二元'属性,而且具有'双二元'属性,即'城镇—乡村'的户籍类型,也有'本地—外来'的户籍地点。户籍制度基于人口管理的目标对个人信息进行登记本身无可厚非,但基于户籍的身份制度却超过了把人区分为'是谁''从哪里来''与他人是何关系'的普通范畴,成为资源配置、服务享有和福利可得的标尺。"[①]国内现行

---

① 杨菊华:《新型城镇化背景下户籍制度的"双二属性"与流动人口的社会融合》,《中国人民大学学报》2017年第4期。

的户籍制度承载了不同户籍人口的身份差别和待遇差别,如劳动就业、义务教育、医疗保障、住房保障、政治选举的二元制度体系。"以户籍管理为基础的制度模式是适应国内人口状况和特殊国情必要存在的,但该制度在一定意义上也发挥着地域特权和限定社会成员身份的功能。"[①]随着新型城镇化建设的进程加快,原先计划经济时代制定的户籍政策成为制约社会成员社会流动的关键障碍。尽快消除城乡户籍差异的歧视待遇和地域差异造成的户籍人口差别待遇,让户籍回归基本的人口登记功能,逐步剥离附着在户籍背后的社会福利,使户籍不再是影响个体身份认同和流动机会均等获得的制约因素。

（一）回归户籍基本职能,逐步实现社会福利与户籍脱钩

2014 年 7 月,国务院正式发布《关于进一步推进户籍制度改革的意见》,内容规定将改进现行落户政策,建立完善积分落户制度,建立公开透明的落户通道。要求到 2020 年基本建立以人为本、科学高效、规范有序的新型户籍制度。自 2014 年我国新一轮的户籍制度改革启动以来,户籍制度的改革取得明显的进展,从形式上取消了"农业户口"和"非农业户口"的区别,统一登记为"居民户口"。之后,一系列的配套政策出台,比如 2016 年 1 月,《居住证暂行条例》全面施行;2016 年 2 月,国务院印发《关于深入推进新型城镇化建设的若干意见》;2016 年 9 月,国务院办公厅印发《推动 1 亿非户籍人口在城市落户方案》《国家新型城镇化规划(2014—2020 年),明确户籍改革是新型城镇化建设的重点。从户籍改革之后的身份性质上看,农村和城镇的人口虽然都统一称为

---

① 刘宜君:《户籍制度改革与社会人口流动研究》,硕士学位论文,福建师范大学,2003 年。

"居民"，但与户籍紧密相连、与人们生活休戚相关的教育、就业、卫生计生、社保福利等相关政策并未实现上下联动、同步跟进。这就使得相关部门在实际操作中仍然要区分农业人口与非农业人口，附着在户籍背后的二元隐形标签依然持续存在。

户籍改革的目标是使户籍回归人口信息登记的基本职能，确保居民在城乡之间、城市之间享受自由迁徙的权利、选择居住城市的自由，以及获得均等公共服务的权利。这三项自由权利中自由迁徙的权利和选择工作或居住的城市的权利除了特大或超大城市之外，中小城市已基本实现。当前户籍改革的最大阻力在于城乡间、城市间公共服务水平的巨大差距。户籍改革应不仅仅从形式上消除城镇人口和农业人口，更应该从根本上去除其作为社会福利分配的工具，逐步实现户籍与附着其上的相关社会福利脱钩，渐进式地推进城乡间、地区间实际享有的公共服务水平均等化。确保包括"大学毕业生聚居群体"在内的外来人口获得均等的公共服务，帮助其顺利融入迁入城市是我国户籍制度改革的重点。

1. 政府需要加大对公共服务的投入力度，逐步缩小城乡基础设施和公共服务差距。缓解"大学毕业生聚居群体"流入较为集中的大城市所造成的公共服务的供需矛盾，进一步增强城市基础设施和公共服务供给能力。促进城乡间、城市间基本公共服务的均衡发展需要推进基础设施和公共服务体系标准化，统一公共服务的标准、流程、职能，明确服务对象、制定服务流程和项目清单。促进公共服务信息公开共享，方便居民获取公共服务信息。目前，基本公共服务在城市已实现基本覆盖，但公共服务的质量总体不高。明确国家和各地方基本公共服务的质量要求，在教育、就业、医疗、养老、住房等服务保障方面明确具体的保障范围和保障水平，使福利公平惠及城市户籍市民和非户籍市民。

2.规范高校毕业生就业市场，消除户籍歧视。当前高校毕业生就业市场存在的户籍歧视主要体现在两个方面：一是用人单位在招聘公告中设置户籍门槛，注明仅限本地户籍或本地户籍优先，将非本地户籍的求职者拒之门外。二是本地户籍和外地户籍的应聘者同工不同酬，社保缴纳待遇被区别对待。《中华人民共和国宪法》《中华人民共和国劳动法》《中华人民共和国就业促进法》等法律法规均有保障公民平等就业、不得设置就业歧视性限制的法律条款，但对就业户籍歧视没有明确规定。构建行之有效的反就业歧视制度框架，各地区、各有关部门出台有力的反就业歧视行政措施，完善反就业歧视监督机制和救济机制，通过专门立法明确设置户籍歧视的禁止条款，从制度层面破除户籍就业歧视。除了尽快出台反就业歧视法之外，加大对招聘过程中设置户籍限制的用人单位的惩罚力度，健全对用人单位的惩罚性赔偿制度，提高用人单位的户籍歧视的违法成本，倒逼用人单位在招考、招聘职工时不得对求职者的户籍做出限制性要求，营造公平的就业环境。进一步规范各地中小企业的用工制度，监督企业依法为外埠高校毕业生缴纳五险一金并落实同工同酬，疏通人才自由流通的途径。

（二）渐进式放开大城市落户，扩大"大学毕业生聚居群体"本地化的制度通道

近年来，中央和地方政府在深化户籍改革方面进行了诸多有益的尝试。"从暂住证到居住证、从计划分配到积分落户，旨在打通从农村

到城市、从中西部地区到东部地区的道路，破解户籍这面'玻璃幕墙'。"①2018 年，国家发改委发布《关于实施 2018 年推进新型城镇化建设重点任务的通知》，要求全面放宽城市落户条件。中小城市和建制镇全面放开落户限制，大城市要放低落户门槛，实行差别化落户。相比中小城市落户，大城市落户限制能否放宽是人们关注的重点。大城市拥有比小城市更好的就业机会、收入水平和更高的社会福利和公共服务水平，势必会吸引更多的外来人口向资源丰富的大城市流动。中小城市和大城市在发展程度和公共服务方面的落差使得年轻人大量涌入大城市并渴望获得落户资格。然而，大城市落户对居住年限和社保年限有一定的要求，城区常住人口超过 500 万以上的特大城市实行积分落户，城区常住人口超过 1000 万的进行严格限制。

目前外来人口流入最多的东部沿海发达城市和省会城市，这些城市人口规模几乎均超过 500 万这一下限。以杭州为例，入户申请者本科学历需满足 45 周岁以下，专科学历需满足在 35 周岁以下。专业需为紧缺专业，如城市轨道交通车辆技术、城乡规划、安全技术管理等 74 个紧缺专业。此外，还需连续缴纳 1 年社保及连续 1 年的居住登记。从以上落户的条件看，入户大门主要向高端人群即人才引进者敞开大门，社保缴纳和居住年限在积分中所占的权重也较大。特大或超大城市的落户政策成为"显性排斥政策的隐性替代品"。②

大城市户籍改革的方向不仅要根据城市人口规模和承载力实施差

<hr>

① 李涛、任远:《城市户籍制度改革与流动人口社会融合》,《南方人口》2011 年第 3 期。
② 熊万胜:《新户籍制度改革与我国户籍制度的功能转型》,《社会科学》2015 年第 2 期。

别化落户，更要使包括"大学毕业生聚居群体"在内的大多数流动人口有机会获取城市户籍背后权益的制度通道。这样的通道应该是外来人口从短暂居住到长期居住再到本地居民的转换通道。对于非紧缺专业的"大学毕业生聚居群体"可以有条件地分类准入，根据在城市居住时间长短决定"大学毕业生聚居群体"享有的公共服务，达到一定居住年限都应该允许其逐步地成为本地市民。

以杭州为例，居住证积分指标体系由基础分指标、加分指标、减分指标和一票否决指标组成。其中基础分指标包含年龄、文化程度、专业技术职称和技能等级、在本市工作及缴纳社会保险年限、住所及居住年限情况等指标。积分落户具有一定的合理性，但缺少了个人消费对城市的贡献项，消费拉动 GDP，支撑了城市的发展，但却被忽略。在目前的大数据时代完全可以做到对消费的记录，打通支付宝、微信支付、云闪付等数据平台，增加消费项目积分是具有积极的现实意义的。

完善现有的积分落户模式，建基于个人信用基础上的先落户后积分政策，比先积分后落户政策更切实可行。"大学毕业生聚居群体"在新生代流动人群中占主体，融入大城市的意愿强烈，有长期居留的打算，先落户后积分既可以满足城市发展对劳动力增长的需求，同时也是提高"大学毕业生聚居群体"享有城市福利的手段。不合理性在于考量的指标相对单一，不具有灵活性，且难以与真正的城市户口享有同样的市民待遇。

先落户后积分属于政府授信政策，可以参考金融授信政策来制定。设立三年、七年和长期城市户口。入户在三年内满足一定积分，经检验合格后，延长为七年，七年也满足积分并检验合格，可以转为长期稳定的城市户口。在持有城市户口期间,无论长短,享有同样的市民待遇。这样可以鼓励人们奋发向上,更能避免多数年轻的大学毕业生沦为"大学毕业生聚居群体"。

二、为"大学毕业生聚居群体"提供公平公正的就业环境

社会流动的前提是拥有足够的社会资源,以户籍制度为基础建立起来的二元制度体系导致社会权力和社会资源占有的不平等,社会成员在向上流动时缺乏均等的流动机会。对"大学毕业生聚居群体"而言,主要体现为以就业机会为主的社会选择不均等。虽然《中华人民共和国就业促进法》已实施多年,《中华人民共和国劳动法》也做了修订,但随着国际与国内经济形势走势疲软,新社保政策的出台,企业用工成本增加,裁员潮来袭,初入社会的大学毕业生在就业市场明显处于弱势地位,就业权益受侵害的现象不断发生。"大学毕业生聚居群体"具有高等教育经历和年龄优势,是流动潜力巨大的群体,向上流动诉求较为强烈,对向上流动有较高的社会预期,当社会流动机会得不到公平配置时,很容易产生强烈的分配不公感,对社会积累不满情绪。2018年应届高校毕业生首次突破800万,达到820万人,2019年预计达834万人。随着毕业人数逐年增加,就业市场中岗位需求和人才供应失衡的结构性矛盾依然突出,加上国内外综合因素影响,近年的就业形势不容乐观,本已是就业市场中弱势群体的"大学毕业生聚居群体"面临就业纠纷时很难维护自身的正当权益。为解决这些突出问题,化解就业矛盾,需要出台保证就业公平的法律法规、政府、高校通力合作,建立长效的就业帮扶机制,保障"大学毕业生聚居群体"的就业公平。

（一）要落实相关法律法规，相关管理部门加大稽查力度，保证就业的公平性

为保障"大学毕业生聚居群体"就业公平公正，国家立法部门应尽快出台并实施反就业歧视法，保证"大学毕业生聚居群体"遭遇就业歧视维权时能够有法可依。各级地方政府要规范劳动力市场和就业服务体系，杜绝权力寻租，明确用人单位违反就业公平原则时应承担的法律后果和具体处罚措施，对就业中的不公行为加强政府监管职责。对遭遇不公平待遇的"大学毕业生聚居群体"启动司法救济程序，及时纠正违反就业公平的现象，创造良好有序的公平就业环境，帮助"大学毕业生聚居群体"走出就业的底层。

要严格实行招聘"三公开"，铲除拼爹土壤。据《中国青年报》的一项调查，61％的受访者认为央企招聘"很不透明"，89.8％受访者认为这种不透明会"令央企裙带关系泛滥"。[①] 眼下，大学毕业生就业难成为不争的事实。越是就业形势严峻越要防止特权阶层利用手中的权力或社会资源获取子女的优先就业权。保障就业起点公平就要保证招聘的公开透明度和相应的公正性。严格做到招聘信息公开、招聘程序公开、招聘结果公开，健全社会监督系统，采取笔试面试全程录像，通过网络或电视直播的方式让社会监督。为防止垄断行业岗位的世袭化、裙带化，官员子女实行从业申报公开制，监督检查子女从业情况。

针对大学毕业生求职过程中遭遇的各种就业歧视，教育部在 2013 年出台《关于加强高校毕业生就业信息服务工作的通知》。通知强调，

---

① 陈璐：《八成受访者认为央企招聘须更规范》，《中国青年报》2012 年 11 月 5 日，第 10 版。

"严禁发布含有限定 985 高校、211 高校等字样的招聘信息；严禁发布违反国家规定的有关性别、户籍、学历等歧视性条款的需求信息；严禁发布虚假和欺诈等非法就业信息，坚决反对任何形式的就业歧视"[①]。教育部反就业歧视措施的出台有利于为大学毕业生营造公平竞争的就业环境。但很多毕业生担忧就业门槛从显性变成隐性，就业歧视依然存在。为消除就业门槛必须要有制度层面的规范和完善的法律制度做保障。

目前，我国《中华人民共和国宪法》和《中华人民共和国就业促进法》中都规定了公民享有平等就业权，明确禁止民族、种族、性别、宗教信仰歧视。但在实际操作中人为设置就业门槛的现象却层出不穷，就业平等权成为停留在纸面上的一项权利。求职中受歧视者很难通过法律程序维护自己的权益或者使歧视者接受惩罚。因此，要尽快出台反就业歧视法，在法律中对就业歧视的概念、种类、适用范围、举证责任以及受害者的救济措施做出明确规定，为就业中遭受歧视的群体提供法律依据。将"就业歧视纠纷"作为独立案由，敦促法院积极受理就业歧视案件。此外，设置处理纠纷的专门机构，负责反就业歧视监察和平等权的促进，对招聘环节中发生的歧视行为进行及时惩处，纠正就业中的不公正行为。最后，对受歧视者提供司法保护，设立公益诉讼制度。在发生就业歧视时，帮助其向行政执法部门申诉，向法院提起诉讼。探索由第三方搭建用人单位征信体系，因对求职者性别歧视、年龄歧视、户

---

① 中央政府门户网：《加强就业信息服务 坚决反对就业歧视》，2013 年 4 月 23 日，http://www.gov.cn/zwgk/2013-04/23/content_2386635.htm。

籍歧视等就业歧视行为而被多次投诉的招聘单位将进入黑名单。

（二）政府、高校通力合作，建立长效的就业帮扶机制，保障"大学毕业生聚居群体"的就业公平

对政府而言，一要实施积极的就业帮扶政策，构建完善的"大学毕业生聚居群体"公共就业创业服务体系，多渠道公布各地就业需求预测信息，建立省、市、县、乡、村分级就业服务机构，整合各类社会资源，为"大学毕业生聚居群体"提供高效便捷优质的就业服务。二要建立"大学毕业生聚居群体"中就业困难人员的帮扶机制，建立公开的就业信息服务系统，依托就业信息平台，开展"大学毕业生聚居群体"就业动态监测，提供数字就业服务。提供全方位多层次个性化的职业培训服务体系，及时反馈企业用工需求，推动中小企业与"大学毕业生聚居群体"签订定向培训合同，全方位提高政府就业管理和就业服务水平。三要以劳动力市场调节机制为核心，加快户籍制度、人力资源管理制度和就业管理制度的改革与创新，结合政策调控机制，促进人力资源的优化配置及跨地区合理流动。

对高校而言，高校的专业设置和招生需以市场需求为导向，根据经济发展战略和国家产业政策来设置招生规模和专业，充分研判国家政策和地区发展情况，兼顾学校师资和硬件配置，根据未来前景提前预判，避免一窝蜂地开设新专业，造成高校人才过剩，陷入"毕业就是失业"的恶性循环。除按照就业市场来规划高等教育市场以外，尽量缩减高等教育成本费用，大幅提高知识转化生产力的效率，增加像"大学毕业生聚居群体"中出身贫寒的大学毕业生通过教育获得稳定就业的可能性。

1.高等院校需改革人才培养模式,走特色化和内涵式发展路径,以构建质量保障体系为办学目标,培育适应市场变化和社会需求的高素质、复合型人才,以消除用人单位存在的学历歧视和院校歧视,努力通过多项措施提高毕业生的就业率和就业质量。为促进就业和实现就业公平,高校提前做好职业规划的相关课程,设置专业时,紧密围绕各地方市场与社会发展的需求,结合地域资源和地区产业结构布局及发展趋势优化学科结构和专业结构,让毕业生具备就业技能以适应地区经济社会发展的需要,实现充分就业和公平就业。

2.要培养"大学毕业生聚居群体"创新创业能力,开辟公平就业新路径。高校应着力培养大学生创新创业意识和精神,通过增强理论和实践的紧密结合,将创新创业的相关理论知识转化为实际创业技能和创业素质,借助开展创新创业论坛、大学生创业大赛、创业工作室等平台努力提升大学生的创新创业能力、培养大学生的创业思维。开辟各种创业实践机会,通过推动校企、学校与科技园区的合作,建设创新创业实践基地,为大学生提供实习就业岗位,使大学生通过创新创业获得新的公平就业模式。高校创设大学生创业园平台,发挥优势学科和教授团队的创业支撑动力,目标是服务大学生创新创业,提供丰富多样的创新创业培训等方面的帮助,通过引导创业带动大学生就业,开辟新的公平就业的路径。

3.增强"大学毕业生聚居群体"就业公平感。通过职业技能和通用技能培训,青年能够尽快适应劳动力市场的快速变化,增强就业竞争力,提高参与公平竞争的信心和勇气,由此主动增强青年就业公平感。

4.高校要创新就业教育的模式,把就业工作贯穿于人才培养全过程。将就业优先和积极就业列为学校的战略重点,通过积极开拓就业市场,建立就业长效机制推进毕业生就业工作。首先,将离校未就业毕业生纳入高校就业帮扶范围。做好离校未就业大学毕业生的实名登记,实时跟踪其就业动态,以就业需求为导向确定就业服务清单,全部纳入帮扶范围,有针对性地开展职业技能培训、就业辅导、岗位需求信息、毕业生专场招聘会等就业服务。其次,全方位拓展就业市场,建立用人单位电子信息库,发布各行业校内外招聘信息、就业政策、职业指导等内容,使毕业生求职更加便捷高效。做好毕业生就业需求与用人单位岗位对接,如通过搭建网络信息平台,及时向用人单位提供院校基本情况和毕业生的详细资料,帮助用人单位与高校及毕业生搭建对接平台,对就业困难和长期失业的毕业生实施一对一指导和服务,实施一校一策、一生一策的动态管理,定制个性化就业帮扶,并消除就业中的院校歧视。成立毕业生就业服务中心,解决毕业生在就业择业中的困难,帮助学生树立正确的择业观,努力培养学生的职业能力和职业素质,使学生以较高的素质和较强的实力应对不断变化的市场需求。

三、强化自致性原则在"大学毕业生聚居群体"社会流动中的主导作用

社会成员阶层地位获得因素包括先赋性因素和自致性因素。先赋性因素是由血缘、遗传而继承来的先获性条件,是个人无法改变的身份或地位。自致性因素是社会成员通过个人后天的学习或努力获得知识、才干。这些知识、能力帮助其转化为有效生产力从而获得较高的社会地位或者改变由于先赋性因素不足造成的地位低下。"社会阶层合

理流动的环境中,先赋条件仅应作为社会阶层的先赋性介质,而非社会流动的决定性因素。但目前国内的社会流动机制呈现出先赋条件主导的畸形样态,代际传承和阶层隔离等社会现象的普遍存在,将个人先赋条件在上向流动中发挥了决定性优势,劣势的先赋条件成为上向流动诉求实现的直接阻碍。"[1]出身底层家庭,缺乏来自家庭原始社会资本的支持造成"大学毕业生聚居群体"与生俱来的先赋劣势,面对无法改变的先赋地位,"大学毕业生聚居群体"只有通过后天的努力突破现有的阶层位置。因此,构建公平公正的社会流动机制,需充分发挥后致性因素对"大学毕业生聚居群体"社会流动的积极作用,将知识、技能、综合素质等作为"大学毕业生聚居群体"获取社会地位和就业岗位的决定性因素,而非户籍、社会关系、家庭出身等先赋性因素作为主导。很大程度上,后致性能力是"大学毕业生聚居群体"实现向上流动的主要路径。以教育为代表的个人后致性因素应成为"大学毕业生聚居群体"社会阶层地位获得的决定性因素。逐步增加社会流动的开放性,让青年人相信努力就能成功,让每一个为梦想打拼的"大学毕业生聚居群体"都能有足够的升迁机会。

---

① 陈怀平、梁慧歆:《社会转型期新底层公众上向流动诉求的困境与出路》,《长安大学学报(社会科学版)》2011 年第 3 期。

第二节　丰富大学毕业生聚居群体向上流动的社会资源

社会资源是"大学毕业生聚居群体"实现向上流动的物质基础,社会资源配置的匮乏成为影响"大学毕业生聚居群体"向上流动的一大现实障碍。"要实现社会阶层的流动必须拥有足够的资源,而且其中任何一种资源都应当发挥带动社会阶层流动的作用。社会资源、经济资源、文化资源、人力资源和公民资源等共同构成了流动资源的逻辑内容。"①"大学毕业生聚居群体"在异地城市缺少以亲缘、地缘关系为基础建立的社会关系网络,向上流动信息及渠道的获取和实现只能依赖于有限的公共信息和社会渠道,在当今依附社会关系实现向上流动的社会规则环境下,"大学毕业生聚居群体"完全处于流动竞争的劣势地位。因此,建立"大学毕业生聚居群体"的社会保障体系,扩大"大学毕业生聚居群体"政治参与途径和利益表达渠道、整合社会多方力量,帮助"大学毕业生聚居群体"实现向上流动和城市融入。

一、建立"大学毕业生聚居群体"的社会保障体系

"大学毕业生聚居群体"缺少家庭经济资源和城市社会资源的支

---

① 周晓桂:《和谐社会视阈中的社会流动探析》,《科学社会主义》2008 年第 6 期。

持,他们的社会利益保护只能依靠政府的公共政策,但在目前的公共政策设置下,"大学毕业生聚居群体"既不具有享受社会低保待遇的条件,也不具备享受城市社会保障的市民身份。因此,政府应保障"大学毕业生聚居群体"的基本社保利益,防止"大学毕业生聚居群体"成为继农民、农民工、下岗职工之后的第四大弱势群体。目前,与老百姓最为相关的社会保障制度即五险一金的参保率不均衡现象明显。调查结果显示,绝大多数"大学毕业生聚居群体"都被纳入城镇居民基本医疗保险或养老保险体系中,这两个险种的参保率最高,分别是 94.23% 和 86.54%,而住房公积金的缴纳比例最低(61.54%)。"大学毕业生聚居群体"公积金缴存比例低使其依靠住房公积金实现安居梦比登蜀道还难。作为低收入群体,"大学毕业生聚居群体"通过公积金贷款购房的群体极少,尤其是在杭州这样的高房价城市。房价上涨过快,公积金贷款额度与房价相比过低,"大学毕业生聚居群体"享受不到公积金带来的福利。租房成为大多数"大学毕业生聚居群体"在大城市生存的常态。因此,在国家倡导租赁并举、以租代购的政策环境下,政府在保障"大学毕业生聚居群体"庞大的房屋租赁需求的同时,应加快完善相关租赁政策法规,确保房屋租赁市场的健康发展和承租人的合法权益,保障"大学毕业生聚居群体"在城市租房安居乐业。"大学毕业生聚居群体"是城市很大的租房群体,保护承租者的合法权益需要建立合理的住房保障制度,保证"大学毕业生聚居群体"的生存权和居住权。

严格规范管理"大学毕业生聚居群体"住房出租、加强房屋出租安全管理,保障"大学毕业生聚居群体"的人身财产安全。2018 年 8 月《杭州市人民政府办公厅关于印发杭州市居住出租房屋"旅馆式"管理实施方案的通知》，通知规定出租房实行旅馆式管理，将分散的出租房以虚拟旅馆的形式通过小区、社区设置旅馆总台，实行居住出租房屋"租前安全把关、人来登记、人走注销"的精准管理服务。流动人口集中居住点最大限度地降低安全隐患。旅馆式管理模式更便于精准化管理，从出租到入住到离开全过程监控，达不到安全要求的出租房或违章建房不能投放到租房交易市场中。制定严格规范的安全管理制度，定期对出租房进行安全检查，排查各类安全隐患。"大学毕业生聚居群体"分散于各居民小区，与网格员、户口协管员等力量相配合，从源头上强化出租房管理，规范房屋租赁行为，改善"大学毕业生聚居群体"等承租人的居住环境，有助于消除安全隐患。

保护"大学毕业生聚居群体"租住利益。"大学毕业生聚居群体"是群租房的主要需求人群，群租房虽然廉价，但安全隐患大、引发的各类矛盾纠纷屡见不鲜。为保护房屋租赁当事人的合法权益，规范居住房屋租赁行为，促进居住房屋租赁市场的健康发展，2016年1月1日，杭州市正式实施《杭州市居住房屋出租安全管理若干规定》（以下简称《规定》）。《规定》中的条款更加细化严格，新增对"群租房"的管理条款。《规定》第十三、十四条明确了居住出租房屋"最小出租单位"应当以一间按照住宅设计规范设计为居住空间的卧室或者起居室为标准，不得分隔搭建后出租；对人均使用面积和租住人数做出了明确规定，"每个居室人均最小使用面积"不得少于4平方米，租住人数限制为每个居室居住的人数不得超过2人。《规定》的出台避免群租房、拼租房带来的安全隐患问题及群租人员混杂带来的治安管理难题，保障了"大学毕业生聚居群体"的租住利益。

3.积极发展货币性房租补贴方式。对收入符合住房困难条件尚未享受其他住房保障者,给予房租差额补贴,使其基本生活不至于陷入困境,保证底线公平。鼓励企业为低收入"大学毕业生聚居群体"发放房租补贴,给予税收补贴优惠。加大公共财政投入、拓宽住房保障渠道、大力发展廉租房、公共租赁住房等多种方式改善"大学毕业生聚居群体"的住房困难。可以考虑将"大学毕业生聚居群体"纳入城市廉租房范围,建立共有产权的公租房解决"大学毕业生聚居群体"的住房需求。

二、扩大"大学毕业生聚居群体"政治参与途径和利益表达渠道

塞缪尔·亨廷顿、琼·纳尔逊认为:"政治参与就是平民试图影响政府决策的活动。"[①]公民政治参与或影响政府决策是保证政治民主化的重要环节,公民通过各种有效政治参与途径充分表达对政府决策的建议和意见,目的是使政府公共决策能够体现公民的利益诉求。近年来,网络政治参与成为公民政治参与的一种新形式,拓展了公民政治参与的广度和深度。"大学毕业生聚居群体"普遍是通过网络来了解国家大事和各种政策法规,他们围绕某个议题或政治事件展开网络集体行动,表达自己的声音,影响政府决策。互联网的即时、互动的特点为"大学毕业生聚居群体"实现政治参与、自由表达政治观点和政治态度提供了方便快捷的舆论平台。"大学毕业生聚居群体"政治参与的特点体现在参与意识强烈,但政治参与实践少,参与途径主要以网络参与为主,传统的选举投票等程序化途径为辅。拓展"大学毕业生聚居群体"政治

---

① [美]塞缪尔·亨廷顿、琼·纳尔逊:《难以抉择——发展中国家的政治参与》,汪晓寿、吴志华、项继权译,华夏出版社1989年版,第5页。

参与权利和话语表达的新兴渠道,使"大学毕业生聚居群体"与政府部门的信息互动变单向话语传输为双向度的上意下达与下情上传。扩大"大学毕业生聚居群体"民主参与的途径,多元化"大学毕业生聚居群体"的利益诉求,充分利用新媒体平台建立"大学毕业生聚居群体"与政府间的沟通对话平台,了解"大学毕业生聚居群体"的利益诉求。

(一)扩大"大学毕业生聚居群体"民主参与途径,多元化"大学毕业生聚居群体"的利益诉求渠道可以弥补其城市社会资源的不足

将"大学毕业生聚居群体"聚居地或"大学毕业生聚居群体"所在社区纳入基层管理服务体系中,让"大学毕业生聚居群体"参与到社区管理与建设中。选举"大学毕业生聚居群体"代表参加社区民主选举,鼓励"大学毕业生聚居群体"对政府政策进行民主评议,给予"大学毕业生聚居群体"参与国家与社会事务管理的机会。根据社会阶层结构的新变化,适当逐步地增加各级人大代表中"大学毕业生聚居群体"阶层代表的比例。建立人大代表与"大学毕业生聚居群体"选民的沟通协商机制,保障人大代表及时有效地反馈"大学毕业生聚居群体"的利益诉求,维护"大学毕业生聚居群体"的利益和权利。在"大学毕业生聚居群体"较为集中的一线城市设立人大代表联系"大学毕业生聚居群体"的接待日,通过日常联系、走访、开通人大代表信箱等线上、线下结合的方式,引导"大学毕业生聚居群体"合理、理性地表达自己的政治诉求。设置专门解决"大学毕业生聚居群体"问题的协调委员会,针对网络的隐匿性、突发性等特点及时化解"大学毕业生聚居群体"的负面情绪,防止"大学毕业生聚居群体"被网民过激言论误导,导致负面情绪的扩大,减少社会的不稳定因素。引导"大学毕业生聚居群体"建立基于自身利益

的社会团体,由团体将他们分散的、凌乱的政治意见以及政治诉求集中起来,通过正规的渠道,例如网上信访等方式传达到相关部门,让"大学毕业生聚居群体"足不出户就能表达个人诉求,有效维护自身权益。这不仅能使"大学毕业生聚居群体"的问题得到有效的解决,还能促进政府决策的民主化。

(二)针对"大学毕业生聚居群体"网络使用率高的特点,充分利用官方微博、微信、QQ等新媒体平台公开政务信息,建立政府与"大学毕业生聚居群体"定期联系的网络对话平台,倾听"大学毕业生聚居群体"的声音,了解"大学毕业生聚居群体"的诉求,解决"大学毕业生聚居群体"的切实困难

第一,扩大政府信息的公开力度,保障"大学毕业生聚居群体"的知情权。消解"大学毕业生聚居群体"对社会热点事件或政府决策的误解,畅通"大学毕业生聚居群体"对政府政策批评的渠道,让"大学毕业生聚居群体"参与和评议政府工作。政府部门充分利用微博、微信等新媒体平台,实现"大学毕业生聚居群体"利益诉求渠道多元化,构建对"大学毕业生聚居群体"话语权合理有效的保护机制。

第二,创新"大学毕业生聚居群体"政治参与回应的方式。建构包括网上答疑、传媒、听证会、微信公众号、微博访谈在内的多元诉求渠道,在"大学毕业生聚居群体"政治参与的反馈方面要做到快速、及时、高效,充分保障"大学毕业生聚居群体"的话语权,满足"大学毕业生聚居群体"的政治参与需求。

第三,建立健全舆情管理机制,及时发现追踪"大学毕业生聚居群体"对政府政策的批评和建议,对于"大学毕业生聚居群体"关注并参与

的具有网络影响力的话题、"大学毕业生聚居群体"政府批评中有价值的内容,在政府工作政策制定中全面考虑,考虑将其引入政府政策制定中,提高政府工作的科学有效性,发挥"大学毕业生聚居群体"在政治参与过程中的社会监督功能。

三、整合社会多方力量

畅通"大学毕业生聚居群体"社会流动的渠道,应以政府为主导、社会组织参与,整合民间资源,建立健全多元主体参与的协作模式。丰富"大学毕业生聚居群体"向上流动的资源主要以激发其自主创造能力基础上的资源保护,增加"大学毕业生聚居群体"向上流动资源的多元化路径。发挥政府之外的社会组织等机构的社会调节功能,为"大学毕业生聚居群体"提供向上流动信息,调动其自我创造的积极性,丰富其向上流动的资源。同时,增强"大学毕业生聚居群体"的政治参与路径,增加其公共话语权,充分保护"大学毕业生聚居群体"既有资源和再创造资源。通过职业技术培训,职业技能资质认定,增强其再就业能力。弥补"大学毕业生聚居群体"家庭经济资源和城市社会资源的不足,充分发挥自主向上流动的强烈意识,增加向上流动的机遇,调动其自主创造能力,摆脱"大学毕业生聚居群体"困境。

(一)政府责任:完善社会支持系统

社会支持是社会成员在其所处的社会网络中获得的物质和精神上的支持。社会支持分为正式支持和非正式支持两类。从调研中得知,"大学毕业生聚居群体"的社会支持主要来自家庭和亲戚朋友,但来自政府、非政府组织和社区的支持存在很大的局限性。"大学毕业生聚居群体"作为新底层群体,暂时或较长时间内没有能力经过自身努力摆脱现有的不利处境,需要来自政府和社会的支持以帮助其摆脱生存和发展的困境。政府给予"大学毕业生聚居群体"的最大的社会支持是就业支持。十八届三中全会提出激励高校毕业生自主创业政策,整合发展国家和省级高校毕业生就业创业基金。2008 年起,"杭州市政府累计出台 40 余项鼓励大学生就业创业政策,并在全国率先出台扶持网络就业创业的政策和网上创业认定标准。针对创业启动资金困难而使创业不能付诸实践的问题,杭州市政府累计无偿资助的大学生创业企业已达1700 多家、资助资金 8260 多万元,给予大学生创业企业租房补贴 6000多万元,设立规模 2 亿元的'海大基金',与杭州银行成立 1 亿元的并行债权资金,为大学生创业项目提供投资、贷款担保"。[1] 杭州市政府联合高校和企业制定的创业激励机制,为"大学毕业生聚居群体"中有创业意愿的群体提供了政策扶持和就业机会,有效解决了部分人的就业问题。

(二)充分发挥基层社区的作用

社区是社会有机体的基本组成单位,是一定区域范围内人们组成的社会生活共同体。社区作为居民基层自治组织,是实现群体融合,促进群体顺利融入所在城市社会的重要平台。作为"大学毕业生聚居群体"过渡时期最主要的生活居住空间,社区组织可以作为政府与"大学毕业生聚居群体"之间的媒介进行信息反馈并提供服务。"社区支持作

---

[1] 董碧水:《杭州出台 40 余项政策促大学生就业创业》,《中国青年报》2014 年 6 月 17日,第 01 版。

为一种新的支持力量，正向城市弱势群体的日常生活渗透，现有的社区组织作为新型社会支持网络的基础将发挥很好的提升城市弱势群体社会资本的替代作用。"①在"大学毕业生聚居群体"生活、居住比较集中的社区可以提供公共服务如建立社区保障信息网，通过社区组织与当地劳动保障部门信息联网将劳动力市场就业信息进行直接反馈，帮助"大学毕业生聚居群体"就近接受就业信息和就业指导等各项服务。

在"大学毕业生聚居群体"聚居区如杭州下沙、滨江等大学毕业生居住集中的社区配备专业的社会工作者。专业化和职业化的社区工作者可以运用专业知识、方法对"大学毕业生聚居群体"开展专项服务工作，比如集就业岗位信息提供、住房租赁信息提供、失业保障、职业规划及培训、法律援助、社区文化等内容于一体的综合服务，满足"大学毕业生聚居群体"的具体需求。社区工作者也可以给予"大学毕业生聚居群体"精神上的帮助，通过心理辅导找出其自身的弱势原因，增加其个人资本的提升。社区作为"大学毕业生聚居群体"和城市居民共同生活的空间是"大学毕业生聚居群体"在迁入地城市重构家园、获得心灵满足和归属感的依托，是促进"大学毕业生聚居群体"迅速融入城市的平台。社区通过定期组织活动增强"大学毕业生聚居群体"和迁入地居民点互动和交流，创造促进融合的条件和氛围，提高社区融合力。"大学毕业生聚居群体"往往是以个体的形式漂在迁入地，缺乏亲缘、地缘等交际圈，社交圈子极其有限。社会交往与互动的匮乏容易滋生对陌生城市

①　孙璐：《论城市弱势群体社会资本的提升：从社区支持的角度》，《湖北社会科学》2007年第 4 期。

的迷茫和孤独感,不利于"大学毕业生聚居群体"的城市融入。以社区为平台,增进"大学毕业生聚居群体"与社区内其他成员的互动交流,减少与当地居民社会距离感扩大,是提高"大学毕业生聚居群体"对迁入城市认同感的最好途径之一。

(三)拓展非政府组织的力量

伴随我国经济体制的转型和政府职能的转变,非政府组织日益成为协助政府解决弱势群体问题的重要力量。非政府组织作为独立于政府之外的社会公共组织,由于其非营利性、非党派性和公益性的特点可以很好地补充政府难以触及的民生领域。相比政府部门,非政府组织的工作人员可以充分发挥其在专业领域的知识、技能、经验,深入基层一线,更直接有效地针对特殊人群开展具体的、有针对性的公共服务活动。

1.非政府组织作为自主管理的中介组织可以弥补政府在社会救助方面存在的不足,对"大学毕业生聚居群体"面临的生存、就业困境提供支持、保护、服务,致力于帮助"大学毕业生聚居群体"融入迁入城市。非政府组织在我国虽然起步较晚,但活动范围已涉及权益保护、心理健康、教育科研、慈善救济、扶贫开发等诸多领域。目前,我国非政府组织的迅速发展需要大批就业人员的参与,在吸纳就业方面的优势日趋明显。"截至 2012 年底,全国共有民间组织 49.9 万个,吸纳社会各类人员就业达到 613.3 万人。不断增加的社会组织已成为扩大就业的一个新亮点。"[1]非政府组织的发展将为"大学毕业生聚居群体"就业带来极大的空间。

非政府组织可以利用其自治性、公益性、非政府性等特征拓宽服务范畴,对就业困难的"大学毕业生聚居群体"提供社会支持,开展就业帮扶,帮助其走出弱势群体的地位。通过为"大学毕业生聚居群体"提供针对性的就业援助服务和公益性岗位援助,提高"大学毕业生聚居群体"在就业市场中的综合能力。非政府组织中的法律援助机构、职业安全与心理健康机构可以与高校通力合作,帮助"大学毕业生聚居群体"解决在就业过程中遇到的劳动纠纷、职业适应和心理健康问题。

2. 非政府组织可以充当政府和"大学毕业生聚居群体"之间沟通的桥梁,代表"大学毕业生聚居群体"向政府表达利益诉求。"大学毕业生聚居群体"基本上缺乏融入所在城市需要的经济、政治、文化和组织资源,利益表达渠道有限,群体利益和诉求往往不被重视,对政府公共政策的制定影响力微弱。

非政府组织可以作为"大学毕业生聚居群体"的代言人,将分散的个人利益集中起来,通过公开、合法的途径,满足"大学毕业生聚居群体"政治参与的意愿与要求,向政府及时反馈"大学毕业生聚居群体"的利益诉求和愿望,代表"大学毕业生聚居群体"的利益去建议、批评甚至影响政府公共政策以增进"大学毕业生聚居群体"和政府的相互理解。作为独立于政府和企业的第三方中介组织,非政府组织可以反馈"大学

---

[1]　常红:《民间组织蓝皮书:全国民间组织近 50 万　基金会 3029 个》,中国新闻网,2013 年 9 月 17 日,http://www.chinanews.com/gn/2013/09-17/5295247.shtml。

毕业生聚居群体"的利益诉求,帮助其化解与政府或企业间的矛盾与纠纷。例如近年来,各地的工会组织、公平劳工协会、大学师生监察无良企业行动、人力资源管理协会等都作为组织化的利益表达渠道,积极化解企业与员工之间的劳动争议纠纷,反映了社会群体的需求,在公民和国家之间起到缓冲器和处理器的作用。"当一个社会中各种成分缺乏有组织的集团,或无法通过现成的有组织的集团充分代表自己的利益时,一个偶然的事件或一个领袖的出现都有可能触发人们蓄积的不满,并会以难以预料和难以控制的方式突然爆发。"①非政府组织由于是非营利性的社会团体,在帮助"大学毕业生聚居群体"维权或利益表达时,更容易获取"大学毕业生聚居群体"的信任感,可以有效地避免单个人利益表达的盲目和无效性,更好地维护"大学毕业生聚居群体"的公共利益,建立与政府或社会相沟通的渠道。随着信息网络技术的快速发展,非政府组织调动更多的社会资源如民间团体、基金会或慈善机构参与帮助"大学毕业生聚居群体"。

(四)开放包容:增进"大学毕业生聚居群体"的城市融入度

城市融入是全方位的,经济地位的改善是融入主流社会的重要指标,而文化、心理的融入反映参与城市生活的深度。只有文化和心理的融入才是真正的融入。文化融入和心理融入对"大学毕业生聚居群体"的社会融入有正向作用,有利于"大学毕业生聚居群体"很好地适应城市和市民化。"大学毕业生聚居群体"的文化和心理融入涉及两个方

①　[美]加布里埃尔·A.阿尔蒙德、小G·宾厄姆·鲍威尔:《比较政治学:体系、过程和政策》,曹沛霖、郑世平、公婷等译,上海译文出版社1987年版,第202页。

面：一方面是"大学毕业生聚居群体"为适应迁入地的主流文化，在保留原有文化差异的前提下融入迁入地文化，在心理和情感上建立起自己对迁入地社会的身份认同和归属感；另一方面是杭州作为一个移民城市是否以更具包容开放性的姿态接纳"大学毕业生聚居群体"。文化融入水平的提高是个人顺利适应新环境的证据，对迁入地心理和情感的认同是"大学毕业生聚居群体"对自己身份和归属的认可。因此，增进"大学毕业生聚居群体"城市融入的重要思路有：

树立开放包容的理念。促进"大学毕业生聚居群体"和城市的互动融合首先需要城市管理者更新和转变管理理念。城市管理者应认识到"大学毕业生聚居群体"是城市建设的一分子，"大学毕业生聚居群体"用自己的专业知识和技能为城市带来了活力，贡献了自己的青春力量，城市应以开放包容的心态接纳"大学毕业生聚居群体"的涌入，为"大学毕业生聚居群体"就业创业提供良好的环境和广阔空间，将其纳入城市统一的管理和服务中，通过制度保障和组织安排为其在城市发展创造良好的环境。

以社区为平台，加强"大学毕业生聚居群体"与城市居民之间的交流互动。社区作为移民和城市居民共同生活的空间，也是新移民在城市获得家园感觉、重构主体意识和心灵归属感的依托。社区应定期开展文化讲座、心理健康、法律知识等方面的讲座，帮助"大学毕业生聚居群体"更好地融入。

发挥公共媒体的作用。廉思出版的《蚁族：大学毕业生聚居村实录》一书让"大学毕业生聚居群体"走入社会公众的视野，人们对大学毕业生这一群体有了新的认识，从过去的天之骄子到城乡接合部的聚居群体,社会对其褒贬不一。有人说"大学毕业生聚居群体"的出现是高等教育的失败,有人说大学生自身素质整体下降,社会的看法增加了自我价值观的合理地位,加剧了"大学毕业生聚居群体"融入城市社会的深层困境。一方面,"大学毕业生聚居群体"自身需要树立正确的城市生活态度和价值取向,积极融入城市。另一方面,公共媒体需发挥正面引导作用,搭建"大学毕业生聚居群体"与社会公众广泛交流的平台,引导城市居民正确认识和看待"大学毕业生聚居群体"。"对'大学毕业生聚居群体'的奋斗精神、亲情意识和社会责任感给予充分肯定,树立全社会对'大学毕业生聚居群体'的正确认识,形成各阶层理解、关心、鼓励'大学毕业生聚居群体'的良好氛围。"①加强对网络直播、微信、微博、社交网站等新兴媒体的监管,共同建构"大学毕业生聚居群体"得到社会广泛意识认同的实现路径。城市对"大学毕业生聚居群体"的社会认同是其实现向上流动的终极诉求,双方的互动融合是社会流动最终实现的目标归旨。"大学毕业生聚居群体"在提升自身故土文化自信心的同时,积极适应城市的主流文化有利于建构对迁入城市的归属感和认同感。城市管理者应持续营造宽松的生活环境,以更具包容开放的姿态接纳"大学毕业生聚居群体",共同构建"大学毕业生聚居群体"融入城市社会的路径体系。

---

① 廉思:《"蚁族"群体新情况、新问题及对策建议》,《行政管理改革》2012年第1期。

第三节　提高大学毕业生聚居群体纵向发展的流动能力

随着高等教育从精英教育向大众教育的过渡，接受高等教育只是大学生实现社会流动的必要而非充分条件。因此，"大学毕业生聚居群体"应当适当调低人生期望值，认准人生定位，致力于提高个人能力以更好地适应城市生活，更好地融入社会。

一、"大学毕业生聚居群体"要切实调整自己的就业观念

切实调整自己的就业观念，对自己的能力进行准确合理的综合评估后，结合自己的个人专长和市场需求找到适合自己的职业。课题组调查显示，84.62％的"大学毕业生聚居群体"选择留在杭州的原因，主要是杭州良好的发展前景、更多的就业机会、个人职业发展和自我实现。为了满足个人虚荣心或家人的幸福留在杭州所占比例不足5％。可见，"大学毕业生聚居群体"留在大城市的意愿强烈、目的十分理性和实际。不再为了家族的期待或面子等因素而追求大城市生活，更多是着眼于自我定位和职业发展的可能性。

"大学毕业生聚居群体"在求职过程中除了看重收入待遇外，85.85％的"大学毕业生聚居群体"选择看重个人未来发展和学习机会。"大学毕业生聚居群体"来大城市发展的目的不再盲目，明确个人发展

前景、学习机会以及个人价值的实现为主要目标。相反,职业声望、职位高低和工作压力是"大学毕业生聚居群体"最不看重的职业因素。基于以上对留在大城市的理性考虑,"大学毕业生聚居群体"愿意忍受大城市生存压力和新底层的城市身份涌向大城市和东部沿海城市,过着蜗居的生活。诚然,人往高处走,水往低处流,向往大城市是人之常情。大城市就业机会较多,市场化和信息化的程度也高,但相应地大城市生活成本高,人才荟萃,工作压力大,竞争激烈。杭州作为新一线城市,2018 年新房均价超过 2.5 万元每平方米,按照杭州当年的人均工资计算,一个月的工资连半个平方米都支付不起,绝大多数外地工薪层要靠租房解决住宿问题。在巨大的房价压力的冲击与快节奏的生存压力下,"大学毕业生聚居群体"只有树立合理的职业价值观才能避免迷失自我,陷入沉沦。

对"大学毕业生聚居群体"而言,职业选择很重要。在一个城市选择一个职业其实就是选择一种生活方式。"大学毕业生聚居群体"多集中在北上广深经济发达的一线城市,生活质量令人担忧。如果"大学毕业生聚居群体"可以换一种思路,到一、二线的相邻城市或东部沿海同样具有发达民营经济和广阔的就业市场的城市,同样可以找到不错的就业机会和职业发展平台。从生活成本和个人发展空间等因素考虑,显然选择到这些地区的二、三线城市也能获得职业素质和职业技能的成长,能更快地到达梦想的彼岸。因此,"大学毕业生聚居群体"应当适当调低期望值,认准人生定位,可以考虑到户口已经放宽的中小城市谋求发展,找到适合自己的发展路径,早日脱"蚁"。此外,政府和媒体需及时引导、鼓励"大学毕业生聚居群体"转变就业观念,充分认识到在大城市生存成本高,竞争激烈,鼓励其到更加迫切需要人才的中西部或基层就业。政府应为"大学毕业生聚居群体"进入中西部或二、三线城市就业创业开创条件,配套户籍改革、住房优惠、医疗保障、社会保障等措施,帮助"大学毕业生聚居群体"实现梦想,保障其体面的、有尊严的基本生活,促使其真正地融入所在城市。媒体应发挥正面导向作用,消除城市居民对"大学毕业生聚居群体"的偏见,搭建城市居民与"大学毕业生聚居群体"交流平台,接纳"大学毕业生聚居群体",消除排斥和偏见,促进"大学毕业生聚居群体"与本地居民的大融合大发展。

二、"大学毕业生聚居群体"个人成长:适应不断变化的社会

廉思对"大学毕业生聚居群体"的定义是毕业三到五年的大学生低收入聚居群体,可以说,"大学毕业生聚居群体"不是大学毕业生的持续状态,而是人生需要经历的一个过渡阶段。"大学毕业生聚居群体"终有一天会摆脱"大学毕业生聚居群体"身份,融入边界清晰的社会阶层中。因此,过渡性和高度流动性是这一群体的最大特征。"大学毕业生聚居群体"现象或将长期存在,但"大学毕业生聚居群体"年轻、有知识、有梦想、敢于拼搏。正是对梦想的坚持,他们留在大城市打拼着坚守着。当"大学毕业生聚居群体"积攒到一定的工作经验和人生阅历时,就越来越清晰自己的职业方向和奋斗目标,这些都是"大学毕业生聚居群体"的宝贵财富。正确看待"大学毕业生聚居群体"的特殊经历,把它看成是人生财富,努力地适应不断变化的社会,永不言弃终能突出重围,"蚁"军突起。

课题组在个别访谈中,发现成功摆脱"大学毕业生聚居群体"地位

的人群的共同性都是有明确的奋斗目标、具体可行的职业规划和时刻保持不断学习的精神。就像前面访谈案例中的李珊夫妇，谈到脱"蚁"的经历，他们总结出的成功经验就是目标＋努力＋机遇＝幸福生活！用"大学毕业生聚居群体"自己的话说就是"成功的人不是本身拥有多大能力，而是拼出来的"。"大学毕业生聚居群体"实现阶层突破首先要认识社会、认清自己。当前，高等教育已从精英教育过渡到大众教育，接受高等教育只是大学生实现社会流动的必要而非充分条件。放下天之骄子的传统观念和不切实际的期待，将自己定位为普通劳动者。

首先，专注于个人的职业成长，增强对现实社会的适应能力，提早做好职业生涯规划。只有通过积累工作经验，脚踏实地，不断学习来提升自己，才能顺应社会现实的转变。课题组的调研发现，"大学毕业生聚居群体"为就业做准备和努力方面，46.15％的受访者表示参加过职业技能培训，38.46％的受访者多次参加职业技能培训，只有15.38％的受访者表示没有参加过。大部分"大学毕业生聚居群体"在求职前还是做了充分准备，对开展多样化的职业培训的需求最高。大多数"大学毕业生聚居群体"在校期间有过兼职实习的经历，毕业后通过专业的职业测评工具，对职业兴趣、个性及能力的分析来选择适合自己的工作岗位。可以说，职业生涯的规划越清晰，求职准备就越充分。由此可知，大多数"大学毕业生聚居群体"还是力图通过实际行动求得自己境况的改变。

其次，在校期间努力学习知识，为日后工作打下扎实的专业基础，走上工作岗位切忌眼高手低，应从基层做起，踏实苦干。对于"大学毕业生聚居群体"而言，个人的自主奋斗是其实现向上流动的根本动力。

"大学毕业生聚居群体"必须在工作中不断地学习和提高自身的专业技术水平和就业能力,只有这样才能顺利实现向上流动。"大学毕业生聚居群体"要致力于提高个人能力以更好地适应城市生活,更好地融入社会。调研数据显示,半数以上的"大学毕业生聚居群体"将个人的不成功归因于个人不努力和核心竞争力差而非社会的不公正。当然,不可低估"大学毕业生聚居群体"强大的社会适应能力,"大学毕业生聚居群体"是未来中国社会的中流砥柱,自强不息的奋斗精神必定是落定在"大学毕业生聚居群体"这一代的主旋律。中国的现代化和工业化远未完成,还不可能进入全民性的福利时代,落定在城市"大学毕业生聚居群体"身上的奋斗精神仍然构成时代进步的最主要社会动力。[1]

防止"大学毕业生聚居群体"问题的固化,首先需要建立公平公正的社会流动制度。一个真正开放的现代社会是向上向下流动都通畅的社会。公正、合理、开放的社会流动机制应该为每位社会成员提供向上流动的平等机会。"大学毕业生聚居群体"问题从根本上讲是新时期我国底层知识青年的发展问题。一大批高学历者加入失业大军,沦落为新底层,长期徘徊在城市的边缘,生存环境恶劣,向上流动困难。这种巨大的心理落差容易引发社会不稳。避免"大学毕业生聚居群体"问题的固态化,必须建立公平公正的社会流动机制,这一制度能保障"大学毕业生聚居群体"在向上流动的过程中不存在制度性歧视和排斥,在争取有利于自己的经济和社会地位的过程中有平等机会,使其感到有向上流动的希望。拓宽"大学毕业生聚居群体"向上流动的渠道,以能力

---

[1] 廉思:《蚁族Ⅱ:谁的时代》,中信出版社 2010 年版,第 222 页。

而不是身份作为向上流动的决定性因素，激励个人通过努力提升社会地位，相信有理想、有奋斗就能取得成功。能上能下的良性流动机制和后致性因素起决定因素的社会，才能减少社会两极分化，促进人力资源的公平合理配置。

再次，"大学毕业生聚居群体"顺利地融入城市是其向上流动的首要条件。在"大学毕业生聚居群体"持续进入大城市不可逆转的现实趋势下，城市管理者应以开放包容的姿态，充分考虑大城市承载能力和人口容纳力的情况下，将"大学毕业生聚居群体"的城市融入纳入城市可持续发展的战略目标框架中。对一些"大学毕业生聚居群体"反映强烈、具有共性的问题如平等的就业机会、住房政策的倾斜、简化落户手续等问题，应加强政策研究，完善相关政策及配套措施。将"大学毕业生聚居群体"纳入城市统一的管理体系，通过一系列理念创新、管理方式创新、服务建立、组织保障，从政策制度上为其在迁入城市生存、发展营造良好的内外环境。

最后，"大学毕业生聚居群体"社会流动受阻的问题的长远解决之道在于拓宽"大学毕业生聚居群体"向上流动的渠道，缩小城乡间、东西部地区的贫富差距。重点是提高中小城市经济发展水平，将大城市的优质资源和产业集群向中小城市转移。发展知识密集型产业，创造更多的就业岗位和创业机会，吸引"大学毕业生聚居群体"归巢，使他们既可以将自己所学的知识贡献于家乡建设，又可以实现"大学毕业生聚居群体"的个人价值。

参考文献

专著、论文集、学位论文及其他

[1] 廉思:《蚁族:大学毕业生聚居村实录》,广西师范大学出版社 2009 年版,第 31 页。

[2] 廉思:《蚁族Ⅱ:谁的时代》,中信出版社 2010 年版,第 260 页。

[3] 沈千帆:《北京市流动人口的社会融入研究》,北京大学出版社 2011 年版,第 144 页。

[4] 郑杭生:《社会学概论新修》,中国人民大学出版社 2009 年版,第 243 页。

[5] 孙立平:《断裂化:20 世纪 90 年代以来的中国社会》,社会科学文献出版社 2003 年版,第 59—67 页。

[6] 陆学艺:《当代中国社会结构》,社学会科文献出版社 2010 年版,第 369 页。

[7] 陆学艺:《当代中国社会阶层研究报告》,社会科学文献出版社 2002 年版,第 29 页。

[8] 陆学艺:《当代中国社会流动》,社会科学文献出版社 2004 年版,第 33—34 页。

[9] 李培林、李强、孙立平等:《中国社会分层》,社会科学文献出版社 2004 年版,第 64 页。

[10] 李路路:《再生产的延续——制度转型与城市社会分层结构》,中国人民大学出版社 2003 年版,第 14 页。

[11] 李春玲:《断裂与碎片当代中国社会阶层分化实证分析》,社会科学文献出版社 2005 年版,第 557 页。

［12］［日］三浦展：《下流社会——一个新社会阶层的出现》，陆求实、戴铮译，文汇出版社 2007 年版，第 7 页。

［13］俞德鹏：《城乡社会：从隔离走向开放——中国户籍制度与户籍法研究》，山东人民出版社 2002 年版，第 231 页。

［14］［美］丹尼尔·科顿姆：《教育为何是无用的》，仇蓓玲、卫鑫译，江苏人民出版社 2005 年版，第 126 页。

［15］彭拥军：《走出边缘——农村社会流动的教育张力》，华中科技大学出版社 2011 年版，第 85 页。

［16］［印］阿马蒂亚·森：《以自由看待发展》，任赜、于真译，中国人民大学出版社 2002 年版，第 2 页。

［17］朱启臻、赵晨鸣：《农民为什么离开土地》，人民日报出版社 2011 年版，第 3 页。

［18］李森、崔友兴：《社会变迁中的乡村教育》，福建教育出版社 2017 年版，第 86 页。

［19］刘铁芳：《乡土的逃离与回归——乡村教育的人文重建》，福建教育出版社 2008 年版，第 7 页。

［20］西奥多·W.舒尔茨：《论人力资本投资》，商务印书馆 1990 年版，第 35—67 页。

［21］Becker G S. "Human Capital：A Theoretical and Empirical Analysis with Special Reference to Education", The University of Chicago Press,1993.

［22］潘懋元：《多学科观点的高等教育研究》，上海教育出版社 2001 年版，第 45 页。

[23] [美]塞缪尔·亨廷顿,琼·纳尔逊:《难以抉择——发展中国家的政治参与》,汪晓寿、吴志华、项继权译,《华夏出版社》1989 年版,第 5 页。

[24] [美]加布里埃尔·A.阿尔蒙德、小 G·宾厄姆·鲍威尔:《比较政治学:体系、过程和政策》,曹沛霖、郑世平、公婷等译,上海译文出版社 1987 年版,第 202 页。

[25] 袁方、王汉生:《社会研究方法教程》,北京大学出版社 1997 年版,第 231 页。

[26] 陈向明:《质的研究方法与社会科学研究》,教育科学出版社 2000 年版,第 324 页。

[27] 高力:《公共伦理学》,高等教育出版社 2002 年版,第 83 页。

[28] [美]西奥多·舒尔茨:《穷人经济学,诺贝尔经济学奖金获得者讲演集(1969—1981)》,王宏昌等译,中国社会科学出版社 1986 年版,第 428 页。

[29] 刘兆佳:《市场、阶级与政治:变迁中的华人社会》,香港中文大学香港亚太研究所 2000 年版,第 38 页。

期刊文章

[30] 李雅儒、毛强:《关于"蚁族"群体问题研究综述》,《中国青年研究》2012 年第 4 期。

[31] 陈国政:《国外大学生就业扶持政策对我国的启示》,《上海经济研究》2011 年第 3 期。

[32] 衣华亮:《对"蚁族"利益补偿策略的理性审视——基于社会公平的

分析》,《中国青年研究》2010 年第 6 期。

[33] 吴克明、孙琪娜:《大学毕业生"蚁族"现象的成因及其对策:理性人假设的视角》,《复旦教育论坛》2012 年第 10 期。

[34] 汤啸天:《"蚁族"的形成与高等教育评估改革》,《中国高等教育评估》2012 年第 2 期。

[35] 陈家喜、黄文龙:《分化、断裂与整合:我国"二代"现象的生成与解构》,《中国青年研究》2012 年第 3 期。

[36] 赖德胜、田永坡:《对中国"知识失业"成因的一个解释》,《经济研究》2005 年第 11 期。

[37] 何飞龙:《"蚁族"就业现状的思考》,《经济与社会发展》2011 年第 2 期。

[38] 汤啸天:《"蚁族":一个呼唤善待的群体》,《青少年犯罪问题》2010 年第 3 期。

[39] 田鹏:《"蚁族"背后的三重悖论》,《经营管理者》2010 年第 8 期。

[40] 李薇辉:《对"知识失业"问题的理论探讨》,上海经济研究 2005 年第 3 期。

[41] 曾湘泉:《变革中的就业环境与中国大学生就业》,《经济研究》2004 年第 6 期。

[42] 朱磊、魏姝:《基于公民权视角的城市"蚁族"群体再研究》,《中国青年研究》2010 年第 10 期。

[43] 温卓毅、岳经纶:《弱势大学毕业生:在职贫穷与社会资本视野下的"蚁族"》,《公共行政评论》2011 年第 6 期。

[44] 陈永杰:《大学生就业能力与社会不流动》,《武汉大学学报(哲学社会科学版)》2011 年第 3 期。

[45] 阳玉平：《我国"蚁族"之理性审视》，《社会科学家》2009年第12期。

[46] 陈永杰、卢施羽：《大学生就业困难与"蚁族"的出现：一个社会政策的视角》，《公共行政评论》2011年第6期。

[47] 胡小武：《"向下的青春"之隐忧：兼评廉思〈蚁族Ⅱ——谁的时代〉》，《中国青年研究》2011年第5期。

[48] 涂龙峰、蒋凌霞：《蚁族、蜗居：新生代青年的群体困境》，《中国青年研究》2010年第3期。

[49] 武秀波：《劳动力市场分割条件下大学生就业难的原因探析》，《辽宁大学学报（社会科学版）》2004年第2期。

[50] 张进：《提升就业能力：缓解大学生就业难的重要选择》，《高等教育研究》2007年第12期。

[51] 赵宏斌、陈平水：《我国经济转型期大学毕业生失业状况分析》，《山西大学学报（哲学社会科学版）》2003年第5期。

[52] 周烁：《大学生就业的地域结构失衡及对策》，《经济与社会发展》2008年第5期。

[53] 易全勇、侯玉娜：《"蚁族"的生态特征及社会流动——兼对〈蚁族：大学毕业生聚居村实录〉一书的述评》，《第二届首都高校教育学研究生学术论坛论文集》，2011年5月5日。

[54] Gurney, R. M. "Does unemployment affect the self-esteem of school leavers?", Australian Journal of Psychology, Vol. 32, No. 3, 1980.

[55] 张文宏：《中国社会网络与社会资本研究30年（上）》，《江海学刊》

2011 年第 2 期。

[56] 张淑华、李海莹、刘芳:《身份认同研究综述》,《心理研究》2012 年第 5 期。

[57] 任远、邬民乐:《城市流动人口的社会融合:文献述评》,《人口研究》2006 年第 3 期。

[58] 杨菊华:《从隔离、选择融入到融合:流动人口社会融入问题的理论思考》,《人口研究》2009 年第 1 期。

[59] 王春福:《公民身份与城市外来人口公共服务的供给——基于杭州市外来人口调查的分析》,《浙江社会科学》2010 年第 11 期。

[60] 周竞:《农民社会阶层流动的路径障碍分析》,《农村经济》2010 年第 6 期。

[61] 郭于华:《转型社会学的新议程——孙立平"社会断裂三部曲"的社会学述评》,《社会学研究》2006 年第 6 期。

[62] 李路路:《制度转型与分层结构的变迁——阶层相对关系模式的"双重再生产"》,《中国社会科学》2002 年第 6 期。

[63] 程启军:《阶层间封闭性强化:中国社会阶层流动的新趋势》,《学术交流》2010 年第 1 期。

[64] 赵卫华:《中国社会阶层流动新趋势》,《人民论坛》2011 年第 31 期。

[65] 杨红平、宋伟轩:《保障房空间布局中的问题及解决途径——以南京为例》,《城市问题》2012 年第 3 期。

[66] 高勇:《当代阶层意识的流变》,《文化纵横》2012 年第 3 期。

[67] 余洋:《从精英国家化到国家精英化:我国干部录用制度的历史考

察》,《社会》2010 年第 6 期。

[68] 李煜:《家庭背景在初职地位获得中的作用及变迁》,《江苏社会科学》2007 年第 5 期。

[69] 张乐、张翼:《精英阶层再生产与阶层固化程度——以青年的职业地位获得为例》,《青年研究》2012 年第 1 期。

[70] 胡小武:《"青春叹老":何以形成? 何以成型?》,《中国青年研究》2014 年第 1 期。

[71] 高庆:《谨防"下流社会"化:都市青年问题的新思考》,《中国青年研究》2009 年第 8 期。

[72] 李春玲:《农村大学生就业更难吗》,《决策探索(下半月)》2014 年第 4 期。

[73] 刑楠:《我国大学生创业资金筹集的难点及对策》,《经济纵横》2012 年第 1 期。

[74] 叶文振:《我国妇女初婚年龄的变化及其原因——河北省资料分析的启示》,《人口学刊》1995 年第 2 期。

[75] 种道平:《近十余年我国青年择偶标准研究述评》,《青年研究》2003 年第 2 期。

[76] 朱磊:《当代社会"剩男剩女"现象形成的原因探析》,《青年探索》2014 年第 4 期。

[77] 代俊兰:《农民的教育心态透视》,《河北师范大学学报(教育科学版)》2002 年第 4 期。

[78] 王一涛、钱晨、平燕:《发达地区农村家庭高等教育支付能力及需求意愿研究——基于浙江省的调查》,《高等教育研究》2011 年第 3 期。

[79] 郭君:《建构农村贫困家庭高等教育投入回报机制的现实路径——基于甘肃会宁县的调查》,《法制与社会》2010 年第 9 期。

[80] 刘生龙、胡鞍钢:《大学教育回报:基于大学扩招的自然实验》,《劳动经济研究》2018 年第 4 期。

[81] 马和民:《当前中国城乡人口社会流动与教育之关系》,《社会学研究》1997 年第 4 期。

[82] Alan de Brauw、Scott Rozelle:《中国农村非农就业教育回报率的一致性》,《中国劳动经济学》2009 年第 1 期。

[83] 王世斌:《高等教育回报与农村父母养老意愿——基于代际关系视域下的考察》,《广州大学学报(社会科学版)》2013 年第 6 期。

[84] 孔凯歌、宣烨:《公共服务水平、城乡收入差距与城市化》,《郑州航空工业管理学院学报》2018 年第 4 期。

[85] 蔡武:《城乡相对收入差距的发展趋势分析》,《青岛科技大学学报(社会科学版)》2018 年第 2 期。

[86] 王静、宋建:《人口迁移、户籍城市化与城乡收入差距的动态收敛性分析——来自 262 个地级市的证据》,《人口学刊》2018 年第 5 期。

[87] 杨欢丽:《改革开放以来中国的二元经济结构对城乡居民收入差距的影响》,《现代经济信息》2015 年第 14 期。

[88] 杨晓军:《中国户籍制度改革对大城市人口迁入的影响——基于 2000—2014 年城市面板数据的实证分析》,《人口研究》2017 年第 1 期。

[89] 杨刚强、孟霞、孙元元等:《家庭决策、公共服务差异与劳动力转移》,《宏观经济研究》2016 年第 6 期。

[90] 范晓莉、崔艺苧:《异质性人力资本基础设施与城乡收入差距:基于

新经济地理视角的理论分析与实证检验》,《西南民族大学学报（人文社会科学版）》2018 年第 11 期。

[91] 孔凯歌、宣烨:《公共服务水平、城乡收入差距与城市化》,《郑州航空工业管理学院学报》2018 年第 4 期。

[92] 赵根旺:《农村劳动力过量转移带来的智力资源流失对新农村建设的影响——以开封市部分乡镇为例》,《开封大学学报》2007 年第 3 期。

[93] 张济洲:《"离农"? "为农"? ——农村教育改革的困境与出路》,《河北师范大学学报（教育科学版）》2006 年第 3 期。

[94] Prakash，M. S，"Gandi's Postmodren Education：Ecology，Peace and Multiculturalism Relinked"，Journal of Wholistic Education，No. 9，1993.

[95] 李学容、蔡其勇:《迷失与回归:农村教育的发展路向》,《辽宁教育》2014 年第 12 期。

[96] 岳德军、田远:《人力资本与大学生就业质量:职业认同的中介作用》,《江苏高教》2016 年第 1 期。

[97] 钟云华:《人力资本、社会资本与大学毕业生求职》,《高教探索》2011 年第 3 期。

[98] 陈怀平、梁慧歆:《社会转型期新底层公众上向流动诉求的困境与出路》,《长安大学学报（社会科学版）》2011 年第 3 期。

[99] 郭立场:《"知识改变命运"永远不会过时》,《甘肃教育》2017 年第 14 期。

[100] 龚维斌:《我国社会流动机制:变迁与问题》,《中国社会科学院研

究生院学报》2004 年第 4 期。

[101] Lee Harvey L,"Defining and Measuring employability",Quality in Higher Education,Vol. 7, No. 2,2001.

[102] Fugate M, Kinicki A J, Ashforth B E,"Employability: A Psycho-social construct, its dimensions and applications", Journal of Vocational Behavior,Vol. 65,No. 1, 2004.

[103] 杨菊华:《新型城镇化背景下户籍制度的"双二属性"与流动人口的社会融合》,《中国人民大学学报》2017 年第 4 期。

[104] 李涛、任远:《城市户籍制度改革与流动人口社会融合》,《南方人口》2011 年第 3 期。

[105] 熊万胜:《新户籍制度改革与我国户籍制度的功能转型》,《社会科学》2015 年第 2 期。

[106] 周晓桂:《和谐社会视阈中的社会流动探析》,《科学社会主义》2008 年第 6 期。

[107] 孙璐:《论城市弱势群体社会资本的提升:从社区支持的角度》,《湖北社会科学》2007 年第 4 期。

[108] 廉思:《"蚁族"群体新情况、新问题及对策建议》,《行政管理改革》2012 年第 1 期。

硕博论文

[109] 吴迪:《复合型贫困:"蚁族"群体贫困问题特殊性分析——以长春市为例》,硕士学位论文,吉林大学,2011 年。

[110] 严雯:《中国"蚁族"的困境与出路》,硕士学位论文,东北财经大

学,2010 年。

[111] 段萍萍:《"蚁族"就业保障问题研究》,硕士学位论文,首都经济贸易大学,2014 年。

[112] 李运涛:《"蚁族"社会流动的影响因素研究》,硕士学位论文,华中师范大学,2011 年。

[113] 权旭哲:《我们无处安放的青春——关系网络视角下蚁族的社会流动分析》,硕士学位论文,西南大学,2013 年。

[114] 刘洪辞:《"蚁族"群体住房供给模式研究》,博士学位论文,武汉大学,2012 年。

[115] 王利娟:《社会转型期城郊农民教育投入行为选择的研究》,博士学位论文,吉林大学,2008 年。

[116] 张玉峰:《传统孝观念的困境与超越》,硕士学位论文,西北师范大学,2007 年。

[117] 刘宜君:《户籍制度改革与社会人口流动研究》,硕士学位论文,福建师范大学,2003 年。

报纸文章

[118] 杨杰、侯敏、杜佳凯:《大学生创业的税收优惠政策落实了吗》,《中国青年报》2014 年 9 月 12 日,第 05 版。

[119] 杨智昌:《绝大多数"蚁族"是名副其实"穷二代"》,《南方日报》2010 年 3 月 11 日,第 A06 版。

[120] 黄丹羽:《白岩松:青春就是不容易》,《中国青年报》2012 年 12 月 18 日,第 09 版。

[121] 杨国才:《乡村教育离农倾向待扭转》,《经济日报》2018 年 5 月 22 日,第 15 版。

[122] 邱国勇:《传统孝道文化的现代价值》,《光明日报》2016 年 7 月 4 日,第 10 版。

[123] 陈璐:《八成受访者认为央企招聘须更规范》,《中国青年报》2012 年 11 月 5 日,第 10 版。

[124] 董碧水:《杭州出台 40 余项政策促大学生就业创业》,《中国青年报》2014 年 6 月 17 日,第 01 版。

网络

[125] 萧山网:《2018 杭州人均可支配收入 54348 元人均住房面积 37.3 平米》,2019 年 3 月 6 日,http://www. xsnet. cn/news/hz/2019 _3/3043691. shtml。

[126] 澎湃新闻:《结婚越来越晚,杭州去年平均结婚年龄:男 33.1 岁女 31 岁》,2018 年 3 月 7 日,http://news. 163. com/18/0307/20/ DCAPTQ9L000187VE. html。

[127] 中青在线:《六成以上 90 后大学生首份工作做不满 1 年不必为大学生跳槽过度担心》,2017 年 12 月 21 日,http://mini. eastday. com/a/171221105531063. html。

[128] 张明浩:《50 城房租收入比报告:北上深人均房租超 2000 元》,央广网,2017 年 07 月 23 日,http://www. ce. cn/cysc/fdc/fc/ 201707/23/t20170723_24380587. shtml? agt=1505。

[129] 智联招聘:《2017 应届毕业生就业力调研报告:28% 毕业生一无

所获》,中商情报网,2017 年 7 月 6 日,http://www.askci.com/news/chanye/20170706/174826102371.shtml。

[130] 黄和美:《大学毕业生创业潮来临成功率却仅有 5%》,搜狐网,2017 年 10 月 10 日,https://www.sohu.com/a/197221185_335495。

[131] 麦可思研究:《2017 年中国大学生就业报告发布》,2017 年 6 月 12 日,http://sh.qihoo.com/pc/9b019ab918a62fb73? cota = 4&tj_url=so_rec&sign=360_57c3bbd1&refer_scene=so_1。

[132] 21 世纪经济报道:《大学生创业月收入明显高于就业,但三年存活率不到五成》2018 年 6 月 26 日,http://app.myzaker.com/news/article.php? pk=5b31bebb77ac643f790d1b72。

[133] 北晚新视觉网综合:《31 年中国人婚姻数据:年轻人为啥晚结婚? @身边的青年》,2018 年 10 月 27 日,http://news.cnhubei.com/xw/gn/201808/t4150819.shtml2018-08-1715:29:55。

[134] 2017 年 06 月 15 日香草招聘:《2017 年应届毕业生 10 大热门就业城市曝光》,2018 年 11 月 1 日,http://sn.ifeng.com/a/20170615/5749117_0.shtml。

[135] 叶伟民、何谦:《从读书改变命运到求学负债累累》,南方周末,2010 年 1 月 27 日,http://www.infzm.com/content/40843。

[136] 国家统计局:《居民生活水平不断提高消费质量明显改善》,2018 年 8 月 31 日,http://www.stats.gov.cn/ztjc/ztfx/ggkf40n/201808/t20180831_1620079.html。

[137] 杜安娜:《专家称社会底层向上层流动受阻流动机制不公》,网易新闻,2010 年 11 月 3 日,http://news.163.com/10/1103/07/

6KI2G0MT00014AEE. html。

[138] 中央政府门户网:《加强就业信息服务坚决反对就业歧视》,2013
年 4 月 23 日,http://www. gov. cn/zwgk/2013-04/23/content_
2386635. htm。

[139] 常红:《民间组织蓝皮书:全国民间组织近 50 万 基金会 3029
个》,中国新闻网,2013 年 9 月 17 日,http://www. chinanews.
com/gn/2013/09-17/5295247. shtml。

附　录

高校毕业生生存状况与发展要求第一次调查问卷

先生/女士：

您好！

非常感谢您能参加此次调查活动。我是本次问卷的访问员，现在我们对高校毕业生生存状况与发展要求进行抽样访问，根据有关法律，我们将对您的个人情况和看法严格保密。耽误您一点时间，好吗？谢谢您的合作和支持！

单选：

1. 您的年龄是 （　　）

　　A. 18—21　　　　B. 22—25　　　　C. 26—29　　　　D. 30—35

　　E. 35 岁以上

2. 您的性别是 （　　）

　　A. 男　　　　　B. 女

3. 您的家庭所在地 （　　）

　　A. 农村　　　　B. 乡镇　　　　C. 县级市　　　　D. 地级市

　　E. 省会

4. 您的婚姻状况是 （　　）

 A. 未婚   B. 已婚   C. 未婚同居 D. 未同居

5. 您的最高学历是 （　　）

 A. 普通专科 B. 普通本科 C. 民办专科

 D. 民办本科 E. 211 或 985 本科 F. 研究生及以上

6. 您大学毕业工作年限 （　　）

 A. 一年   B. 两年   C. 三年   D. 四年

 E. 五年   F. 六到十年 G. 十年以上

7. 您的专业是 （　　）

 A. 理科   B. 工科   C. 医学   D. 经济管理

 E. 文科   F. 艺术或体育

8. 大学毕业至今换工作的次数为 （　　）

 A. 0   B. 1 次   C. 2 次   D. 3 次

 E. 4 次及以上

9. 您对现在的工作满意吗 （　　）

 A. 满意   B. 不满意

10. 你工作单位的性质是 （　　）

 A. 民营企业   B. 个体经营 C. 外企

 D. 国有、集体企事业单位 E. 党政机关 F. 自由职业

11. 您从事以下哪种职业 （　　）

 A. 专业技术人员   B. 办事人员和有关人员

 C. 商业、服务业人员   D. 农林牧副渔水利

 E. 生产运输设备操作   F. 自由职业

G. 军人　　　　　　　　　　H. 国家机关、党群组织、企业、事业
　　　　　　　　　　　　　　　单位负责人

12. 您的月收入在　　　　　　　　　　　　　　　（　　）

　　A. 1500 元以下　　　　　　B. 1500—2000 元

　　C. 2000—2500 元　　　　　D. 2500—3000 元

　　E. 3000—5000 元　　　　　F. 5000—10000 元

　　G. 10000 元以上

13. 您期望您的月收入在　　　　　　　　　　　　　（　　）

　　A. 1500—2000 元　　　　　B. 2000—2500 元

　　C. 2500—3000 元　　　　　D. 3000—5000 元

　　E. 5000—10000 元　　　　　F. 10000 元以上

14. 您的人均居住面积　　　　　　　　　　　　　　（　　）

　　A. 5 平方米及以下　　　　　B. 6—10 平方米

　　C. 11—20 平方米　　　　　D. 21—30 平方米

　　E. 31—40 平方米　　　　　F. 41—50 平方米

　　G. 50 平方米以上

15. 您现居住房子性质属于　　　　　　　　　　　　（　　）

　　A. 二人合租　　　　　　　B. 三人合租

　　C. 四人合租　　　　　　　D. 五人及以上合租

　　E. 单独租一套　　　　　　F. 贷款自购房

　　G. 全款自购房

16. 您父母的家庭年收入为　　　　　　　　　　　　（　　）

　　A. 1 万　　　B. 1 万—2 万　　　C. 2 万—5 万　　　D. 5 万—10 万

E. 10 万—20 万　　　F. 20 万以上

17. 您认为自己目前处于哪个阶层　　　　　　　　　　　　（　　）

A. 上层　　　　　B. 中上层　　　　C. 中层　　　　D. 中下层

E. 底层

18. 您认为通过自己的努力未来五到十年内社会地位将会处于　（　　）

A. 上层　　　　　B. 中上层　　　　C. 中层　　　　D. 中下层

E. 底层

19. 您认为目前的社会流动机制公平吗　　　　　　　　　　（　　）

A. 很公平　　　B. 比较公平　　　C. 一般　　　　D. 不公平

E. 很不公平

20. 您的月平均支出最大的在（多选）　　　　　　　　　　（　　）

A. 房租　　　　B. 三餐　　　　　C. 交通　　　　D. 电话

E. 上网　　　　F. 娱乐社交　　　G. 恋爱花销　　H. 其他

21. 如果可以选择您希望自己从事的工作是以下哪个（多选）　（　　）

A. 政府部门如公务员　　　　　B. 国有或集体企业

C. 自主创业　　　　　　　　　D. 民营企业

E. 外资企业　　　　　　　　　F. 自由职业

G. 其他

22. 大学毕业后个人向上流动的诉求有哪些（多选）　　　　（　　）

A. 富足的物质生活的诉求　　　B. 工作职位保障的诉求

C. 自我能力提升的诉求　　　　D. 实现自我价值的诉求

E. 融入所在城市生活的诉求

23. 大学毕业后您向上流动遇到的困境是（多选）　　　　（　　）

　　A. 缺乏公正合理的社会流动通道

　　B. 家庭掌握的社会资源有限

　　C. 个人努力难以改变命运

　　D. 缺乏公平的就业机会

　　E. 个人能力不足

　　F. 城乡二元体制的存在

24. 促使你向中上层流动的动力是（多选）　　　　　　（　　）

　　A. 个人能力的提升　　　　　　B. 家人的幸福

　　C. 为了面子　　　　　　　　　D. 留在大城市

　　E. 富足的生活

25. 您认为改善大学生就业严峻需要哪些措施（多选）　（　　）

　　A. 平等的就业机会　　　　　　B. 政府的帮扶措施

　　C. 就业信息的公开透明　　　　D. 个人核心竞争能力的提升

　　E. 增加职业技能的培训机会　　F. 心理辅导

　　G. 限制高等教育招生规模

高校毕业生生存状况与发展要求第二次问卷

先生/女士：

您好！

感谢您愿意参加此次调查问卷,此次调查问卷的目的仅限于课题调研,不涉及个人利益,感谢您的支持与合作。

1. 您的月收入是（　　）

   A. 2000 元以下　　　　　　　B. 2000 元—3000 元

   C. 3000 元—4000 元　　　　　D. 4000 元—5000 元

   E. 5000 元—6000 元　　　　　F. 6000 元—7000 元

   G. 7000 元—8000 元　　　　　H. 8000 元—9000 元

   J. 1 万元及以上

2. 您的父母家庭年收入为

   A. 1 万及以下　　　　　　　　B. 1 万到 2 万

   C. 2 万—5 万　　　　　　　　D. 5 万—7 万

   E. 7 万—10 万　　　　　　　　F. 10 万以上

3. 您享有以下哪些社会保障（多选）

   A. 养老保险　　　　　　　　　B. 医疗保险

   C. 失业保险　　　　　　　　　D. 工伤保险

E. 生育保险　　　　　　　　F. 住房公积金

G. 没有参加　　　　　　　　H. 不清楚

4. 您每月缴纳的社保费用属于下列哪个层次？

A. 0 元—500 元　　　　　　B. 500 元—1000 元

C. 1000 元—1500 元　　　　D. 1500 元—200 元

E. 2000 元—2500 元　　　　F. 2500 元—3000 元

G. 3000 元以上

5. 您每月缴纳的社保费用属于本地区什么水平

A. 最低　　　　　　　　　　B. 偏低

C. 偏高　　　　　　　　　　D. 最高

6. 您现在在缴的社会养老保险属于哪个体系？

A. 农村居民养老保险　　　　B. 城镇居民养老保险

C. 城镇企业养老保险　　　　D. 城镇事业单位养老保险

E. 公务员养老保险　　　　　F. 不缴纳社会养老保险

7. 以下各项社会保障制度中，您认为比较重要的是？（限选两项）

A. 工伤保险　　　　　　　　B. 医疗保险

C. 养老保险　　　　　　　　D. 失业保险

E. 住房补贴

8. 您认为现在的社会保障是否能有效帮助您应对各种风险

A. 基本能解决　　　　　　　B. 有些帮助，但不能根本解决

C. 基本没什么帮助　　　　　D. 不清楚

9. 您缴纳的养老保险状况是

A. 只缴纳社会养老保险　　　B. 只缴纳商业养老保险

C.社会养老保险和商业养老保险同时缴纳

D.工两者均不缴纳

10.医疗保险是否减少了您的医疗费用

A.减少了少量费用　　　　　　B.明显减少了

C.没有减少

11.您是否参加过职业教育与培训

A.多次参加　　　　　　　　　B.很少参加

C.从没参加过

12.您认为目前的职业培训需要改善之处

A.能满足参与者的培训需求　　B.及时地发布相关政策和信息

C.加强师资力量　　　　　　　D.开展多样化的培训

E.提高培训的服务质量　　　　F.灵活安排培训时间

G.多增加培训机构

13.您最希望参与哪种培训形式

A.职业技能培训　　　　　　　B.创业培训

C.定向岗位培训　　　　　　　D.远程职业培训

E.职前培训　　　　　　　　　F.其他

14.您最希望参加培训的专业工种是

A.互联网相关　　　　　　　　B.文秘

C.会计　　　　　　　　　　　D.电商

E.贸易　　　　　　　　　　　F.设计

G.法律　　　　　　　　　　　H.建筑相关

J.服务类　　　　　　　　　　K.教育类

L. 技工   M. 其他

15. 您最希望通过培训解决什么问题

    A. 提高工作中的技能水平   B. 通过培训实现职业转换

    C. 通过国家职业技能考试   D. 通过培训实现就业或创业

16. 您参加过的社区活动有哪些(可多选)

    A. 文体娱乐活动   B. 公益活动

    C. 社区管理   D. 环境和治安活动

    E. 居民代表大会   F. 选举活动

    G. 从未参加过   H. 其他

17. 您没有参加过社区活动,原因是

    A. 我不是业主只是租户   B. 没有时间参加

    C. 对社区活动不感兴趣   D. 所在社区没有相关活动

    E. 其他

18. 您是否愿意为您所在社区发展和改进奉献自己的时间和精力

    A. 愿意   B. 不太愿意

    C. 不愿意

19. 您认为提高社区参与度最需要的是

    A. 加强宣传度   B. 社区各项服务与居民需要结合

    C. 提高社区活动质量   D. 社区主动关心居民

    E. 没参与过   F. 不清楚

20. 您认为您所在社区最应该解决的是(多选)

    A. 治安问题

    B. 卫生、污染、绿化等环境问题

C. 交通问题

D. 社区文化体育设施建设

E. 社区人员就业问题

F. 社区文化建设和知识培训教育等问题

G. 民主决策问题

H. 配套生活设施改善

J. 其他

21. 您对社区服务和基础设施满意度为

A. 一般 　　　　　　　　　B. 基本满意

C. 不太满意 　　　　　　　D. 很不满意

E. 行为意愿

22. 是否打算在杭州长期居住生活下去

A. 是 　　　　　　　　　　B. 否

23. 未来几年打算在哪里买房

A. 杭州市区 　　　　　　　B. 杭州郊区

C. 杭州周边 　　　　　　　D. 老家

E. 不买

24. 不会离开杭州的原因是

A. 杭州工作机会多 　　　　B. 杭州社会保障条件较好

C. 子女将来可能留在杭州 　D. 家乡收入待遇一般

E. 攒够钱再回去 　　　　　F. 其他

25. 您平时主要交往对象是(可多选)

A. 家人亲戚 　　　　　　　B. 好友邻居

C. 工作同事   D. 来杭的老乡同学

E. 领导上司   F. 文化和价值观差不多的人

26. 您交往对象中杭州本地人占的比重

A. 很小   B. 小

C. 一般   D. 大

E. 很大

27. 您每年回老家过年吗

A. 会   B. 不会

C. 有时   D. 极少

E. 经常

28. 您对杭州本地饮食、方言、风俗习惯等行为和观念的认同

A. 不认同但可以入乡随俗   B. 完全认同

C. 基本认同   D. 不太认同

29. 作为外地人您与本地人交流情况

A. 经常交流   B. 交流较少

C. 没有交流

30. 您对杭州本土人的评价

A. 热情好客,十分友好   B. 有明显的地域歧视

C. 相处不是很融洽   D. 交流少没什么评价

E. 不了解

31. 您来杭州工作并生活,您对自己身份的理解是

A. 新杭州人   B. 外乡人

C. 农村人   D. 不清楚

32.您会在杭州长期生活下去吗

    A. 会,因为工作稳定　　　　　　B. 房价高,不会

    C. 工作不理想,不会　　　　　　D. 无所谓,迟早要回乡

    E. 不知道

33.在杭州工作和生活时是否遭到歧视

    A. 有　　　　　　　　　　　　　B. 没有

    C. 社会接纳

34.您认为杭州的蚁族普遍具有以下哪些品质(多选)

    A. 吃苦耐劳　　　　　　　　　　B. 勤俭节约

    C. 诚实守信　　　　　　　　　　D. 文明礼貌

    E. 其他

35.您认为杭州人具有的品质是

    A. 吃苦耐劳　　　　　　　　　　B. 勤俭节约

    C. 诚实守信　　　　　　　　　　D. 文明礼貌

    E. 好吃懒做　　　　　　　　　　F. 生活安逸

    G. 享乐主义　　　　　　　　　　H. 精明功利

36.您认为自己对杭州城市建设贡献大吗

    A. 很大　　　　　　　　　　　　B. 较大

    C. 一般　　　　　　　　　　　　D. 较小

    E. 很小　　　　　　　　　　　　F. 没有

37.您杭州本地的朋友多吗

    A. 四位及以下　　　　　　　　　B. 五到九位

    C. 十位以上　　　　　　　　　　D. 没有

38.您对和杭州人通婚态度是

　　A.愿意　　　　　　　　　B.不愿意

　　C.无所谓　　　　　　　　D.害怕有歧视

　　E.不清楚

39.您认为杭州户口对你重要吗

　　A.重要　　　　　　　　　B.不重要

　　C.一般　　　　　　　　　D.无所谓

40.您加入杭州户口是因为

　　A.买房找工作方便　　　　B.社会保障

　　C.为家人后代着想　　　　D.生活需要

　　E.其他

41.您在杭州的权利受到好的保护了吗

　　A.受到保护　　　　　　　B.没受到保护

　　C.没感觉　　　　　　　　D.无所谓

42.您觉得经过大学几年的学习,哪些能力得到了很大提高(请选3项)

　　A.学习能力　　　　　　　B.合作能力

　　C.创新能力　　　　　　　D.就业能力

　　E.岗位胜任能力　　　　　F.口头表达能力

　　G.写作能力　　　　　　　H.外语能力

　　J.组织协调能力　　　　　K.信息技术应用能力

　　本书是浙江省哲学社会科学研究项目"大学毕业生聚居群体"阶层突破的结题项目。选择以"大学毕业生聚居群体"的社会流动为研究主题，是感性和理性共同作用使然。感性思考来自同为"大学毕业生聚居群体"的共同经历使我和这些研究对象有感同身受的境遇，这些以90后为主体的"大学毕业生聚居群体"正经历着我们80后这一代人曾经走过的人生历程。理性思考来自当前关于"大学毕业生聚居群体"的研究预设了"大学毕业生聚居群体"难以突破其现有的阶层地位，忽视了"大学毕业生聚居群体"阶层流动的可能性。因此，了解这一群体向上流动的诉求及其现实困境，为防止"大学毕业生聚居群体"问题的固化和"大学毕业生聚居群体""下流化"的趋势提供有效的对策选择具有理论和现实意义。

　　2009年，当第一次看到对外经贸大学的老师廉思出版的《蚁族：大学毕业生聚居村实录》一书时，我非常欣喜地看到有学者将这一族群给予关注并做了大量认真的调研、走访，将"大学毕业生聚居群体"呈现在世人面前。廉思关于"大学毕业生聚居群体"的系列研究在引发媒体和学界关注和思考的同时，也把我的回忆拉回到了几年前自己刚刚毕业走向社会，面对工作、未来的生活茫然不知所措的那个阶段。租住在大学附近的城乡接合部的城中村，每天早上挤着早高峰时段的公交车奔向市区的工作岗位，下班后再随着拥挤的人潮回到出租屋中。虽然这一阶段持续的时间不长，但它在我的人生中打下了深刻的烙印。那是我第一次走出校门，迈向社会，面对生活的不易，有过失望、挣扎、迷茫、孤独，但有一种向上的力量支撑我坚持下去并不断地努力改变，相信未来会越来越好，我想那就是理想信念。廉思给这一群体起了"大学毕业生聚居群体"这样的称号,形容他们虽然弱小、低微,但是面对生活的残酷,依然奋斗着、努力着、奔波着,奔向美好的未来。梦想是支撑"大学毕业生聚居群体"在大城市努力向上的毅力和动力。廉思对这一人群的形象描述让我有了一种发自内心的欣慰,一方面是自己原来并不孤单,这一群体足够庞大且蕴含着巨大的社会力量;另一方面是终于有学者注意到这一鲜为人知的群体,将其作为社会学意义上的一个阶层研究其生存状况、身份认同、教育状况。廉思的研究引发了大批学者将热情和精力从各学科各个角度投入对这一群体的研究中去,涌现出诸多理论研究成果。作为一名高校老师,身处大学校园,十年中送走一届又一届的大学毕业生群体,我深感有责任去关注和深入研究身边的这一群体,他们毕业三年、五年甚至十年后的生存状态和社会流动状况如何,他们的社会流动特点有哪些?他们的职业是垂直流动还是水平流动?在杭州的这些大学毕业生群体有哪些具有和"大学毕业生聚居群体"相似的特征?又有哪些是迥然不同的新变化、新趋势、新特点?这些都促使我收集第一手资料,做调查研究,并在此基础上分析这一群体社会流动的特点、社会流动的影响因素、社会流动的动力机制以及如何促使其实现向上的社会流动。

本书不仅是我个人努力的成果,更是许多人心血的结晶。再次特别感谢浙江商业职业技术学院为本书出版给予的资金资助,感谢浙江商业职业技术学院马克思主义学院院长张国宏教授、贾继用教授、龚伟副教授对本书提出的宝贵的建议,感谢潘胜利博士给了我启迪和写作的帮助,感谢我校科研处长处徐丽教授、宣传部部长朱有明教授为我的出版费心费力。在漫长的写作过程中,感恩我的家人为我无怨无悔的付出和不断的鼓励,为我营造安静舒适的写作环境。

　　囿于学术水平的限制,本书存在诸多不足之处,尤其在数据的统计分析、影响因素、对策建议等部分,还需进一步深入研究。希望各界人士对本书提出宝贵的指导意见和建议。

　　最后,特别感谢浙江工商大学出版社的王耀编辑,他的辛勤劳动使本书得以付梓。

2020 年 9 月